集人文社科之思　刊专业学术之声

集 刊 名：中国第三部门研究

主办单位：上海交通大学国际与公共事务学院

上海交通大学中国公益发展研究院

上海交通大学第三部门研究中心

主　　编：徐家良

Vol.21 CHINA THIRD SECTOR RESEARCH

集刊序列号：PIJ-2015-157

中国集刊网：www.jikan.com.cn

集刊投约稿平台：www.iedol.cn

中文社会科学引文索引（CSSCI）来源集刊

上海交通大学国际与公共事务学院
上海交通大学中国公益发展研究院
上海交通大学第三部门研究中心

中国第三部门研究

徐家良／主编

CHINA
THIRD SECTOR

RESEARCH

第 2 1 卷
Vol. 21 (2021 No.1)

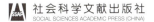

社会科学文献出版社
SOCIAL SCIENCES ACADEMIC PRESS (CHINA)

主编的话

值《中国第三部门研究》第21卷出版之际，有必要回顾上海交通大学中国公益发展研究院、第三部门研究中心自2021年上半年以来在举办和参加学术会议、智库建设、科研和社会服务方面所做的工作，概括为以下十一件事。

第一件事，参加会议做演讲。1月5日，应广州市民政局邀请在广州参加"新征程、善担当——2020粤港澳大湾区社会责任影响力暨广州公益慈善盛典"，我以"完善慈善组织治理和监督机制推动慈善事业高质量发展"为题做演讲。3月16日，应江苏省无锡市新吴区民政和卫生健康局邀请，我做了题为"新吴区'十四五'社区治理愿景展望"的主旨演讲。3月18日，应江苏省昆山市民政局邀请，参加第二届长三角社会工作一体化论坛，我做了题为"政府、社会组织与企业三圈合作：慈善超市在社区治理中的应用"的报告。

第二件事，组织召开会议。1月11日，上海交通大学中国公益发展研究院在上海宋庆龄基金会召开基金会战略规划研讨会，我邀请上海、北京、重庆、浙江、广东等地的20多位专家学者线上、线下进行学术交流。

第三件事，国家社会科学基金重大项目开题。1月18日，在上海交通大学闵行校区行政A楼307室，国家社会科学基金重大项目"慈善组织的治理和监督机制研究"开题,上海交通大学党委副书记顾峰、上海交通大学文科建设处处长吴建南、上海交通大学国际与公共事务学院代理院长胡近以及复旦大学桑玉成教授、上海社会科学院杨雄研究员、南京审计大学金太军教授、华东师范大学文军教授、湖南大学李连友教授、浙江工业大学吕鑫教授、上海交通大学郭俊华教授等参加,我作为课题组首席专家向与会专家做了开题汇报,介绍课题研究背景、核心问题、总体思路、研究内容、研究方法、进度计划、重点难点创新点及预期成果等八个方面的主要内容。专家们从不同的视角出发,对课题的研究内容和研究方案提出了意见和建议。

第四件事,参加课题申请辅导。1月26日,应公益慈善学园邀请,我在线上为相关高校的年轻教师做了题为"申报国家社科基金项目的一些体会"的讲座。3月1日,应同济大学文科办公室的邀请,我在现场与撰写国家社会科学基金项目申请书的相关教师进行了面对面的交流和讨论。

第五件事,参加社会组织评估委员会会议。1月29日,参加由民政部组织召开的全国性社会组织评估委员会会议,对第三方机构实施的2019年度全国性社会组织评估的初评结论进行审核终评,我作为委员参加会议,提了一些问题,并投票表决。2月2日,参加由上海市民政局组织召开的上海市社会组织评估委员会会议,我参与讨论,并对AAAA级和AAAAA级的社会组织评估等级进行投票表决。

第六件事,校读《上海市慈善条例(草案)》。3月24日,上海市民政局、上海市人大、上海市司法局与上海交通大学中国公益发展研究院相关人员围绕《上海市慈善条例(草案)》进行了充分的讨论,为下一步由上海市人大制定《上海市慈善条例》创造了良好的条件。

第七件事,参加"社会组织管理"教学与案例研讨会。3月27日,应全国公共管理专业学位研究生教育指导委员会邀请,在线参加"社会组织管理"教学与案例研讨会,我做了题为"社会组织管理案例及分析"的讲座,与参会高校教师针对社会组织管理课程中的案例编写和分析的相关问题进行了热烈的讨论。

第八件事，参与浦东新区社会治理调研。4 月 7 日，应中国共产党上海市浦东新区委员会办公室邀请，对陆家嘴街道、周家渡街道、周浦镇进行了社会治理专题调研，了解街镇家门口服务站、15 分钟服务圈、联勤联动站的实施情况。

第九件事，组织社会组织党建座谈会。4 月 1 日，在上海交通大学徐汇校区新建楼 238 室召开徐汇区社会组织党建工作座谈会，了解社会组织党建工作遇到的问题以及工作中所取得的相关经验。4 月 8 日，在浦东公益服务园参加浦东新区社会组织党建工作调研座谈会，上海交通大学中国公益发展研究院与来自浦东新区社会组织综合党委、浦东外商投资企业协会等 10 家社会组织的党建工作负责人进行了深入交流。

第十件事，对非法社会组织发表相关评论。4 月 9 日，我在《中国社会报》上发表以"打击非法社会组织　保护社会组织合法权益"为主题的专家点评。

第十一件事，参与公益组织专业培训。受中华少年儿童慈善救助基金会委托，4 月 16 日至 20 日在天平宾馆面向相关社会组织负责人举办了"慈善组织和社会发展"主题活动。

通过梳理以上工作，可以了解到上海交通大学中国公益发展研究院和第三部门研究中心做了一些实事，并在国内外继续发挥着积极作用。

本期主题论文有八篇。第一篇论文由广东外语外贸大学社会与公共管理学院教授邵任薇、香港浸会大学工商管理学院硕士研究生李明珠、广东外语外贸大学社会与公共管理学院硕士研究生许雯雯所写，题目为《基于政策工具理论的社会组织政策分析与评估——2008～2019年政策文本研究》。文章梳理了 2008～2019 年社会组织的政策文本，运用罗斯韦尔（Rothwell）和泽贝尔德（Zebveld）提出的三种类型政策工具，构建了 X－Y 二维分析框架，认为中国社会组织政策具有中央主导等多个方面的特征，建议提高社会组织政策的制度化水平，出台符合实际需要的社会组织政策。

第二篇论文由衡阳师范学院马克思主义学院讲师谢启秦、衡阳市社会科学界联合会主任科员彭隽华所写，题目为《公共服务合同外包中利益相关者演化博弈分析》。文章通过建立利益相关者演化博弈模型，分析影响利益相关者策略选择与演化的关键因素，确定各方行为策略趋于稳定状态的条件。通过研究发现，利益相关者行动策略选择往往与行为选择成本、收益以及发生概率有密切关系。

第三篇论文由上海海关学院助理研究员董强、上海工程技术大学管理学院教授吴磊所写，题目为《近代疫灾危机下的政社协同治理研究——以 1932 年长三角口岸城市霍乱疫灾为中心》。1932 年出现的霍乱疫灾，既是近代社会遭遇的重大突发公共卫生事件，也是对政府治理效能的严峻考验。该文分析了 1932 年长三角口岸城市霍乱疫灾危机下的政社协同治理机制，即社会组织深度参与危机治理，构筑起多元治理主体下的政社协同应对机制，展现出"国家—社会"二元治理结构的话语场域。

第四篇论文由华东理工大学社会与公共管理学院博士后吕红艳、华东理工大学社会与公共管理学院教授郭圣莉所写，题目是《和而不同：组织化高层次移民的社会适应策略——以上海日韩移民为例》。论文以上海日韩移民群体为案例，观察企业驱动的组织化高层次移民的社会适应策略，认为上海日韩移民群体采取"和而不同"的社会适应策略，主要是受其特殊的迁移模式、居留目标与族裔特质以及中国不完备的移民政策和治理机制等因素影响，尤其表现在移民族群网络建构和地方移民治理实践的互动过程中。

第五篇论文由上海交通大学校友总会办公室副研究员冒巍巍、上海交通大学校友总会办公室助理研究员邢博、上海交通大学校友总会办公室助理研究员陈方玺所写，题目为《基于协同理论的高校校友服务体系建设与研究》。论文围绕如何优化提升校友服务体系的问题展开，通过文献研究、实地调研和深度访谈等方法，比较我国"双一流"高校和国际顶尖高校的校友服务项目，分析指出我国高校校友服务体系存在的不足。基于协同理论，构建校友服务体系的概念模型，纳入学校校友工作部门、校友总会、校友组织、校友企业等多元主体，提出校友总会在校友服务体系建设过程中应注重主体协同、信息协同和过程协同。

第六篇论文由四川大学公共管理学院博士研究生邹新艳、四川大学公共管理学院教授史云贵所写，题目为《整体性治理视域下社会组织参与韧性社区建设机制研究》。建设韧性社区是城市应对安全风险能力的重要路径，社会组织是联结政府、企业与社会的桥梁和纽带，引入社会组织参与韧性社区建设能够有效发挥积极作用。以 C 市 H 社区社会组织参与韧性社区建设实践为对象展开研究发现，由整合机制、协调机制和信任机制共同形成的"三位一体"整体性工作机制能够适应新阶段、新要求，并有效提升社会组织参与韧性社区建设成效。

第七篇论文由华东理工大学社会与公共管理学院博士生杨威威、中建科工集团有限公司北方大区党委办公室行政秘书吉帅帅、上海应用技术大学人文学院讲师严骏夫所写，题目为《社会服务评估的实证主义危机及其范式转换——基于对 X 项目评估结构与过程的实践研究》。第三方评估在社会治理创新中作为制度要件有助于破解社会服务项目运作情境中政社合作的难题。基于对 X 项目评估实践的结构与过程研究，发现后续评估应当转向"响应—建构"范式，强调评估的协同性、包容性与批判性，把评估组织建构为社会治理创新的主体，助推政府与社会服务组织形成"政社分工与合作"关系。

第八篇论文由湖南大学公共管理学院助理教授许源所写，题目为《基于区块链技术的公益慈善发展研究》。区块链技术的应用是未来公益慈善发展的重要工具，是解决公益行业透明度建设、高效率管理和广泛参与的有效方式，区块链技术的应用和发展将改变当前公益慈善发展的总体格局，为政府、慈善组织、捐赠者等公益慈善事业的利益相关者提供发展和参与慈善的新方式。区块链技术通过推动公益行业信息公开、重建公益行业信任机制，提升公益行业运作效率、促进公益行业协同治理，实现公益行业多方参与、完善公益行业激励机制等方式赋能公益慈善，加快公益慈善的平台建设。

在八篇主题论文的基础上，还有"书评"、"访谈录"和"域外见闻"三个板块。

"书评"板块有两篇书评，第一篇书评的题目是《混合与同构：社会企业响应制度复杂性的策略——评〈社会企业的岔路选择：市场、公共政策与市民社会〉》。该书评介绍了比利时著名经济学家马尔特·尼森（Marthe Nyssens）教授主编的《社会企业的岔路选择：市场、公共政策与市民社会》一书。该书系统地分析了欧洲社会企业响应制度复杂性的行动策略。采用混合研究方法，考察欧洲社会企业响应制度复杂性的现状，沿着"多元目标–多元利益相关者""多元目标–多元资源""公共政策与社会企业互动"三条主线，呈现了社会企业融合不同逻辑的行动过程。该书突出的价值是不同于传统研究将社会企业视为"剩余部门"的补充角色，而是将社会企业作为政府、市场与社会之外的"独立部门"，这一结论对社会企业做了较高的评价。第二篇书评评述的书目是《非营利管理辞典：术语与概念》。这本书由美国学者大卫·霍顿·史密斯（David Horton Smith）等编著，试图通过对非营利领域的术语和概念做出清晰的定义并创造性地界定非营利研究的范畴，确保非营利研究走上专业化道路。

"访谈录"板块访谈了深圳市见新文化传播有限公司创始人赵培烜及上海星舍公益基金会理事长吴智亮。

深圳市见新文化传播有限公司通过多元链接，创造有意义的社会创新体验和教育内容，推动青年人更好地认识自我、建立关系、提升社会参与。目前，公司的业务工作以深圳为基础，推广到广州、武汉等多个城市。与一般性的社会组织不开展商业运作不同，也与常规的企业利润全部分配不一样，深圳市见新文化传播有限公司在社会创新领域具有特殊性，良好的运作能力和社会影响力帮助其获得诸多奖项。

1995 年，吴智亮从上海师范大学政法系本科毕业，先后从事理论研究、党团、海外联络工作，担任过多个公益组织的负责人，是一个有丰富社会经验且极具思想和行动力的人。

"域外见闻"板块介绍了新加坡社会组织实践与发展。新加坡已成为第四大国际金融中心，其社会治理迈向了现代化，实现了"强国家、强社会"的现代化治理格局。社会组织作为多中心治理的重要组成部分，在新加坡现代化治理格局中发挥着重要作用。此见闻从历史发展、组织类型、运营特征、社会功能和治理方式五个方面介绍了新加坡社会组织发展的一些经验，可供其他国家和地区参考和借鉴。

上海交通大学文科建设处处长吴建南、副处长解志韬和高延坤，上海交通大学国际与公共事务学院代理院长胡近、党委书记章晓懿等领导对中国公益发展研究院、第三部门研究中心和《中国第三部门研究》集刊提供了强有力的支持和诸多的便利，这也是我担任上海交通大学国际与公共事务学院教授和上海交通大学中国城市治理研究院研究员的研究成果。

特别感谢社会科学文献出版社王利民社长、杨群总编辑的关心和胡庆英编辑的认真负责！

为了提高编辑出版服务的水平，确保论文质量，编辑部团队充分发挥集体智慧，有时为了一篇文章反复进行讨论。《中国第三部门研究》将努力为国内外第三部门学术界、实务界和管理机构提供一个信息交流与平等对话的平台，倡导有自身特色的学术规范，发表创新性的论文，不懈追求对理论的新贡献。为了梦想，我们共同前行，一同成长！

徐家良

2021 年 4 月 10 日于上海固川路中骏天悦心斋

内容提要

　　《中国第三部门研究》是中文社会科学引文索引（CSSCI）来源集刊，主要发表国家与社会关系、社会改革与创新、第三部门与地方治理、慈善公益和公民参与等方面的研究成果，本卷收录主题论文8篇、书评2篇、访谈录2篇、域外见闻1篇。主题论文涉及对社会组织政策的分析与评估、公共服务合同外包中利益相关者博弈过程、近代以来政社协同治理疫灾危机、高层次移民社会适应策略、高校校友服务体系建设、社会组织参与韧性社区建设机制、社会服务评估的实证主义危机及其范式转换和基于区块链技术的公益慈善发展。书评基于《社会企业的岔路选择：市场、公共政策与市民社会》，分析社会企业如何响应复杂性制度构建；立足《非营利管理辞典：术语与概念》，探讨该书对理解非营利组织和推动非营利组织专业化发展的意义和价值。访谈录介绍了深圳市见新文化传播有限公司作为社会企业在助推青年社会参与上发挥的作用；专访了上海星舍公益基金会理事长吴智亮，讲述了其将社会公益与贫困治理相结合的心路历程。域外见闻主要分析了新加坡社会组织的实践与发展。

目　　录

主题论文

主题论文

ARTICLES

中国第三部门研究　第21卷
第3～29页
© SSAP，2021

基于政策工具理论的社会组织政策分析与评估

——2008～2019 年政策文本研究 *

邵任薇　李明珠　许雯雯**

摘　要： 基于 2008～2019 年社会组织的政策文本，探寻我国社会组织政策结构的特点与问题，考量政策制定的特征与规律。运用罗斯韦尔和泽贝尔德三种类型政策工具，同时结合社会组织自身发展规律，构建了 X－Y 二维分析框架。研究发现，社会组织政策制度化水平有待加强，具有显著的中央主导特征；侧重"环境型"政策工具的运用，政策工具类型比例失衡；政策工具集中在资源获取与评价监督环节，成立、退出与服务提供环节供给不足。建议提高社会组织政策的制度化水平，结合地方实际出台社会组织政策；进一步优化政策工具结

* 基金项目：2017 年广东省自然科学基金项目"社会组织第三方评估风险防控及公信力建设研究"（项目编号：2017A030313426）。
** 邵任薇，广东外语外贸大学社会与公共管理学院教授，广东省社会组织研究中心副主任，硕士生导师，中山大学管理学博士，主要研究方向为社会组织管理，E-mail：srw78@163.com；李明珠，香港浸会大学工商管理学院硕士研究生，主要研究方向为社会组织管理，E-mail：617486511@qq.com；许雯雯，广东外语外贸大学社会与公共管理学院硕士研究生，主要研究方向为社会组织管理，E-mail：2123829954@qq.com。

构，加大供给型和需求型政策工具的供给力度；均衡社会组织政策作用的各环节的政策布局，优化政策工具的选择。

关键词：政策工具；社会组织；政策分析与评估；政策文本

一 问题的提出

在当代社会，社会组织与政府、企业并称为最普遍的三种日常活动的组织形式，在社会治理体系中发挥着不可或缺的作用。由于特殊的政治体制，我国社会组织的发展直接受到国家关于社会组织政策的影响（李友梅、梁波，2017）。逐步进行的政府职能转变、政府简政放权以及行政审批改革推动了社会组织政策领域的突破，从而促进了社会组织的快速增长。根据民政部数据，截至2019年底，全国共有社会组织81.7万个，同比增长7.3%。同时，社会组织政策的制定及逐步完善也极大地推动了社会组织的发展。社会组织政策是由各级政府和社会组织管理部门制定并颁布实施的政策和法律法规，直接奠定了社会组织行动的制度框架，对促进和规范社会组织发展影响深远。例如，2016年，中共中央办公厅、国务院办公厅印发了《关于改革社会组织管理制度促进社会组织健康有序发展的意见》，明确提出了推进社会组织改革发展的方向和路径，并直接促进了此后相当长一段时期内社会组织发展格局的形成。虽然我国社会组织政策体系日臻完善，但是相较于实践发展的需要，当前的政策仍然有较大的发展空间。目前社会组织政策是以登记管理的政策为主导，事中事后监管、培育和扶持等政策相对滞后（郁建兴、王名，2019：34）。因此，如何加大各种不同类型的政策供给力度，加强社会组织运行不同环节的政策运用，加快地方政策的自主创新，仍是制约社会组织发展的重要问题。

当前学术界关于社会组织相关的政策研究主要聚焦在以下三个方面。

第一，在社会组织政策研究领域，学者们尝试总结新中国成立后或改革开放至今我国社会组织政策的阶段梳理（刘鹏，2011；叶托，

2019）。其中，叶托认为，我国社会组织以 1978 年（改革开放）和 2012 年（十八大）为界分为"统制"、"监管"与"管育"三种政策范式。

第二，有学者指出了当前社会组织政策存在的缺陷并提出改进建议。认为政府为社会组织所营造的政策环境还有待改善，仍存在成立门槛过高、活动限制过严、内部事务干预过多、培育扶持不足等情况（李占乐，2011）。对不同种类社会组织存在的问题，学界尝试性地提出一系列的政策建议，如深化社会组织的登记注册制度改革，构建全面的监督体系，拓宽社会组织资金筹措渠道，完善相关法律体系（陈成文、黄开腾，2018），完善社会组织参与政府购买（张汝立、刘帅顺、包变，2020），完善税收政策（刘俊，2019），党建引领社会组织发展等（雷鸣，2017），以求进一步发挥社会组织的作用。

第三，政策工具是政策科学领域广泛使用的研究手段，广大学者对政策工具的选择、分类与本土化方面做出了深入的探索。一部分学者从区域合作政策（曾婧婧，2015；马仁锋，2019）、互联网政策等领域着力于对时间序列上的一系列政策集合进行政策工具研究（黄丽娜、黄璐，2017），另一部分学者则从某领域上单个具有全局代表性的政策通过全文编码进行政策工具研究（李健、顾拾金，2016；钱稳吉、黄葭燕、谢宇，2018；刘亚娜、董琦圆、谭晓婷，2019）。目前，我国社会组织方面的政策研究以阶段性总结居多（叶托，2019；吴磊、俞祖成，2018），政策量化文本分析较少。其中，李健、顾拾金（2016）和李健、荣幸（2017）分别对"放管服"改革背景下 2004～2016 年省级政策文本进行量化分析和通过《慈善事业指导意见》全文编码对慈善类社会组织的政策进行量化研究等，说明关于社会组织全领域的政策量化研究尚处在初始阶段。

综上，当前围绕社会组织政策领域的研究，从阶段梳理到问题的提出与解决，都在不断深入，但目前该领域一揽子政策的量化研究较为缺乏，且许多问题仍未得到回应，例如，从党的十八大至今形成的"管育"范式，在政策制定者通过政策实现监管目的时，是更注重"监管"

还是更注重"培育"？各级地方政府出台的一揽子政策工具，在侧重于资源供给的供给面、侧重于满足社会组织服务需求的需求面和侧重营造适合社会组织发展的环境面三个面所形成的合力是否均衡合理？政府在社会组织活动的不同环节分别偏好使用哪些工具？以上都是影响我国社会组织能否持续健康发展的关键性问题。

本文改变以往研究仅对政策进行局部观察的情况，尝试从宏观领域分析社会组织的政策布局，基于罗斯韦尔和泽贝尔德的政策工具理论，对选取数据库中的 2008～2019 年社会组织领域所有政策进行分类，以此构建政策工具和社会组织政策作用环节、领域的二维分析框架，对上述政策进行文本量化，发现社会组织政策结构的特点与问题，考量政策制定的特征与规律，从而为我国建立完善的社会组织政策体系提供经验证据和理论参考。

二　社会组织政策类型与数量分析

基于政策工具量化分析的视角，本文对政策内容进行分析，选用 2008～2019 年互联网公开的全国包括中央与地方政府出台的所有与社会组织相关的政策，对一揽子政策进行全面、客观的定量描述、分类分析，考察其中包含的信息与规律。原始数据选取自北大法宝法律数据库，① 该数据库是一个法律、法规与政策的检索系统，全面收录了自 2005 年始我国中央与地方对社会组织管理的政策，该数据库自 2008 年以后的政策数据较为完备。当然，不可否认的是，各省、自治区、直辖市的民政厅（局）网站、社会组织信息网站发布的政策文本以及未全文公开的政策文本没有包括在此次研究范围内，数据全面性受到一定的影响。但是鉴于该数据库中社会组织相关政策文件的丰富性和多样性，对于政策内容的分析和研究结论的形成仍具有较强的说服力。

---

① 北大法宝法律数据库，http://www.pkulaw.com/。

本文选取 2008～2019 年的相关数据，按照以下标准对数据进行选择：（1）发文时间为 2008～2019 年；（2）发文主体为行政机关。之后根据"政策发布时间""政策名称""发文主体""政策文本类型""政策效力等级""政策工具类型"等因素进行整理。为此，本文设计了"政府对社会组织的管理政策"分析单元编码（见表 1），对符合条件的 1436 条政策文件进行编码分类。

表 1　"政府对社会组织的管理政策"分析单元编码

政策名称：	政策序号：	
文本性质：	发布时间：	发文主体：
政策工具使用：		
供给型	需求型	环境型
资金投入（　） 人才培养（　） 公共服务（　） 设施建设（　） 信息支持（　）	政府购买与外包（　） 国际交流（　） 市场塑造（　）	目标规划（　） 法规与管制措施（　） 策略安排（　） 税收优惠（　）
政策工具作用环节：		
成立与退出（　）	资源获取（　）　　　服务提供（　）	评价与监督（　）

（一）　政策文本类型分析

对全部政策进行文本类型分类，可以发现社会组织政策领域的政策文本类型包括通知、办法、意见、公告、方案、规范等 16 种，详见表 2。这说明，在社会组织领域，政策形式具有多样化的特点。

表 2　社会组织政策文本类型统计

单位：件，%

类型	通知	办法	意见	公告	方案	规范	制度	通报	决定	通告	规定	函	批复	提示	声明	条例	小计
数量	679	184	171	107	77	47	44	37	31	21	20	9	3	3	2	1	1436
比例	47.28	12.81	11.91	7.45	5.36	3.27	3.06	2.58	2.16	1.46	1.39	0.63	0.21	0.21	0.14	0.07	100

资料来源：北大法宝法律数据库，http://www.pkulaw.com/。

通过结合政策文本类型和内容的分析，可以发现以条例、办法、制度、规范等为形式的文本更具有导向性，更有强制力，更加正式，政策文本效力也更高，一般由更高级别管理机构制定，低级别管理机构转发，但总体上数量较少，比例偏低。在观察年份内，发布的社会组织政策文本效力最高的仅为法规形式，而且数量偏低，这说明社会组织管理的法制化、成熟度水平有待提高。对社会组织一般事项的管理，如开展活动、举行会议、进行培训等，多采用通知、公告、通报，因而数量较多，占比较高，分别为 47.28%、7.45% 和 2.58%。另外，意见、方案更加详细具体，内容多涉及具体执行措施与要求，分别占比 11.91% 和 5.36%。

（二）政策时间序列与内容分析

由表 3 与图 1 可见，社会组织政策在 2008～2019 年总体呈现大幅上升的趋势。这反映了社会组织规模发展壮大对各级民政机关的管理水平、政策出台提出了更多的要求。

另外，一方面，由数据可见中国社会组织政策具有显著的中央主导特征。这体现在政策数量猛烈增长的年份大多是因为中央集中出台相关的某项政策，如 2016 年中共中央办公厅和国务院办公厅联合印发《关于改革社会组织管理制度促进社会组织健康有序发展的意见》，在当年甚至之后的年度中，各地纷纷响应上级号召，出台相关税收优惠、政府职能向社会组织转移的政策，大力培育社会组织。类似地，2019 年社会组织政策数量较上年之所以没有上升，反而下降，是因为 2019 年中央社会组织政策出台减少，地方出台的政策数量也随之减少，导致政策总体数量下降。另一方面，结合具体政策文本发现，中国社会组织的政策发展也有地方创新的趋势。这主要因为中国特色的制度创新改革进程往往具有"摸着石头过河"的特征，社会组织管理体制改革也不例外，地方成为中央政策改革的试金石，为在全国范围内社会组织政策创新奠定基础，并且以此洞察中国社会组织在管理体制、扶持监管等方面政策改革的趋势。例如，从北京市的社团登记管理体制改革，上海市的地方政府向社会组织购买公共服务的改革，深圳市的政府与行业商会脱离以及珠海市降低慈善、经济类社会组织登记门槛等一系列创新实践，都能看出我国政府在政策上不断推动双重管理体制改革，培养与提高社会组织承接政府职能转移能力的趋势。

表3 2008~2019 年社会组织政策数量

单位：件

时间	2008 年	2009 年	2010 年	2011 年	2012 年	2013 年	2014 年	2015 年	2016 年	2017 年	2018 年	2019 年	小计
数量	34	65	64	76	121	133	117	189	199	165	188	85	1436

资料来源：北大法宝法律数据库，http://www.pkulaw.com/。

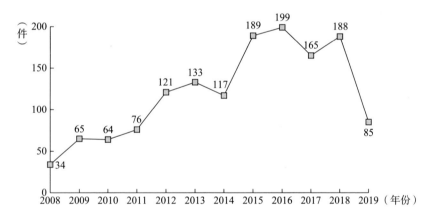

图1 2008~2019 年社会组织政策数量

资料来源：北大法宝法律数据库，http://www.pkulaw.com/。

三 社会组织政策二维分析框架的构建与分析

本文基于罗斯韦尔和泽贝尔德的 15 种政策工具，以及社会组织政策发生作用的环节和领域，构建了 X - Y 二维分析框架，如图2所示。

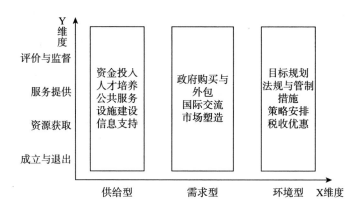

图2 社会组织政策的二维分析框架

资料来源：北大法宝法律数据库，http://www.pkulaw.com/。

（一）社会组织政策的 X 维度构建

本文采用的政策工具分类是由罗斯韦尔和泽贝尔德开发的 3 种类型15 个子分类的政策工具（Rothwell and Zebveld，1985：83 - 104）。该政策工具最先是运用于科技产业政策中，但对政策工具的划分得到了较为广泛的应用。目前亦较多地运用于社会问题的政策分析中，并且有学者开始从政策工具视角分析社会组织发展（李健、荣幸，2017）。

按照罗斯韦尔和泽贝尔德的分类，政策工具分为供给型、环境型和需求型，供给型政策包括资金投入、人才培养、公共服务、设施建设、信息支持；需求型政策包括政府购买、政府外包、国际交流、公私合作、市场塑造；环境型政策包括目标规划、法规管制、策略措施、金融支持、税收优惠。这三种政策工具协调作用形成均衡合力，政策才能产生最大化的效果。这种工具分类方法能够对一揽子复杂的政策进行降维操作，并较为准确地对大量政策进行区别分类；另外，按供给型、需求型、环境型对政策进行分类的方法，比起其他政策分析工具，淡化了政策的强制性特征，突出了供给与需求关系以及政策环境促进政策对象发展的重要性。这与党的十九大以来国家要求发挥社会组织在社会治理中的重要作用，采取各种措施促进社会组织的孵化、培育与发展，通过社会组织实现基层治理重心下移的政策思路不谋而合。因此，本文以罗斯韦尔和泽贝尔德提出的3种政策工具及其15个子分类为基础，尝试对我国社会组织政策进行分类。但是由于原模型是针对"再工业化与技术"提出，并且我国社会组织实践发展具有自身的特点，因此模型需要进一步修改。例如，原模型中的"公私合作"主要指政府与企业之间进行的合作，适用于社会组织领域则表现为政府向社会组织购买服务，政府按照一定程序采取公开择优的方式，将政府直接向社会公众提供的一部分公共服务事项，按照一定的方式和程序，交由具备条件的社会组织承担，并由政府根据服务数量和质量向其支付费用。因此，"政府购买"与"政府服务外包"在公私合作中最终指向的都是社会组织提供的服务。所以，"公私合作"可以与"政府服务外包""政府购买"合并呈现为"政府购买和外包服务"。原模型中的"金融支持"是指政府通过融资、贷款保证、信用贷款等政策手段推动社会组织发展。但当前我国从中央到地方均未出台对社会组织进行金融支持的专项政策，特对该政策工具进行删减。因此，本文对这15个子分类进行删减、合并与修改，最终提出了三大类12个子分类。三大类分别是供给型政策、需求型政策和环境型政策，12个子分类分别为"资金投入""人才培养""公共服务""设施建设""信息支持""政府购买与外包""国际交流""市场塑造""目标规划""法规与管制措施""策略安排""税收优惠"。

1. 供给型政策工具

供给型政策工具作为推动力，是指政府直接对社会组织提供要素支持，实现社会组织的发展。供给型政策工具主要有五种，包括"资金投入""人才培养""公共服务""设施建设""信息支持"。"资金投入"是指通过财政拨款，转移支付，设立基金或直接奖励、补贴等方式对社会组织进行资金支持。"人才培养"是指通过培训、选拔、培养、研修、招考等方式，提高社会组织人才的综合素质、业务能力和竞争力的行为。"公共服务"是指政府通过改善住房条件、医疗条件、教育条件，购买社会保险等方式向社会组织工作人员提供的配套服务，借以改善其工作待遇，吸引该领域人才就业。"设施建设"是指建立基地、平台或直接提供社会组织所需的场所、设备、设施，为社会组织提供生存发展或增强其服务能力的硬件条件。"信息支持"是指政府搭建信息平台，进行信息公开，以利于社会组织信息获取和实现信息共享。

2. 需求型政策工具

需求型政策工具作为牵引力，是指政府通过各种措施培育、促进社会组织提供更多服务，从而实现社会组织的发展。需求型政策工具主要有三种，包括"政府购买与外包""国际交流""市场塑造"。其中，"政府购买与外包"是指政府使用财政资金向社会组织购买服务或政府通过合同将原由政府直接提供的公共服务外包给社会组织。"国际交流"是指政府发布政策，鼓励社会组织参与涉外活动，推动社会组织"走出去"进行国际交流与协同。"市场塑造"是指政府通过出台系列措施减少社会组织在提供服务时所面临的不确定性与风险，为社会组织的发展提供稳定的外部环境。例如，政府创造社会组织竞争性购买的良好市场环境，促进公平竞争，也为初创期和成长期的社会组织培育提供帮助，以使其未来能够具备一定的市场竞争能力。

3. 环境型政策工具

环境型政策工具作为影响力，是指政府通过制定相关政策，影响社会组织存在环境，间接推动社会组织的发展。环境型政策工具主要有四种，包括"目标规划""法规与管制措施""策略安排""税收优惠"。"目标规划"是指政府通过目标、规划、计划等方式，制定相关政策对社会组织的发展提供宏观的指导。"法规与管制措施"是指政府通过出台法规与实行各种管制措施规范社会组织的活动。"策略安排"是指政府工作安排中将规划、计划等进行落实以及采取的具体措施。"税收优惠"是指政府对符合条件的社会组织直接免除或减少税费。

（二）社会组织政策的 Y 维度构建

政府对社会组织的管理是通过一系列作用在不同环节和领域的政策实现的。作为社会组织管理政策的作用对象，社会组织提供服务的活动过程和环节是政府制定政策的重要因素。虽然本文已从政策工具分类方面进行 X 维度的构建，但是仍存在一定的局限性：政策工具本身作为一种工具，仅仅能够反映实现政策目的的手段，无法反映政策作用领域。即政策工具的维度，只是构建社会组织政策分析框架的其中一个维度，另外一个维度必须要考虑社会组织活动的特点和规律，要考虑政策工具的作用环节和领域。只有二者结合才能较为完整地展现社会组织政策的特征，从而对我国社会组织政策体系进行较为完整客观的分析与评价。在社会组织的活动过程中，有这样一个链条：社会组织要经历从成立到从外界获取生存发展所需的资源，再向社会提供服务，然后再从社会各界包括政府、公众等获得对自身服务的评价反馈与监督，部分不符合政策要求的社会组织还面临着注销与取缔退出。因此，本文根据社会组织活动过程和规律，将社会组织活动分为"成立"—"资源获取"—"服务提供"—"评价与监督"—"退出"五个阶段。以这五个阶段对社会组织政策的作用环节和领域进行划分，且为方便后续的政策分析，归并为"成立与退出"—"资源获取"—"服务提供"—"评价与监督"四个环节。并以此建立分析框架的 Y 维度。

由三种类型的政策工具组成的 X 维度和四个社会组织政策的作用环节组成的 Y 维度，最终建立起社会组织政策工具二维分析框架。其中，"成立与退出"是指社会组织登记、成立和注销退出等环节。"资源获取"是指社会组织存续发展所需要的人、财、物等资源从提供者（政府、社会）到接收者（社会组织）的环节。"服务提供"是指社会组织向社会公众提供公共服务的环节。"评价与监督"是政府和社会对社会组织进行评价与监督的环节。总之，这四个环节均有社会组织的相关政策在其中发生作用，并且构成了完整的政策链条。

对社会组织政策的作用环节和领域进行划分，从而把政策工具与其作用领域对应起来。这是因为政府出台的政策是灵活的，可以针对其中任意一个环节进行管理。政府可以通过提高或适当降低准入门槛、清理"僵尸组织"等方式在"成立与退出"环节对社会组织进行管理；政府可以在社会组织的"资源获取"阶段，通过财政支持、税收优惠等手段对社会组织进行管理；政府可以通过发布激励措施或对社会组织进行培训等方式促进社会组织在"服务提供"环节中服务能力的提升；政府也可通过社会组织评估或打击非法活动等方式在"评价与监督"环节对社会组织进行规范。例如，开展四类社会组织直接登记工作是在"成立与退出"环节进行的，而"双随机一公开"抽查活动是针对"评价与监督"环节进行的。

（三）社会组织政策的 X 维度分析

由表 4 可见，供给型、需求型与环境型的政策工具占比分别为 17.20%、17.55% 和 65.25%。这表明政策制定者全面考虑了对社会组织的供给、社会组织的需求与社会组织发展的环境营造三个方面，但是政策工具结构比例上仍不够均衡，存在很大的改善空间。其中，环境型的政策工具占比最大，高达 65.25%，这表示政府在制定社会组织政策时，偏好环境型的政策；也显示出通过一系列政策制定，政府在社会组织管理领域的简政放权主张初见成效，而且这表明政府致力于为社会组织的发展营造良好的环境。

表 4　社会组织政策的 X 维度

单位：件，%

政策工具类型	数量	百分比	政策工具名称	数量	百分比
供给型	247	17.20	资金投入	109	7.59
			人才培养	56	3.90

政策工具类型	数量	百分比	政策工具名称	数量	百分比
供给型	247	17.20	公共服务	18	1.25
			设施建设	21	1.46
			信息支持	43	2.99
需求型	252	17.55	政府购买与外包	116	8.08
			国际交流	3	0.21
			市场塑造	133	9.26
环境型	937	65.25	目标规划	14	0.97
			法规与管制措施	421	29.32
			策略安排	499	34.75
			税收优惠	3	0.21

资料来源：北大法宝法律数据库，http://www.pkulaw.com/。

1. 供给型政策工具在三种工具类型中比例偏低

其中"资金投入"占7.59%，"人才培养"占3.90%，"公共服务"占1.25%，"设施建设"占1.46%，"信息支持"占2.99%。具体分析如下。

第一，"资金投入"方面的政策占比达7.59%。这说明政府比较重视对社会组织的资金支持和投入。虽然社会组织作为第三部门，发展不应该只靠政府资金支持，但是受制于当前我国对公开募捐的政策，以及公众的捐赠意识较弱，部分社会组织吸纳社会捐赠存在较大困难，来源于财政的稳定资金支持对社会组织的发展意义重大。这种资金支持主要是指政府增加购买社会组织服务的资金支持，加大对社会组织的资金投入力度。比如，环境保护部、民政部《关于加强对环保社会组织引导发展和规范管理的指导意见》（环宣教〔2017〕35号），明确规定有条件的地方可申请财政资金，支持环保社会组织开展社会公益活动。

第二，"人才培养"方面的政策占比为3.90%。在供给型政策中位列第二。但从具体政策上看，我国近年来对社会组织任职人员的培养政策虽然不断出台，但是多止步于时效性较短、较为形式化的研修会、研讨会等，急需通过时效较长、具有固定流程与考核标准的专业培训班、专业课程、对外交流活动等，有针对性地提升社会组织任职人员的理论研究水平、业务能力、文化水平、活动推广与组织管理能力。这说明社会组织的人才培养基本还是社会组织内部的人力资源培育范畴，作为社会组织主管部门的政府对社会组织人力资源的开发作用没有得到充分发挥。但是社会组织从业人员的专业素质和专业技能的提升明显不应该只依靠社会组织一方的努力，政府也应当加大社会组织人力资源的培训力度。

第三，"公共服务"类政策工具和"设施建设"类政策工具占比分别仅有 1.25% 和 1.46%。这说明目前该领域的政策多集中于对社会组织工作人员提供基本的社会保险，其余公共服务保障较为缺乏，加上待遇偏低，难以引进和留住优秀人才是该行业的现状。"设施建设"类政策是近年来的创新之举，包括大量示范基地、孵化基地、公益园区的建设，为社会组织的发展提供了空间保障，加大对社会组织硬件设施的支持力度，能极大地促进社会组织的发展。但这类政策工具占比偏低，说明政府对社会组织孵化等硬件设施投入的支持力度还不够。

第四，"信息支持"类政策工具占比仅有 2.99%。当前政府对社会组织的信息平台建设着重于强化监管，如社会统一信用代码、信息公开管理办法等，在该领域缺少支持性的信息手段。这表明在当前"互联网＋大数据"时代，政府在社会组织发展过程中还有较大的发挥作用的空间。因政府有更大的资源动员能力，掌握着更多的信息，而单个社会组织的力量较为微弱，服务信息的获取能力有限，需政府提供公共信息服务，以提高社会组织信息资源的利用率，减少社会组织建设和发展中的信息不对称现象。

2. 需求型政策工具同样占比偏低

其中，"政府购买与外包"类和"市场塑造"类的占比较高，分别为 8.08% 和 9.26%，"国际交流"占比最低，仅有 0.21%。具体分析如下。

第一，"政府购买与外包"的相关政策文件在 2013 年《国务院办公厅关于政府向社会力量购买服务的指导意见》（国办发〔2013〕96号）出台和民政部会同财政部联合发布《关于通过政府购买服务支持社会组织培育发展的指导意见》（财综〔2016〕54号）之后获得蓬勃发展，"政府购买与外包"在 2016 年中共中央办公厅、国务院办公厅印发《关于改革社会组织管理制度促进社会组织健康有序发展的意见》后又掀起新一波浪潮，全国多地出台相关政策，对具备承接政府转移职能和购买服务资质的社会组织建立名录。政府购买服务不仅使社会组织获得了政府的资源，也使政府通过转移部分职能为社会力量的发展壮大提供了可能，为推进政府和社会深度合作创造了条件，这是社会治理创新发展的必然趋势。

第二，"市场塑造"的政策文件在《国务院办公厅关于政府向社会力量购买服务的指导意见》（国办发〔2013〕96号）出台和民政部会同财政部联合发文《关于通过政府购买服务支持社会组织培育发展的指导意见》（财综〔2016〕54号）后，数量激增。按照文件要求，购买工作应按照政府采购法的有关规定，采用公开招标、邀请招标、竞争性谈判、单一来源、询价等方式确定承接主体。这从政策上为社会组织平等、公正地参与政府购买社会组织服务营造了良好的市场环境。同时，各省、地级市纷纷出台政策"大力培育发展社区社会组织""孵化、培育志愿服务类社会组织"，相关政策在准入门槛、资金支持、税收优惠等方面很大程度上减少了社会组织发展的不确定性，为社会组织的发展提供了更为稳定的环境。

第三，在"国际交流"的政策领域，针对社会组织"走出去"和国际化的相关政策非常少，仅占 0.21%。这与我国目前国际及涉外类社会组织的数量和规模不大、社会组织国际化程度较低有着直接关系。民政部的统计数据显示，截至 2014 年底，中国共有国际及涉外组织类的社会组织 529 个，约占 2014 年度 60.6 万个社会组织总数的 0.09%。

其中社会团队 516 个，民办非企业单位 4 个，基金会 9 个。[①]

3. 环境型政策工具占比较高

环境型政策达 937 条，占比达 65.25%。其中"目标规划"和"税收优惠"占比较低，分别为 0.97% 和 0.21%。

第一，"目标规划"类政策占比较低的主要原因是，其制定层级一般为中央，时效更长，频率较低，是对相当长一个阶段该领域的战略规划，因此总量比较少。然而需要指出的是，明确的目标与规划在促进社会组织发展的过程中发挥着不可或缺的作用，能为社会组织的发展谋篇布局，发挥引领作用。

第二，"税收优惠"类政策占比较低的主要原因是，针对社会组织的税收优惠不够突出，至今没有形成社会组织税收优惠的政策体系，对于社会组织的税收减免措施零零散散地分布于某一法律规章的条文中，如我国《企业所得税法》《公益事业捐赠法》等。

第三，"法规与管制措施"类政策占比较高，达 29.32%。这表明当前社会组织的管理，从某种程度上，仍表现为对社会组织进行较多的监管与限制，仍处于从"监管"向"管育"过渡的过程中，如各省份集中展开的"双随机一公开"抽查、"打击非法社会组织"活动、"打击非法社会组织和社会组织非法活动"等。这较为符合当前社会组织主管部门对社会组织的管理由控制型向规范和发展并重转型的特征（郁建兴、王名，2019：26）。

第四，"策略安排"占比最高，达 34.75%，是我国社会组织政策领域的一个显著表现。策略安排也称策略性措施，是将规划和计划等落实的行为，而且大多是以鼓励性、非强制性、动员性、创新性的措施来推动社会组织的发展。比如，2010 年深圳市人民政府办公厅发布《关于印发深圳市社会组织发展规范实施方案（2010—2012 年）的通知》

[①] 参见徐静等于 2015 年 12 月 27 日在中国社会组织政务服务平台网站（www.chinanpo.gov.cn）发布课题组研究报告《中国社会组织参与全球治理的国际化战略和路径研究》的相关内容。

（深府办〔2010〕19 号），探索培育发展新模式的具体措施就包括积极探索社会组织参政议政的新渠道，争取在党代表、人大代表和政协委员中增加社会组织的比例和数量等。

（四） 社会组织政策的 Y 维度分析

由图 3 可见，1436 条政策在社会组织政策作用的不同环节，即社会组织的"成立与退出"环节，社会组织的"资源获取"环节，社会组织"服务提供"的环节以及社会组织接受"评价与监督"的环节，均表现为管理或干预，在这些政策作用的不同环节运用了不同种类的政策工具，但是在不同环节的管理与干预力度有着显著的区别。

评价与监督	41条	13条	631条	47.7%
服务提供	15条	11条	129条	10.8%
资源获取	186条	137条	92条	28.9%
成立与退出	5条	91条	85条	12.6%
	供给型	需求型	环境型	

图 3　社会组织政策的二维效果

资料来源：北大法宝法律数据库，http://www.pkulaw.com/。

在社会组织"成立与退出"环节的政策共有 181 条，占比为 12.6%。其中，供给型、需求型、环境型的政策分别有 5 条、91 条和 85 条。值得指出的是在"成立与退出"环节，许多环境型的政策都实现了对原先双重管理体制的突破，体现了政社分开的趋势，包括前文提及的"行业协会商会类、科技类、公益慈善类、城乡社区服务类社会组织稳妥推进直接登记""行业商会与行政机关脱钩改革"等政策。这充分说明，旧的管控体制和思维正在逐步瓦解，新型的、以政社分开为主要特征的社会组织管理体制正在建立。

政府在社会组织的"资源获取"环节出台了 415 条政策，占比为 28.9%。可以看出，在"资源获取"环节中，以供给型的政策为主（186 条），其次是需求型政策（137 条），这是因为在社会组织"资源获取"环节，社会组织生存与发展所需要的资源主要来自政府，并且在供给型政策中又以资金投入政策工具占比最高。这正如前文所分析的，我国大部分社会组织吸纳社会资金比较困难，在收入上高度依赖财政拨款和补贴。同理，在资源获取阶段，占比最高的政策工具是"政府购买与外包"，各地政府纷纷出台政策促进社会组织承接政府职能转移，确立社会组织名录，促进社会组织入选政府采购合作对象。社会组织也由此获得组织生存发展的重要资金来源。这表明，在现阶段通过政府购买社会组织服务，仍是社会组织的主要收益途径，在一定程度上说明社会组织对政府的依赖程度较高。另外，在"资源获取"环节的环境型政策有 92 条，多为法规与管制措施，如资金管理办法、公益创投项目管理办法、反非法融资管理办法等。加强对社会组织的培育并不意味着放松对社会组织违法行为的监督，通过完善法律条文、出台管理办法规范社会组织的财务并对税收优惠的漏洞进行修补，对社会服务机构类的社会组织投资回报进行规范，能从源头上促进社会组织合法发展，为社会组织的发展营造一个公平的环境。

政府在社会组织"服务提供"环节的政策共有 155 条，占比最低（10.8%），其中供给型与需求型政策较少，分别为 15 条和 11 条。这反映了政府偏向于以资源输送的方式为社会组织提供人、财、物等方面的资源支持，而在社会组织提供服务的过程中较少直接参与。这虽然有利于社会组织独立自主发展，但是也表明政府在促进社会组织服务能力提升方面发挥的作用还很不够，应加以改善。例如，设立慈善社会组织发展基金，提高社会组织帮扶社区边缘群体、困难群体、弱势群体的能力与效率，从而提高社会组织的服务水平。但是在这一环节中，环境型政策最多，达到 129 条，说明政府在社会组织提供服务的环节中也非常强调政策引导和规范，着重加强对服务过程的监管。

在对社会组织进行"评价与监督"的环节，政府出台了共685条政策，占比最高（47.7%），其中供给型与需求型的政策较少，分别仅有41条和13条，主要集中于评价监督领域的制度建设、资质名单出台等，如社会组织等级评估办法及出台承接政府转移职能资质名单等。另外，该环节的环境型政策占比最高，为631条，这表明在对社会组织进行评价与监督时，习惯采用环境型的政策，较少运用供给型政策和需求型政策，没有充分发挥这两类工具中如资金投入、政府购买与外包、市场塑造等手段的评价与监督作用。结合具体政策分析，较多采用打击非法活动、反贪反腐活动、随机抽查活动、异常名录建立、红黑名单建立等监管措施，较少采用税收优惠、社会组织等级评估、第三方评估、社会组织信用评级等策略措施。

四　结论与建议

（一）研究结论

1. 社会组织政策制度化水平有待加强，具有显著的中央主导特征

从政策文本来看，中国社会组织政策的形式多样，但制度化水平有待提高。政策文本类型为通知和办法的占比达到了60.09%，文本类型为规范和制度的分别仅占比3.27%和3.06%。这说明社会组织政策文本的法律效力位阶较低，这将使社会组织政策在执行过程中强制力不足，执行有效性会受到一定的影响。正是出于这个原因，近年来社会组织政策出现了包括民政部（厅）在内的多部门联合发文的颁布主体趋势，不断吸纳新的发文主体，一方面反映了部门之间的沟通与协作的增加，另一方面由于联合发文部门的进入增强了政策执行的效果。特别是与财政部联合发文，为社会组织的资金支持提供了较为稳定的来源保障。

中国特色的社会组织政策具有显著的中央主导和局部的地方创新

特征相结合的特点。在政策制定方向上，中国特色的社会组织政策变迁深受中央层级相关政策、纲要的影响，这也体现出在全面促进社会组织健康有序发展的进程中，中央发挥着战略谋划、指引全局的风向标作用；同时，具有中国特色的"地方政策试验主义"在社会组织领域也有章可循，一些有重大突破或有里程碑式影响的政策如政府购买、备案制度改革、部分直接登记等都首先在地方进行试点，通过对社会组织政策的局部创新性举措，可以预测社会组织政策领域如登记管理体制改革、社会组织承接政府购买等方面的未来改革方向。

正是由于中国社会组织政策具有显著的中央主导特征，所以大部分地方社会组织政策仍然是紧随上级政策，缺乏主动性和创新性。以社会组织监管政策为例。目前，在对社会组织展开的监督管理中，尤其是政策发布与专项活动方面，从中央到地方层面的监管政策往往存在内容、频率、时间上的高度一致性，但由于我国幅员辽阔，各地经济发展水平不一，社会组织发展水平参差不齐，长此以往，容易导致监管政策以及监管活动的形式化。

2. 侧重"环境型"政策工具的运用，政策工具类型比例失衡

从政策工具的角度看，我国社会组织政策侧重"环境型"政策工具的运用占比超过60%，而供给型政策工具和需求型政策工具占比均不超过18%，呈现出比例失衡的特点。这证明政策制定者偏好使用该类型的政策工具，也致力于运用间接影响的策略，特别是使用各种法规、管制措施和策略安排，为社会组织发展营造良好发展的外部环境。但是在充分推动社会组织的行业整体发展、减少对政府的依赖、塑造社会组织发展的充分市场竞争环境方面的政策工具运用明显不足。在具体的政策实施中，主要体现在对社会组织领域的人才培养长效机制尚未建立，为社会组织任职人员提供的住房、医疗、教育、户籍等方面保障的政策尚未制定实施，未充分发挥政府在社会组织服务信息获取与服务信息平台建设中的积极作用等，实践中社会组织国际化数量逐年增多，但对其专门进行指导、规范和促进的政策出台比较缓慢。

同时，环境型政策工具内部的法规与管制措施和策略安排，占比达64.07%，而税收优惠此种经济激励类政策工具占比严重不足，仅占环境型政策工具的0.21%，并且在数据库检索中没有发现对社会组织提供金融支持的专门政策。社会组织行业的整体发展在我国仍处于起步阶段，远未达到成熟期，急需政府有力的财政税收和金融支持政策的引领，否则将会打击社会组织可持续发展的信心和投身社会公益事业的热情。

3. 政策工具集中在"资源获取"和"评价与监督"环节，"成立与退出"和"服务提供"环节供给不足

从社会组织政策工具作用环节的角度看，正如前文所统计，社会组织政策的分布不均衡，侧重于在社会组织的"资源获取"和"评价与监督"环节进行政策干预，分别占比28.9%和47.7%。在"资源获取"环节，政府致力于从供给面、需求面、环境面形成合力，一方面通过资金投入和政府购买社会组织服务的方式为社会组织发展提供资金支持，另一方面出台资金管理办法、公益创投办法等对社会组织的资金获取进行规范并对资金来源进行拓宽。在"评价与监督"环节，政府仍然侧重于环境型政策，采取较为严格的临时抽查与常态化监督结合的方式进行监管。在"成立与退出""服务提供"环节的政策工具运用较为薄弱，前者主要是因为备案制与部分直接登记改革当前仍处于一定范围的尝试阶段，目前仍处于"双重管理"和"直接登记"同时存在的混合管理模式，对于"直接登记"并没有详细规定其具体范围，而且对于其监督管理职责亦未明确（郁建兴、王名，2019：45）；后者则体现出政府倾向于通过直接资源供给的方式对社会组织进行扶持，而在社会组织提供服务的过程中较少发挥作用，尤其是较少采用人才培养、设施建设、信息支持、市场塑造等政策工具促进社会组织更好地提供服务，这既不利于社会组织的行业培育，也不利于发挥政策引导作用。

（二）政策建议

1. 提高社会组织政策的制度化水平，结合地方实际出台社会组织政策

鉴于社会组织政策的法律层级较低，影响政策执行的有效性，应在后续政策制定的过程中，在条件具备的情况下增加制度、规范类政策的数量。特别是促进社会组织行业培育和发展的支持类政策，尽量使用制度、规范类文本形式，这将会有利于推动社会组织的发展进程。对于一些通知、意见类政策，如果在实践中经过一段时间的实施后证明比较成熟，可以考虑升级为正式的条例和制度，以提高社会组织政策的效力级别。

发挥中央在规划布局中的引领作用，加紧出台、完善激发社会组织活力的制度条例，同时发扬地方"试金石"和"示范"作用。详细具体、更为明确的地方性法规条例作为一般性法规和制度存在，虽然效力不如上阶位的行政法规和法律，但是可以作为地方性法规的补充性文件，将为各级社会组织提供人、财、物等支持并以合法合规的方式确定下来，减少社会组织发展所面临的不确定性。"自上而下"与"自下而上"相结合的双向政策制定过程，既能发挥高层政策设计者统领全局的规划引导作用，又能使政策的制定更符合社会组织的实践发展需要。

改变大部分地方社会组织政策主动性和创新性不足的现状，应结合地方实际出台社会组织政策，提高社会组织管理的连续性、系统性。因此各省层面在贯彻落实上级政策的同时，结合本省的经济发展状况以及所辖区域内各类社会组织实际存在的问题，对各类社会组织的管理做出既有共性又符合本省社会组织实际的考量，在政策制定上实现符合自身实际的创新，提高政策的科学性。

2. 进一步优化政策工具结构，加大供给型、需求型政策工具的供给

当前我国社会组织政策领域存在"环境型"政策工具过度溢出，而"供给型""需求型"政策后劲不足的矛盾。首先，环境型政策工具应适当控制，降低其使用频率，尤其是策略性安排措施。此类措施比重过大，达到34.75%，而且之间多有交叉重复，在实际执行时难以发挥应有的作用。策略性安排政策内容的具体措施较多是鼓励、动员、探索的内容，以致在实际落实时比较滞后，只能起到政策导向性作用，可操作性不强。仍以2010年深圳市人民政府办公厅发布的《关于印发深圳市社会组织发展规范实施方案（2010—2012年）的通知》（深府办〔2010〕19号）为例，该文件提到探索社会组织依法参政议政渠道，扩大社会组织对公共事务的参与，但距发文十年之后，社会组织参与协商仍无明确制度。建议将政协吸纳更多的社会组织代表，社会组织纳入政协界别等列入专项政策内容，并严格规定完成政策目标的时间节点，按阶段推进政策落实，指定相应的责任部门，提高政策的可操作性。除此之外，在"环境型"政策方面，需要决策制定者精准把握好"度"，既要严格打击涉黑、非法集资、偷税漏税等违法行为，也要摆脱以往因为把社会组织视为"不稳定因素"而对其产生的天然不信任感，应致力于建立常态化、制度化评估机制，促进社会组织的良性发展。同时，应加大金融支持和税收优惠的政策实施力度。国内外实践充分证明，要推进一个行业的发展，金融支持和税收优惠是强大动力。可以对社会组织实行更为优惠的税收减免政策，促进社会资金向社会组织行业流动，并激发其投入公益事业的热情。可以通过制定政策，允许采取政府贴息、担保机构担保、社会组织信用贷款等方式为社会组织提供金融支持。

其次，在"供给型"政策方面，政府出台的法律较少，大多局限于资金投入。供给型政策体系内部，在公共服务、人才培养、设施建设、信息支持方面的力度远远比不上资金支持方面的力度。第一，建议运用公共服务类政策工具，逐步改善社会组织工作人员的住房条件、医疗保障条件，为其解决落户问题，提高社会组织工作人员的薪酬待遇和工资水平等，这是改变供给型政策内部不均衡状态的首要之策。第二，建议政府加强对社会组织人力资源的培训，针对社会组织人力资源构成的不同类别，包括理事会成员、秘书处成员、监事会成员、志愿者等进行分类培训，按类别合理设计培训方案和培训课程，使社会组织人力资本得到最大的开发和使用。第三，建议加大对社会组织设施建设投入力度，特别是公益园区和社会组织孵化基地等的建设，因为这些园区、物理空间的建设并不仅仅是硬件设施的投入，也能够为入驻社会组织提供政策与法律咨询、项目策划与督导、资源链接、公益创投等方面的全面指导，并能够扶持品牌建设、培育领军人物以及加强社会组织之间的交流。因此这方面的政策供给应增加，以帮助有发展潜质的社会组织孵化成长。第四，政府应在给予社会组织信息支持方面发挥更多的作用。建议政府通过运用有效的政策工具，为在城乡社区开展慈善公益活动、提供养老服务、积极组织文体活动的社会组织提供实现互联网服务所需的基础设施或建设网上工作平台，将寻求服务的公众需求与社会组织提供的服务进行对接，必能大大提高社会组织活动的能力和效率。

最后，在"需求型"政策方面，需要继续出台相关政策，保障社会组织承接政府职能转移中的优先地位和政府购买社会组织服务的可持续性，这是当前社会组织稳定发展的关键因素。同时，应注重良好市场竞争环境的培育，通过市场塑造政策工具的运用，构建政府向社会组织购买服务的良性生态，尽快在我国真正实现公共服务的社会组织独立竞争性购买，改变社会组织对政府的依赖。另外，在需求型政策体系中，国际交流政策工具运用严重不足。但是，值得注意的是，在"一带一路"倡议中，作为一支重要的社会力量，社会组织以其非政府性、非营利性和志愿性的组织特性越来越成为促进国际交流、增进政治互信、畅通商贸往来的重要角色。这意味着针对社会组织"走出去"和国际化的政策设计应逐步增多，以适应国家战略下社会组织的发展趋势。

3. 均衡社会组织政策作用各环节的政策布局，优化政策工具的选择

要促进社会组织的全面健康发展，就需要对当前政策相对薄弱的环节进行修复，同时对政策相对过溢的环节做出精简与改进。第一，建议在"成立与退出"环节坚持加大对社会组织备案制和部分社会组织直接登记的改革力度，深化双重管理体制改革，降低社会组织的准入门槛。同时，在此环节中的供给型政策工具使用较为薄弱，应加大政策在资金投入、人才培养、公共服务、设施建设等方面对社会组织的支持力度，激发社会力量创办社会组织的动力，以促进社会组织数量的持续增长。第二，在社会组织"服务提供"的环节，政府应运用更多的政策工具，参与到社会组织提供服务的过程中来，加强社会组织的能力建设，促进社会组织的发展。包括举办各类会议、组织培训学习、及时发布信息、搭建社会资源对接平台等渠道，为社会组织提供必要的人才培养、技术、信息和平台支持，特别是提供从政府和社会各界获得项目资金的机会，开拓社会组织的多元筹资渠道。第三，在"资源获取"环节，社会组织主要是通过政府的资金投入和政府购买服务两种方式来获取资源，其中政府购买服务的相关政策发布较多。建议可以通过增多税收优惠、社会组织信用贷款和其他可操作的策略性措施为社会组织带来更多的资源。第四，在"评价与监督"环节加强需求型政策工具中政府购买和市场塑造政策的运用，采取将评估与监督结果与奖惩措施挂钩的方式，加强社会组织等级评估结果的实际运用，对获得 AAA 以上评估等级的社会组织优先给予接受政府职能转移，获得政府购买服务的优先资格，强化能进能出、动态调整的政府职能转移推荐名录，年检程序简化等机制，停止对前一年检查未达标或未及时参加检查的社会组织的相关优惠措施，从而使其保有不断完善自身的长足动力。

【参考文献】

陈成文、黄开腾，2018，《制度环境与社会组织发展：国外经验及其政策借鉴意义》，《探索》第 1 期，第 144 ~ 152 页。

黄丽娜、黄璐，2020，《中国互联网治理的政策工具：型构、选择与优化——基于 1994—2017 年互联网政策文本的内容分析》，《情报杂志》第 4 期，第 90 ~ 97、73 页。

雷鸣，2017，《实施"党建引领"，推进社会组织健康发展》，《中国社会组织》

第 5 期，第 30～31 页。

李健、顾拾金，2016，《政策工具视角下的中国慈善事业政策研究——以国务院
　　〈关于促进慈善事业健康发展的指导意见〉为例》，《中国行政管理》第 4
　　期，第 34～39 页。

李健、荣幸，2017，《"放管服"改革背景下社会组织发展的政策工具选择——
　　基于 2004 至 2016 年省级政策文本的量化分析》，《国家行政学院学报》第
　　4 期，第 73～78 页。

李友梅、梁波，2017，《中国社会组织政策：历史变迁、制度逻辑及创新方向》，
　　《社会政策研究》第 1 期，第 61～71 页。

李占乐，2011，《我国社会组织管理政策存在的缺陷分析》，《社会工作》（学术
　　版）第 7 期，第 23～26 页。

刘俊，2019，《社会组织税收优惠政策的成效和问题探讨》，《知识经济》第 36
　　期，第 31～32、39 页。

刘鹏，2011，《从分类控制走向嵌入型监管：地方政府社会组织管理政策创新》，
　　《中国人民大学学报》第 5 期，第 97～105 页。

刘亚娜、董琦圆、谭晓婷，2019，《京津冀协同发展背景下人才政策评估——基
　　于 2013—2018 年政策文本分析》，《天津行政学院学报》第 5 期，第 47～
　　58 页。

马仁锋，2019，《长江三角洲区域一体化政策供给及反思》，《学术论坛》第 5
　　期，第 114～123 页。

钱稳吉、黄葭燕、谢宇，2018，《深化医改以来社会办医政策的内容、特点与趋
　　势》，《中国卫生政策研究》第 11 期，第 56～62 页。

吴磊、俞祖成，2018，《多重逻辑、回应式困境与政策变迁——以中国社会组织
　　政策为例》，《江苏社会科学》第 3 期，第 89～98 页。

叶托，2019，《新中国成立 70 年来我国社会组织政策的范式变迁及其基本规
　　律》，《北京行政学院学报》第 5 期，第 16～24 页。

郁建兴、王名，2019，《社会组织管理》，科学出版社。

曾婧婧，2015，《泛珠三角区域合作政策文本量化分析：2004—2014》，《中国行
　　政管理》第 7 期，第 110～116 页。

张汝立、刘帅顺、包娈，2020，《社会组织参与政府购买公共服务的困境与优化——基于制度场域框架的分析》，《中国行政管理》第 2 期，第 94 ~ 101 页。

Rothwell，R. and Zegveld，W. 1985. *Reindusdalization and Technology*. Logman Group Limited.

中国第三部门研究　第 21 卷
第 30 ~ 50 页
© SSAP, 2021

公共服务合同外包中利益相关者演化博弈分析[*]

谢启秦　彭隽华[**]

摘　要： 伴随着公共服务外包实践的演进，公共服务外包在提高公共服务质量和效率的同时也不断暴露出私人垄断、撇脂行为、"公共性拆解"、"内卷化"以及"逆向外包"等问题。论文通过建立利益相关者演化博弈模型，试图分析影响利益相关者策略选择与演化的关键因素，确定各方行为策略趋于稳定状态的条件。研究发现，利益相关者行动策略选择往往与行为选择成本、收益以及发生概率有关。当需求民众参与水平较高时，政府部门趋向于不监管，承包商趋向于正当竞争与诚信履约，评估机构趋向于履行评估职责，反之亦然。本研究建议：作为发包方，地方政府应开创竞争环境，把握好监管

* 基金项目：2018 年湖南省社会科学成果委员会一般项目"政府向社会力量购买公共服务的机制优化研究"（项目编号：XSP18YBC286）；2016 年湖南省社科基金一般项目"房地产政策博弈中政府、市场与社会关系模式研究"（项目编号：16YBA045）。
** 谢启秦，衡阳师范学院马克思主义学院讲师，厦门大学政治学博士，主要从事地方治理、政府购买公共服务与公共政策等方面的研究，E-mail：532116222@ qq. com；彭隽华，衡阳市社会科学界联合会主任科员，河北大学金融学硕士，主要从事经济管理与地方治理研究，E-mail：510601957@ qq. com。

力度；作为承接方，承包商应采用先进技术，培养和吸纳专业人才；作为评估方，评估机构应秉持独立公正立场，理性专业评估；作为消费方，需求民众应主动参与，表达服务需求取向，并注意监督服务质量。

关键词：公共服务合同外包；利益相关者；演化博弈

公共服务合同外包是指引入私人承包商来提供公共服务，政府仍然保留其资金提供者的身份，但不再是服务的生产者和直接提供者（Young，1999）。自 20 世纪 80 年代以来，公共服务合同外包备受各国推崇，成为公共部门改革中最引人瞩目的一项制度安排。在中国，2013年政府向社会力量购买公共服务上升为国家战略，公共服务合同外包由此如火如荼，遍地开花。然而，作为舶来品，公共服务合同外包在中国并未取得立竿见影的预期效果，而是有些"水土不服"，遭遇私人资本增值动机支配下的私人垄断、降低服务质量、抛弃部分顾客的撇脂行为等风险，甚至出现密尔沃德所称的"空心化国家"现象，从而损害政府的合法性与社会公正（王雁红，2012）。事实上，作为一种制度安排，公共服务合同外包涉及地方政府、承包商、社会组织以及社区民众等行动主体，并衍生出主体间错综复杂的利益关系。因此，公共服务合同外包过程就是一个利益相关者随着时间推移而不断演进的博弈过程。本文拟以利益相关者和演化博弈论为理论工具，建构利益相关者演化博弈模型，深入探讨地方政府、服务承包商、评估机构以及需求民众等不同主体的演化行为对公共服务合同外包的影响机制，提出有针对性的机制优化方案，旨在提高公共服务合同外包的质量和效率。

根据制度设计的初衷，公共服务合同外包被认为可以节约资金、提高效率与质量、增强责任性，可以削减政府规模、提高顾客满意度。然而，现实表明公共服务合同外包并不尽如人意。从政府视角看，民营化可能造成财政混乱、服务质量下降和成本攀升等（Hodge，2000）；政府部门和社会组织显示出严重的"供给方缺陷"（凯特尔，2009）。美国实践显示，政府购买公共服务理论与现实有着巨大反差（句华，2010）：政府购买公共服务不仅存在法律制度缺乏、预算不统一、信息沟通不畅及过程不规范等问题（徐家良、赵挺，2013），而且会产生信息、谈判与决策、争议、监督、寻租以及违约与转换等交易成本（黄新华，2013），甚至可能发生"逆向合同外包"问题（詹国彬，2015）和在大数据驱动下精准购买的现实困境（吉鹏、许开轶，2020）。从社会组织视角看，来自美国堪萨斯州的老年医疗服务外包证明存在"供应商垄断"（Johnston and Romzek，1999）；不同时期佛罗里达州政府外包情况表明合同集中于大供应商（Lamothe and Lamothe，2009）；社会组织存在服务目标、服务过程和服务能力困境（张汝立、刘帅顺、包变，2020）、机会主义、低效率以及供应商垄断等风险问题（周俊，2010）和"诺斯悖论"（张凤彪等，2020）。从民众视角看，民众显示出严重的"需求方缺陷"（凯特尔，2009）。从综合视角看，政府购买服务被认为存在制度风险（徐家良、许源，2015）、多元风险（王雁红，2019）、利益相关者风险（崔佳琦、王松、邢金明，2020）、"公共性拆解"风险（徐国冲、赵晓霞，2020）、"内卷化"现象（游玎怡、李芝兰、王海燕，2020）。此外，公共服务合同外包主体间关系也备受关注。其一是依赖关系。社会组织对政府的依赖既是一种对政策依附和遵从，也是一种对资源的依附和依赖（王才章，2016）；政府与社会组织之间是一种非对称共生关系（徐顽强，2012）。其二是合作共赢关系。在社会组织目标定位越清晰、明确且政府强制性权力相对较小时，政府与社会组织之间会形成一种合作关系（许鹿、钟清泉，2015）；促成社会组织与政府之间合作关系有利于打破政府单一垄断机制，降低公共服务供给成本，提高公共服务供给效率与质量（黄建军、梁宇、余晓芳，2016）。其三是博弈互动关系。在公共服务合同外包中，政府与社会组织各自具有不同的目标和价值，并形成一种策略性博弈关系，由此影响到公共服务合同外包的效率、质量及公众满意度。相比较而言，正和博弈可以实现公共服务合同外包的帕累托最优，而负和博弈则不利于政府购买公共服务的开展（崔光胜，2017）。来自养老服务（夏涛，2019）和学前教育（徐兰、王晶欣、李晓萍，2018）等的案例表明，政府购买公共服务中存在三方参与演化博弈行为。根据有限理性的理论假设，论文建立利益相关者演化博弈模型，集中探讨公共服务合同外包演化博弈均衡，以期找到影响公共服务合同外包的因素，避免公共服务合同外包发生"水土不服"的问题。

一　公共服务合同外包中利益相关者

（一）公共服务合同外包的制度安排及其运行机制

"利益相关者"这一概念最早出现在 1963 年的管理学文献中。1984 年，弗里曼界定企业利益相关者为那些能影响企业目标的实现或被企业目标的实现所影响的个人或群体（弗里曼，2006）。此后，美国学者米切尔提出识别利益相关者的三项指标：合法性、权力性和紧急性（Mitchell and Wood，1997）。根据公共服务合同外包特征及其利益相关者识别指标，其利益相关者是指能够影响公共服务合同外包，且受公共服务合同外包影响的所有个体与团体。从实践来看，公共服务合同外包利益相关者主要涉及地方政府、服务承包商、评估机构以及需求民众等四类核心利益主体（如图 1 所示）。作为一种全球范围内的制度安排，公共服务合同外包运行机制可以概括为：遵循和贯彻公共服务"供给"与"生产"分离的原则（迈金尼斯，2000），将单一的政府垄断公共服务供给改为政府向社会力量购买公共服务。由此原来的政府—民众的服务生产模式转变为政府—承包商—需求民众—评估机构的服务外包模式；承包商和评估机构的出现打破原有的政府垄断供给格局，引入市场竞争机制和绩效评估机制，这一制度变革有利于改进公共服务生产技术，降低公共服务供给成本，满足社会多样化、个性化社会需求，提高公共服务供给效率与质量。因此，公共服务的提供者不一定是公共服务的生产者，政府并不是公共服务的唯一生产者，公共服务最终是由政府还是由私人部门进行生产取决于成本的核算（奥斯特罗姆，2012）。

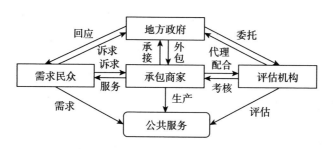

图1 公共服务合同外包运行机制

（二）公共服务合同外包利益相关者主体间关系

公共服务合同外包过程其实就是一个利益相关者之间动态博弈的过程。实践表明，任何一方利益变化均会引起公共服务供给效率与质量的改变，所以厘清和平衡各利益相关者之间的利益关系对于公共服务合同外包意义重大。从外包过程来看，利益相关者可以从公共服务的购买、生产、消费和评估等环节影响公共服务合同外包。地方政府是公共服务合同外包的发包方和购买方，凭借法定权力确定外包目标、范围和实施方案；承包商是公共服务合同外包的生产方和销售方，利用合同赋予的自主权提供符合合同要求的公共服务；评估机构是公共服务合同外包的评价方，利用专业知识客观公正地评判外包服务的品质；需求民众是公共服务合同外包的消费方，通过社会舆论影响公共服务供给。可以说，公共服务就是从利益相关者作用力的平行四边形中生产出来的。

1. 地方政府与承包商之间的共谋与分歧

地方政府在公共服务合同外包上有两种策略选择：积极作为、严格监管或者消极应付、玩忽职守。即在公共服务合同外包不存在利益瓜葛时，采取积极作为策略，鼓励和支持公共服务合同外包发展，自觉主动加强对承包商的监管，注重提升公共服务合同外包的效率与质量及公众满意度；在公共服务合同外包存在利益瓜葛时，选择消极应付策略，对承包商采取自由放任的宽松态度，疏于监管，甚至与之同流合污，异化为承包商争相讨好的"同心圆"（吕芳，2015）圆心。同样，承包商也往往从自身利益出发，采取机会主义来逃避政府规制，通常有两种态度与意向：如果地方政府防松警惕，疏于监管，承包商就大力支持，充分利用；如果地方政府忠于职守，严于监管，承包商也会选择诚实生产、合法经营，积极配合地方政府工作。所以，追求最大化政绩与实现最大化收益是地方政府与承包商之间利益博弈的焦点。

2. 承包商与评估机构之间的"相爱"与"相杀"

在公共服务合同外包中，面对评估，承包商有两种策略选择，一是正当竞争，诚信履约，保质保量提供服务；二是不正当竞争，偷工减料，造假作弊，应付检查。面对承包商的行为选择，评估机构同样有两种策略选择，一是对于承包商不正当行为和造假行为，评估机构不能坚持原则与立场，不能独立公正地进行绩效评估；二是评估机构成功地抵制各种诱惑，坚持独立公正地评估外包服务。因此，追求利润最大化和实现评估机构价值最大化是承包商与评估机构之间利益博弈的焦点。

3. 承包商与需求民众之间的相生与相克

面对外包服务对象，承包商从追求利润最大化出发，有两种策略可以选择，一是认真负责，严格履行合同，全心全意为社区民众提供服务；二是不负责任，不严格履行合同，甚至不择手段追求收益最大化。面对承包商的行为选择，需求民众同样有两种选择，一是对于承包商正当竞争与诚信履约行为，需求民众总是不折不扣地照单接受；二是对于承包商不正当竞争与不诚信履约行为，需求民众可能会选择抵制乃至举报。显然，追求利润最大化和实现公共服务效用最大化是承包商与需求民众之间利益博弈的焦点。

4. 地方政府与需求民众之间的合作与冲突

在公共服务合同外包中，追求政绩和职位晋升的地方政府有两种策略选择，一是积极作为，正确履职，从严监管，全心全意为人民服务；二是消极作为，放任自由，敷衍塞责，得过且过。同样，需求民众大致也有两种策略选择，一是积极参与，支持监管；二是消极参与，不闻不问。在公共服务上，需求民众总是偏好"多一事不如少一事""事不关己高高挂起"，所以其冷漠态度无法抵御某些地方官员与承包商的合谋行为，从而使公共服务合同外包归于无效。

二 公共服务合同外包利益相关者演化博弈模型建构

(一) 模型假设

根据利益相关者理论和演化博弈论，论文提出以下假设。

假设 1 在排除其他约束条件的情况下，承包商、地方政府、评估机构以及需求民众，共同构成公共服务合同外包的主体结构——核心利益相关者，且每类利益相关者都是有限理性的个体，具备一定的学习能力。

假设 2 在公共服务合同外包中，利益相关者具有各自影响公共服务供给效率与质量的权利和策略。每类利益相关者均有两种策略选择方案，承包商的策略组合是（正当竞争与诚信履约，不正当竞争与不诚信履约），地方政府的策略组合是（监管，不监管），评估机构的策略组合是（独立公正评估，非独立公正评估），需求民众的策略组合是（主动参与，被动接受）。在外包服务最大化利益追逐中，各利益相关者通过学习和模仿不断调整自身的策略选择，旨在寻找最佳策略组合，达到博弈均衡。

假设 3 P_1 为地方政府合同外包的基本收益，P_2 为承包商承接外包合同的基本收益，P_3 为评估机构评估外包服务的基本收益，Q_1 为地方政府合同外包的监管成本，Q_2 为地方政府从合同外包监管中获得的收益，P_4 为承包商不诚信履行合同的收益，Q_3 为承包商不诚信履行合同被发现后遭受的损失，Q_4 为评估机构评估成本，Q_5 为需求民众参与成本，G 为承包商不正当竞争与不诚信履约给地方政府带来的经济损失，

U 为评估机构偏袒承包商非诚信履约获得的收益，S 为承包商不正当竞争与不诚信履约给需求民众带来的损害，R 为评估机构偏袒不履约承包商且被政府部门查处时受到的惩罚，T 为需求民众参与收益。

（二）期望收益函数

基于上述假设条件，论文提出包括承包商、地方政府、评估机构以及需求民众等利益相关者演化博弈模型。此处采用 X、Y、Z、W 与 0、1 数字组合表示有关策略选择，X_0 表示承包商选择正当竞争与诚信履约，X_1 表示承包商选择不正当竞争与不诚信履约；Y_0 表示地方政府选择积极监管，Y_1 表示地方政府选择不积极监管；Z_0 表示评估机构选择独立公正评估，Z_1 表示评估机构选择非独立公正评估；W_0 表示需求民众选择主动参与，W_1 表示需求民众选择被动接受。于是，在利益相关者博弈模型中，承包商、地方政府、评估机构以及需求民众的策略选择有 $2^4 = 16$ 种策略组合，其收益矩阵如表 1 所示。

表 1　利益相关者演化博弈收益矩阵

策略组合	收益矩阵
A (X_0, Y_0, Z_0, W_0)	$(P_2, P_1 - Q_1, P_3 - Q_4, 0)$
B (X_0, Y_1, Z_0, W_0)	$(P_2, P_1, P_3 - Q_4, 0)$
C (X_0, Y_0, Z_1, W_0)	$(P_2, P_1 - Q_1, P_3, 0)$
D (X_0, Y_1, Z_1, W_0)	$(P_2, P_1, P_3, 0)$
E (X_0, Y_0, Z_0, W_1)	$(P_2, P_1 - Q_1, P_3 - Q_4, 0)$
F (X_0, Y_1, Z_0, W_1)	$(P_2, P_1, P_3 - Q_4, 0)$
G (X_0, Y_0, Z_1, W_1)	$(P_2, P_1 - Q_1, P_3, 0)$
H (X_0, Y_1, Z_1, W_1)	$(P_2, P_1, P_3, 0)$
I (X_1, Y_0, Z_0, W_0)	$(P_2 + P_4 - Q_3, P_1 + Q_2 - Q_1, P_3 - Q_4, -Q_5 + T - S)$
J (X_1, Y_1, Z_0, W_0)	$(P_2 + P_4 - Q_3, P_1 - G, P_3 - Q_4, -Q_5 + T - S)$
K (X_1, Y_0, Z_1, W_0)	$(P_2 + P_4 - Q_3, P_1 + Q_2 - Q_1, P_3 + U - R, -Q_5 + T - S)$
L (X_1, Y_1, Z_1, W_0)	$(P_2 + P_4 - Q_3, P_1 - G, P_3 + U - R, -Q_5 + T - S)$
M (X_1, Y_0, Z_0, W_1)	$(P_2 + P_4 - Q_3, P_1 + Q_2 - Q_1, P_3 - Q_4, -S)$

续表

策略组合	收益矩阵
N (X_1, Y_1, Z_0, W_1)	$(P_2 + P_4 - Q_3, P_1 - G, P_3 - Q_4, -S)$
O (X_1, Y_0, Z_1, W_1)	$(P_2 + P_4 - Q_3, P_1 + Q_2 - Q_1, P_3 + U - R, -S)$
P (X_1, Y_1, Z_1, W_1)	$(P_2 + P_4, P_1, P_3 + U, -S)$

假设承包商、地方政府、评估机构、需求民众分别采取正当竞争与诚信履约、积极监管、独立公正评估以及主动参与的概率分别为 x, y, z, w, 那么他们各自选择不正当竞争与不诚信履约、不积极监管、不独立公正评估和被动接受的概率分别为 $1-x$, $1-y$, $1-z$, $1-w$, 其中, x, y, z, $w \in [0, 1]$。E_{xe}、E_{xg}、E_{xa}、E_{xh} 分别表示承包商、地方政府、评估机构与需求民众的平均期望收益。

承包商采取正当竞争与诚信履约策略带来的期望收益

$E_{xe0} = zywP_2 + z(1-y)wP_2 + (1-z)ywP_2 + (1-z)(1-y)wP_2 + yz(1-w)P_2 + (1-y)z(1-w)P_2 + y(1-z)(1-w)P_2 + (1-y)(1-z)(1-w)P_2 = P_2$

承包商采取不正当竞争与不诚信履约策略带来的期望收益

$E_{xe1} = (P_2 + P_4 - Q_3) \{ [zyw + (1-y)zw + y(1-z)w + (1-y)(1-z)w] + [yz(1-w) + (1-y)z(1-w) + y(1-z)(1-w)] \} + (1-z)(1-y)(1-w)(P_2 + P_4) = P_2 + P_4 - (1-w)(1-z)(1-y)Q_3 - Q_3$

由此, 承包商的平均期望收益为

$E_{xe} = xE_{xe0} + (1-x)E_{xe1} = P_2 + (1-x)[P_4 + (1-w)(1-z)(1-y)Q_3 - Q_3]$

同理, 可以求得地方政府的平均期望收益为

$E_{xg} = yE_{xg0} + (1-y)E_{xg1} = P_1 + G(1-x)(y-1)(w+z-zw) - y[Q_1 - Q_2(1-x)]$

评估机构的平均期望收益为

$Exa = zE_{xa0} + (1-z)E_{xa1} = P_3 + (1-x)(1-z)[R(1-y)(1-w) + U - R] - zQ_4$

需求民众的平均期望收益为

$$E_{xh} = wE_{xh0} + (1-w)E_{xh1} = (1-x)[w(T-Q_5)-S]$$

（三）基于复制动态方程的利益相关者策略稳定性分析

承包商、地方政府、评估机构与需求民众在信息上存在不对称问题，但是利益相关方从自我利益出发，通过学习模仿不断地调整自己的策略选择，从而做出最佳策略选择。承包商、地方政府、评估机构与需求民众调整自身策略选择过程其实是一个复制动态过程。复制动态的本质是某一特定策略组合在一系列策略组合中被采纳频次的动态微分方程（曹霞、张路蓬，2015）。如果博弈方采取某一策略的收益大于平均收益，那么这一策略就会被复制。从表1可以得到承包商、地方政府、评估机构与需求民众的复制动态方程。

承包商的复制动态方程为

$$F(x) = dx/dt = x(E_{xe0}-E_{xe}) = x(1-x)[P_4+(1-w)(1-z)(1-y)Q_3-Q_3]$$

地方政府的复制动态方程为

$$F(y) = dy/dt = y(E_{xg0}-E_{xg}) = y(1-y)\{(1-x)[G(w+z-zw)+Q_2]-Q_1\}$$

评估机构的复制动态方程为

$$F(z) = dz/dt = z(Exa0-Exa) = z(1-z)\{(1-x)[R-U-R(1-y)(1+w)]-Q_4\}$$

需求民众的复制动态方程为

$$F(w) = dw/dt = w(E_{xh0}-E_{xh}) = w(1-w)(1-x)(T-Q_5)$$

在公共服务合同外包利益相关者博弈中，复制动态方程显示了各个有限理性的博弈方经过学习之后最终分别选择正当竞争与诚信履约、从严监管、独立评估和主动参与策略的动态过程。当各方达到稳定状态时，表明博弈方在时间函数中通过不断反复博弈已经找到了有效的Nash均衡。在均衡状态下，任何一个利益相关者偏离均衡都是无利可图的。在数学上，当干扰使x出现低于x'时，$dx/dt = F(x)$必须大于零；当干扰使得x出现高于x'时，$dx/dt = F(x)$必须小于零。换句话说，这

些在稳定状态处 $F(x)$ 的导数（切线的斜率）$F'(x')$ 必须小于零。这就是微分方程的"稳定性定理"（谢识予，2012）。为了求解利益相关者演化博弈的均衡点，接下来将对承包商、地方政府、评估机构与需求民众的动态演化趋势和稳定性进行分析。

1. 基于复制动态方程的承包商策略稳定性分析

$$F(x) = dx/dt = x(1-x)\{Q_3[w - (1-w)(yz - y - z)] - P_4\}$$

$$F'(x) = dF(x)/dt = (1-2x)\{Q_3[w - (1-w)(yz - y - z)] - P_4\}$$

令 $F(x) = 0$，$x = 0$，$x = 1$，$w = [P_4 + Q_3(yz - y - z)]/Q_3(1-y)(1-z)$
当 $F(x) = 0$，$F'(x) < 0$，x 为演化稳定策略点。分析如下。

（1）如果 $w = [P_4 + Q_3(yz - y - z)]/Q_3(1-y)(1-z)$，那么 $F(x) = 0$，$F'(x) = 0$。这意味着，当需求民众参与程度达到 $w = [P_4 + Q_3(yz - y - z)]/Q_3(1-y)(1-z)$ 时，承包商采取正当竞争诚信履约或非正当竞争非诚信履约均是其最优策略选择。

（2）如果 $w > [P_4 + Q_3(yz - y - z)]/Q_3(1-y)(1-z)$，$x = 1$，那么 $F(x) = 0$，$F'(x) < 0$；如果 $w > [P_4 + Q_3(yz - y - z)]/Q_3(1-y)(1-z)$，$x = 0$，那么 $F(x) = 0$，$F'(x) > 0$。由此可知，$x = 1$ 是其演化稳定策略。这意味着，当需求民众主动参与程度达到 $w = [P_4 + Q_3(yz - y - z)]/Q_3(1-y)(1-z)$，并呈现增加趋势时，承包商采取正当竞争与诚信履约是其最优策略选择。

（3）如果 $w < [P_4 + Q_3(yz - y - z)]/Q_3(1-y)(1-z)$，$x = 0$，那么 $F(x) = 0$，$F'(x) < 0$；如果 $w < [P_4 + Q_3(yz - y - z)]/Q_3(1-y)(1-z)$，$x = 1$，那么 $F(x) = 0$，$F'(x) > 0$。由此可知，$x = 0$ 是其演化稳定策略。这意味着，当需求民众主动参与程度达到 $w = [P_4 + Q_3(yz - y - z)]/Q_3(1-y)(1-z)$，并呈现减少趋势时，承包商采取不正当竞争不诚信履约是其最优策略选择。

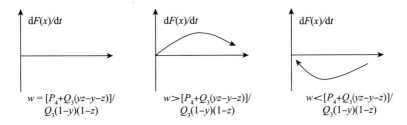

$$w = [P_4 + Q_3(yz-y-z)]/ \\ Q_3(1-y)(1-z)$$

$$w > [P_4 + Q_3(yz-y-z)]/ \\ Q_3(1-y)(1-z)$$

$$w < [P_4 + Q_3(yz-y-z)]/ \\ Q_3(1-y)(1-z)$$

图 2 承包商稳定性演化复制动态相位图

2. 基于复制动态方程的地方政府策略稳定性分析

$$F(y) = \mathrm{d}y/\mathrm{d}t = y(1-y)\{(1-x)[G(w+z-zw)+Q_2]-Q_1\}$$

$$F'(y) = \mathrm{d}F(y)/\mathrm{d}t = (1-2y)\{(1-x)[G(w+z-zw)+Q_2]-Q_1\}$$

令 $F(y)=0$，$y=0$，$y=1$，$w=[Q_1-(Q_2+zG)(1-x)]/G(1-x)(1-z)$。

当 $F(y)=0$，$F'(y)<0$ 时，y 为演化稳定策略点。分析如下。

（1）如果 $w=[Q_1-(Q_2+zG)(1-x)]/G(1-x)(1-z)$，那么 $F(y)=0$，$y=0$，$F'(y)=0$。这意味着，当需求民众参与程度达到 $w=[Q_1-(Q_2+zG)(1-x)]/G(1-x)(1-z)$ 时，地方政府采取积极监管或不积极监管均是其最优策略选择。

（2）如果 $w>[Q_1-(Q_2+zG)(1-x)]/G(1-x)(1-z)$，$y=0$，那么 $F(y)=0$，$F'(y)>0$；如果 $w>[Q_1-(Q_2+zG)(1-x)]/G(1-x)(1-z)$，$y=1$，那么 $F(y)=0$，$F'(y)<0$。由此可知，$y=1$ 是其演化稳定策略。这意味着，当需求民众参与程度达到 $w=[Q_1-(Q_2+zG)(1-x)]/G(1-x)(1-z)$，并呈现增加趋势时，地方政府采取积极监管是其最优策略选择。

（3）如果 $w<[Q_1-(Q_2+zG)(1-x)]/G(1-x)(1-z)$，$y=0$，那么 $F(y)=0$，$F'(y)<0$；如果 $w<[Q_1-(Q_2+zG)(1-x)]/G(1-x)(1-z)$，$y=1$，那么 $F(y)=0$，$F'(y)>0$。由此可知，$y=0$ 是其演化稳定策略。这意味着，当需求民众的参与程度达到 $w=[Q_1-(Q_2+zG)(1-x)]/G(1-x)(1-z)$，并呈现减少趋势时，地方政府采取不积极监管是其最优策略选择。

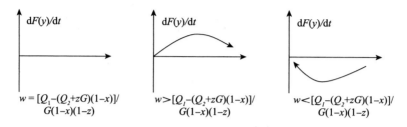

图 3   地方政府稳定性演化复制动态相位图

3. 基于复制动态方程的评估机构策略稳定性分析

$$F(z) = dz/dt = z(Exa_0 - Exa) = z(1-z)\{(1-x)[R-U-R(1-y)(1+w)] - Q_4\}$$

$$F'(z) = dF(z)/dt = (1-2z)\{(1-x)[R-U-R(1-y)(1+w)] - Q_4\}$$

令 $F(z) = 0$，$z = 0$，$z = 1$，$w = [(1-x)(U-Ry) - Q_4]/R(1+y)(1-x)$

当 $F(z) = 0$，$F'(z) < 0$ 时，z 为演化稳定策略点。分析如下。

（1）如果 $w = [(1-x)(U-Ry) - Q_4]/R(1+y)(1-x)$ 时，那么 $F(z) = 0$，$F'(z) = 0$。这意味着，当需求民众主动参与概率达到一定程度，即 $w = [(1-x)(U-Ry) - Q_4]/R(1+y)(1-x)$ 时，则评估机构采取独立公正评估或不独立公正评估均是其最优策略选择。

（2）如果 $w > [(1-x)(U-Ry) - Q_4]/R(1+y)(1-x)$，$z = 0$，那么 $F(z) = 0$，$F'(z) > 0$；如果 $w > [(1-x)(U-Ry) - Q_4]/R(1+y)(1-x)$，$z = 1$，那么 $F(z) = 0$，$F'(z) < 0$；由此可知，$z = 1$ 是其演化稳定策略。这意味着，当需求民众主动参与概率达到一定程度，并呈现增加趋势时，评估机构选择公正评估是其最优策略。

（3）如果 $w < [(1-x)(U-Ry) - Q_4]/R(1+y)(1-x)$，$z = 0$，那么 $F(z) = 0$，$F'(z) < 0$；如果 $w < [(1-x)(U-Ry) - Q_4]/R(1+y)(1-x)$，$z = 1$，那么 $F(z) = 0$，$F'(z) > 0$。由此可知，$z = 0$ 是其演化稳定策略。这意味着，当需求民众主动参与概率达到一定程度，并呈现减少趋势时，评估机构选择不公正评估是其最优策略。

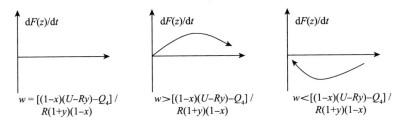

图 4　评估机构稳定性演化复制动态相位图

4. 基于复制动态方程的需求民众策略稳定性分析

$$F(w) = dw/dt = w(1-w)(1-x)(T-Q_5)$$

$$F'(w) = dF(w)/dt = (1-2w)(1-x)(T-Q_5)$$

（1）当 $T = Q_5$ 时，有 $F(w) = 0$，此时所有 w 均为稳定状态，即需求民众选择主动参与或被动接受均是最佳策略。

如果 $x \neq 1$，$T \neq Q_5$ 时，令 $F(w) = 0$，$w = 0$，$w = 1$，当 $F(w) = 0$，$F'(w) < 0$ 时，w 为演化稳定策略点。分析如下。

（2）如果 $T > Q_5$，$w = 0$，那么 $F(w) = 0$，$F'(w) > 0$；如果 $T > Q_5$，$w = 1$，那么 $F(w) = 0$，$F'(w) < 0$。由此可知，$w = 1$ 是其演化稳定策略。这意味着，当需求民众从策略选择中收益大于成本，并呈现增加趋势时，需求民众主动参与是其最优选择。

（3）如果 $T < Q_5$，$w = 0$，那么 $F(w) = 0$，$F'(w) < 0$；如果 $T < Q_5$，$w = 1$，那么 $F(w) = 0$，$F'(w) > 0$。由此可知，$w = 0$ 是其演化稳定策略。这意味着，当需求民众从策略选择中收益小于成本，并呈现减少趋势时，需求民众被动接受是其最优选择。

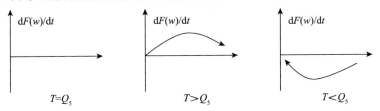

图 5　需求民众稳定性演化复制动态相位图

（四） 利益相关者演化博弈均衡解

根据上述复制动态方程可得利益相关者演化博弈均衡解（见表 2）。

表 2 利益相关者演化博弈均衡解

D_i	$D_i = 0$	$D_i > 0$	$D_i < 0$
利益相关者	$(i = X,\ Y,\ Z,\ W)$	均衡解为 1	均衡解为 0
承包商 $i = X$	x 为任何值	$w > \phi_1$	$w < \phi_1$
地方政府 $i = Y$	y 为任何值	$w > \phi_2$	$w < \phi_2$
评估机构 $i = Z$	z 为任何值	$w > \phi_3$	$w < \phi_3$
需求民众 $i = W$	w 为任何值	$T > Q_5$	$T < Q_5$

$$D_X = P_4 + (1 - w)(1 - z)(1 - y)Q_3 - Q_3$$

$$D_Y = (1 - x)\left[\, G(w + z - zw) + Q_2 \,\right] - Q_1$$

$$D_Z = (1 - x)\left[\, R - U - R(1 - y)(1 + w) \,\right] - Q_4$$

$$D_W = (1 - x)\left[\, T - Q_5 \,\right]$$

$$\phi_1 = \left[\, P_4 + Q_3(yz - y - z) \,\right] / Q_3(1 - y)(1 - z)$$

$$\phi_2 = \left[\, Q_1 - (1 - x)(Q_2 + Gz) \,\right] / (1 - x)(1 - z)G$$

$$\phi_3 = \left[\, (1 - x)(U - Ry) - Q_4 \,\right] / R(1 + y)(1 - x)$$

上述分析表明，当承包商不正当竞争与不诚信履约获得的额外收益 P_4 增加时，对其行为惩罚 Q_3 也应同样增加，如此才能有效减少承包商不正当竞争与不诚信履约行为，使其逐渐趋向于选择正当竞争与诚信履约，而具体应按何种比例增加，要根据公共服务合同外包具体情况来定。对于地方政府而言，监管承包商所需成本 Q_1 的大小直接影响其策略选择，如果对个别承包商不正当竞争与不诚信履约行为监管成本 Q_1 较大，那么地方官员便有很大概率采取不监管态度，这会不可避免地导致承包商更放肆地进行不正当竞争，不履行合同。由于地方官员选择不监管策略概率的增加，承包商不正当竞争与不诚信履约概率也相应增加，因此反过来给地方政府增加经济损失 G，如果能增加其成功监管承包商不正当竞争与不诚信履约后获得的经济奖赏或者政治褒奖 Q_2，那么会有效促使更多的地方政府趋向于选择监管策略，所以赏罚分明才能更有效地督促地方政府官员"为官有为"。对评估机构而言，国家增加其不秉公评估的惩罚 R，并减少其偏袒承包商不履约行为的收益 U，会使其更好地履行评估职责，更忠诚地服务于需求民众和地方政府。对需求民众而言，只有当主动参与所获收益 T 大于参与成本 Q_5 时，民众才会更多地趋向于选择主动参与策略，所以政府部门应该重视引导需求民众公共参与，支持他们进行公共服务合同外包意向表达，鼓励监督承包商诚信服务与地方官员忠诚履职。

三 研究结论与政策建议

本文以演化博弈为分析工具，结合公共服务合同外包的制度设计和具体实践，提出了公共服务合同外包利益相关者演化博弈模型，涵盖承包商、地方政府、评估机构以及需求民众等四方博弈主体，考察了利益相关者演化博弈的收益矩阵，具体分析利益相关者不同策略组合对公共服务合同外包产生的影响。通过研究得出五个结论。（1）（X_0, Y_0, Z_0, W_0）是利益相关者演化博弈稳定策略点。（2）适当的地方政府监管力度有利于推动承包商选择正当竞争与诚信履约，评估机构独立公正评估，需求民众选择主动参与。（3）承包商的收益程度对于降低需求民众参与程度存在临界值，当经济收益高于这个临界值时，承包商则选择不正当竞争与不诚信履约；当经济收益低于这个临界值时，承包商则选择正当竞争与诚信履约。（4）评估机构独立公正程度依赖于需求民众参与程度，需求民众参与度高，则评估机构偏好独立公正评估；需求民众参与度低，则评估机构偏好倾向性评估。（5）需求民众参与程度依赖于参与成本与收益的比较。

根据上述分析，论文提出利用成本效益规律，约束利益相关者寻租行为选择，激励其生产行为选择，实现公共服务合同外包制度正常运转。有关具体建议如下。

第一，增加地方政府实现外包服务利益最大化所得收益，并降低其监督成本。在公共服务合同外包中，政府不仅必须是个"精明买家"（詹国彬，2013），而且必须是个"公正买家"，以建立信任关系，推动政社合作，确保需求民众获得最大化外包服务效用。一方面，要增加正当履职收益，将合同外包绩效评估结果与官员考核、晋升捆绑，激励官员以追求外包服务收益最大化为己任，与民众同呼吸共命运，一损俱损，一荣俱荣。另一方面，要将追责制度落到实处，将官员责任与行为结果挂钩，根据其履职存在问题的严重程度，分别给予警告、弹劾、罢免等相应行政处分，情节特别严重的，可以追究刑事责任；要深入持久地把反腐败斗争进行到底，从严惩治腐败官员，让他们不敢腐、不能腐、不想腐；根据决策权、执行权和监督权分立制衡的原则，科学配置权力，合理设计制度，并及时引进和运用先进信息技术，克服信息不对称劣势，从而降低监管成本。

第二，增加承包商不正当竞标和不诚信履约的成本。在公共服务合同外包中，在承包商选择方面，一要保持适度竞争，公开竞标信息，鼓励更多承包商参与竞标，避免某个承包商垄断服务供给，摒弃机会主义行为，杜绝通过不正当竞标方式获取项目，通过偷工减料来提供服务，甚至伪造虚假服务，蒙骗民众，骗取公共财政资金；二要推行专业化发展战略，加强社会组织建设，大力采用先进技术，培养和吸纳专业人才，诚实生产，合法经营，发展品牌项目服务，提高核心竞争力，通过生产专业化、多元化、个性化、高质量的公共服务满足群众需求，同时要合理切分外包服务蛋糕份额，保证承包商有合理收入空间，激励其承接服务的积极性。

第三，增加评估机构正当履职的收益和不正当履职的成本。在公共服务合同外包中，评估机构要以为政府帮忙和为人民服务为宗旨，秉持独立公正立场，客观评估合同外包，专业测评公共服务，为公共服务合同外包提供评估技术和质量保障。对于资质不够的评估机构要取缔评估资格。同时，也要特别注意坚定"为人民服务"的立场与职业道德，坚持不偏不倚、客观公正的评估标准，不屈从于官员或为承包商所收买，充当为其提供合法性的工具。对于违法乱纪的评估机构要依法追究责任。

第四，增加需求民众参与外包服务意向表达的收益，降低其参与成本。在公共服务合同外包中，需求民众要积极参与，理性表达需求，密切关注进程。一方面，作为利益相关者，需求民众要主动参与公共服务外包过程，"会哭的孩子有奶吃"（容志，2019），只有清楚地表达自己对公共服务的需求取向和个性化要求，才能使政府根据民意精准确定外包服务内容范围，让纳税人的钱真正花在刀刃上，避免不该买的买了或该买的没买等情况，从而提升满意度和获得感；另一方面，需求民众要积极参与监督，如果发现承包商存在不正当竞标，地方官员有不当行为，外包服务存在质量问题，就果断行动进行举报，努力争取利益最大化。

【参考文献】

埃莉诺·奥斯特罗姆，2012，《公共事物的治理之道——集体行动制度的演进》，余逊达、陈旭东译，上海译文出版社。

爱德华·弗里曼，2006，《战略管理：利益相关者方法》，王彦华、梁豪译，上海译文出版社。

曹霞、张路蓬，2015，《企业绿色技术创新扩散的演化博弈分析》，《中国人口资源与环境》第 7 期，第 70 页。

崔光胜，2017，《政府购买社会组织服务中的行动主体和利益诉求》，《天津行政学院学报》第 5 期，第 11 ~ 17 页。

崔佳琦、王松、邢金明，2020，《利益相关者视角下政府购买公共体育服务潜在风险研究》，《沈阳体育学院学报》第 1 期，第 101 ~ 109 页。

黄建军、梁宇、余晓芳，2016，《改革开放以来我国政府与社会组织关系建构的历程与思考》，《中国行政管理》第 7 期，第 35 ~ 39 页。

黄新华，2013，《公共服务合同外包中的交易成本：构成、成因与治理》，《学习与实践》第 6 期，第 71 页。

吉鹏、许开轶，2020，《大数据驱动下政府购买公共服务精准化：运行机理、现实困境与实现路径》，《当代世界与社会主义》第 3 期，第 183~190 页。

句华，2010，《公共服务合同外包的适用范围：理论与实践的反差》，《中国行政管理》第 4 期，第 51 页。

吕芳，2015，《中国地方政府的"影子雇员"与"同心圆"结构——基于街道办事处的实证分析》，《管理世界》第 10 期，第 106 页。

迈克尔·迈金尼斯，2000，《多中心体制与地方公共经济》，毛寿龙译，上海三联书店。

容志，2019，《大数据背景下公共服务需求精准识别机制创新》，《上海行政学院学报》第 7 期，第 46 页。

唐纳德·凯特尔，2009，《权力共享：公共治理与私人市场》，孙迎春等译，北京大学出版社。

王才章，2016，《政府购买公共服务中政府与社会组织的关系——一个组织社会学的新制度主义视角》，《学术论坛》第 3 期，第 62~66 页。

王雁红，2012，《公共服务合同外包：一个研究综述》，《天府新论》第 2 期，第 92 页。

王雁红，2019，《公共服务合同外包的风险及其控制：从单一视角到多元视角》，《学习与探索》第 6 期，第 73~79 页。

夏涛，2019，《政府购买机构养老服务下多方参与的演化博弈研究》，《西北人口》第 2 期，第 59 页。

谢识予，2012，《经济博弈论》（第三版），复旦大学出版社。

徐国冲、赵晓霞，2020，《政府购买公共服务的"公共性拆解"风险及其规制》，《天津社会科学》第 3 期，第 83~88 页。

徐家良、许源，2015，《政府购买社会组织公共服务的制度风险因素及风险治理》，《社会科学辑刊》第 5 期，第 45 页。

徐家良、赵挺，2013，《政府购买公共服务的现实困境与路径创新：上海的实践》，《中国行政管理》第 8 期，第 26 页。

徐兰、王晶欣、李晓萍，2018，《政府购买公共服务下普惠性学前教育推进的多方演化博弈分析》，《运筹与管理》第 2 期，第 85 页。

徐顽强，2012，《资源依赖视域下政府与慈善组织关系研究》，《华中师范大学学报》（人文社会科学版）第 3 期，第 14 ~ 19 页。

许鹿、钟清泉，2015，《协同还是控制：社会组织参与公共服务质量改进机制研究》，《贵州社会科学》第 2 期，第 50 ~ 56 页。

游玎怡、李芝兰、王海燕，2020，《政府转移职能和购买服务提升了社会组织的服务质量吗？——以中国科技社团为例》，《中国行政管理》第 7 期，第 104 ~ 113 页。

詹国彬，2013，《需求方缺陷、供给方缺陷与精明买家——政府购买公共服务的困境与破解之道》，《经济社会体制比较》第 5 期，第 142 页。

詹国彬，2015，《公共服务逆向合同外包的理论机理、现实动因与制度安排》，《政治学研究》第 4 期，第 106 页。

张凤彪、王家宏、王松、崔佳琦，2020，《政府购买服务与体育社会组织发展的"诺斯悖论"问题研究》，《体育学刊》第 3 期，第 38 ~ 44 页。

张汝立、刘帅顺、包变，2020，《社会组织参与政府购买公共服务的困境与优化——基于制度场域框架的分析》，《中国行政管理》第 2 期，第 94 ~ 101 页。

周俊，2010，《政府购买公共服务的风险及其防范》，《中国行政管理》第 6 期，第 13 页。

Hodge, A. 2000. *Privatization：An International Review of Performance.* Oxford：Westview Press.

Jocelyn, M. Johnston, Barbara S. Romzek. 1999. "Contracting and Accountability in State Medical Reform：Rhetoric Theories and Reality." *Public Administration Review* 59 (5).

Lamothe, Meeyoung and Scott Lamothe. 2009. "Beyond the Search for Competition in Social Service Contracting Procurement, Consolidation, and Accountability." *American Review of Public Administration* 39 (2).

Mitchell, A. and Wood, D. 1997. "Toward a Theory of Stock holder Identification and Salience: Defining the Principle of Who and What Really Counts. " *Academy of Management Review* 22 (4): 853 – 887.

Young, Chool Choi. 1999. *The Dynamics of Public Service Contracting: The British Experience*. Policy Press.

中国第三部门研究　第 21 卷
第 51~75 页
© SSAP，2021

近代疫灾危机下的政社协同治理研究

——以 1932 年长三角口岸城市霍乱疫灾为中心[*]

董　强　吴　磊[**]

摘　要：突发公共卫生事件下的社会治理是国家治理能力的集中体现。1932 年暴发的霍乱疫灾，不仅是近代社会所遭遇的重大突发公共卫生事件，给国家和社会造成巨大灾祸，而且是对政府治理效能的严峻考验。缘于霍乱疫灾波及面广、持续周期长，具有全局性和跨界性特征，加之社会应急保障资源极度匮乏以及内外政局困宥，所以政府的抗疫能力存在显著不足。鉴于此，社会组织快速响应、广泛动员，深度参与危机治理，从而构筑起多元治理主体下的政社协同应对机制。这一应对机制的历史逻辑与演变机制，充分展现出"国家—社会"二元治理结构的话语场域。本文据此分析 1932 年长三角

* 基金项目：国家社科基金青年项目"近代长三角口岸城市灾害协同治理研究"（项目编号：19CZS077）。

** 董强，上海海关学院助理研究员，上海师范大学环境与地理科学学院博士后，主要从事灾害史、社会史等方面的研究，E-mail：dongqianganana@126.com；吴磊，上海工程技术大学管理学院教授、硕士生导师，中央民族大学法学博士，主要从事合作治理研究，E-mail：woolaywind@163.com。

口岸城市霍乱疫灾危机下的政社协同治理机制，旨在为新时代基层社会治理体系建设提供历史镜鉴。

关键词：霍乱疫灾；政社协同治理；长三角口岸城市

一 问题的提出

突发公共卫生事件下的社会治理是国家治理能力的集中体现。晚近以来，中国超稳定的简约社会治理体系因内外环境变化、时代变迁发生重构，衍生出政府、社会组织、西方力量等多元主体的复杂社会治理系统。1927 年南京国民政府成立后，出于培塑政权合法性与现代化的考量，政府在国家治理场域中的话语权显著增强，政府通过颁行管理社会组织的法律和规章，冀望从法理话语体系和制度框架着手，强化对社会组织的管控，并将其纳入以公权力为主导的国家治理体系。扼腕的是，面对全域的、跨界的突发公共卫生事件，既有的政府治理能力羸弱不足，从而为社会组织参与危机治理预留空间。在多元主体的复杂治理系统中，社会组织下沉并渗透到基层社会，通过构筑政社协同治理机制，继而优化、提升社会治理效能。回溯政社协同治理机制在近代突发公共卫生事件中的历史逻辑与演变机制，有助于厘清近代社会组织的成长基因与发展谱系。

1932 年，中国发生了一次波及面广、死亡人数众多的全国性霍乱疫情。此次疫情缘于 1931 年江淮大水灾，囿于中心城市人口激增（李玉尚，2020）以及城乡二元结构对立（陈亮，2008）等痼疾，使疫情迅速蔓延。为了严防疫病扩散，疫情高发区采取了因地制宜的应对举措，形成了关中抗疫模式（刘炳涛，2010；温艳、岳珑，2011）和江南抗疫模式（胡勇，2005；孔伟，2008）。疫灾的发生，在一定程度上推动了近代城乡公共卫生观念的转变（彭善民，2007；刘俊凤，2008），以及近代社会保障网络体系的建构（汪华，2013）。综观既有成果，学界大多聚焦于疫灾缘起及社会影响，但对疫灾危机下国家与社会之间的"二元"互动，尤其是对政府与社会组织所构建的协同治理机制研究较少。本文通过分析疫灾危机下政社协同治理模式及其应对机制，旨在为新时代基层社会治理体系建设提供历史镜鉴。

二 分析框架：政社协同治理的理论基础和历史逻辑

（一）政社协同治理的理论基础及其延展

协同治理（Collaborative Governance）或合作治理（Cooperative Governance）是现代社会治理理论的重要转向，突出表现在三个方面，即治理主体的多元化、治理体系的协同性、治理规则的协商与制定（李汉卿，2014）。可以说，协同治理是社会多元治理主体基于特定规则下的共同管理，并充分运用各自优势资源协同联动，以推动社会平稳有序运转和实现公共利益最大化。

在现代公共事务中，政府无力承负全能型社会管理职责。为了提升和优化治理效能，需要由公共机构、私人机构和非营利组织合作组建"伙伴关系网络"（Partnership-Network），以达成共同治理的目标。在危机发生时，政策的制定与实施、危机应对策略、综合治理评估等愈加复杂，传统应对机制收效甚微。如何构筑多层次、跨部门的新型治理关系，继而高效、有序地促进参与主体的协同应对，以提高决策质量与成效，就显得颇为重要。为此，人们提出了政社协同治理（Collaborative Governance of Government and Society）理论，即以政府与社会的互动关系为逻辑起点，通过强势宣传与政策引导，广泛吸纳企业、社会组织等多元治理力量，以期提升治理功效。可以预见的是，各治理主体间相互交织、协同作用，其结构、功能和内生关系影响着治理效能的发挥和行为方式（姜晓萍，2014）。政社协同治理的核心在于创造各方认同的合作与信任机制，动员并鼓励企业、社会组织、个体以多元共治的方式参与社会事务管理，以达成协商共治的目标。

政社协同治理机制作为复杂的有机体是现代社会治理体系发展的必然产物。政府与社会组织间的合作以协同配合、良性互动为前提，通过构筑互惠互利的合作机制与平等互商的沟通模式，从而改变以政府治理为主体的传统社会治理方式，实现政府与社会组织在危机治理中的顺畅沟通、资源共享、功能互补等预期目标（Donahue and Zeckhauser，2008；Ansell，Boin and Keller，2010）。美国经济学家亨利·汉斯曼（Hansmann，2001）指出，社会组织能够有效弥补市场调节机制的先天弊病，具有"非分配约束"的特性。在承担非营利性社会管理职能过程中，可以最大限度地减少机会主义行为。当然，还有学者指出，应当突出各参与主体话语权和地位的平等性，严防垄断权利出现，通过良好的协商机制，以形成共识（Culpepper，2003）。政社协同的实质，在于促进政府与社会组织凝结成高度协同的理性关系。这一理念符合现代政府改革需要，以应对社会事务复杂化和多样化特性，从而营造善治（Good Governance）的良好局面。

（二）政社协同治理的历史逻辑

1. 政社协同治理的历史条件

回溯中国历史，社会组织在明清时期已见雏形。晚近以来，社会组织的内涵与外延发生重构与迭变，其本体功能显著增强。相较于西方社会，中国传统社会的土壤未能孕育出极富生命力的"公民社会"（Civil Society），尤其是在封建集权的强大控制力下，国家的主导地位未能从根本上予以撼动。近代社会的动荡局势与政府控制力的羸弱，深刻影响着社会组织成长与发展的外部环境，国家与社会的共生关系由此形成。反观急遽壮大的社会组织，政府的内在情愫极具敏感、复杂、矛盾性。尤其是在基层社会治理空间中，社会组织与政府间的合作与博弈不可避免，始终存在依赖与磨合的共生关系。

面对突发公共危机事件，政府囿于自身能力有限及资源配置不足，不得不与社会组织共享资源，共担治理风险。面对跨界性突发公共危机事件，政府高度依赖现有的应急保障资源，从而形成对称性依赖关系，并与社会组织产生协作意愿，采取共同行为（杨宏山、周昕宇，2019），这一作用过程为政社协同治理机制的产生与发展奠立条件。从近代社会治理实践来看，晚清和民国年间，国家权力深入基层社会并遭遇"内卷化"困境（杜赞奇，2003），政社协同治理势在必行。与此同时，晚近时期迅速兴起的报纸、杂志、电台等传播工具，展现出强大的精英文化（Elite Culture）话语权。它们与大众文化（Popular Culture）一道，重构起复杂的近代公共话语空间，并在社会事务中发挥着重要作用（王笛，2009）。随着近代工业文明的发展以及内外政局的急遽变化，政府与社会组织间的共生依附关系迭变为黏结关系。一方面，政府对社会组织施加影响力与控制力；另一方面，社会组织凭借自身成长基因，拥有强势的话语权和自主性，对政府的权力边界造成一定的制约与压力，促使政府弱化对社会组织的控制，由此衍生出较为弹性的黏结关系（刘志辉，2015）。据此，政府与社会组织间的关系是复杂、动态与多样的，并在不同阶段呈现异化特征。

以长三角口岸城市为例。长三角地区在明清时期就有了慈善救济传统，并形成以慈善赈济功能为主的近代社会组织网络，这些优良传统为多元社会治理的形成奠定了历史基石。清末新政后，地方社会自治渐成风尚，政府对地方社会的控制力越发羸弱，从而为近代社会组织的成长提供了较为宽松的环境，如上海商团、苏州市民公社、杭州商务总会等社会组织就十分活跃。由此，以政府为主导的一元社会治理结构，被以"国家—社会"为主导的二元治理结构所取代，社会组织处在交迭嬗革之际。随着近代工业文明与城市化进程的加速，长三角口岸城市的功能性需求与日俱增，社会组织已突破既有的慈善赈济功能，转变为多样化需求，社会组织形态亦日趋丰富。民国以后，北洋政府和南京国民政府为标榜现代化形象，通过立法形式承认各地社会组织活动的合法性。同时，又采取一定的政策干预，管束社会组织发展，妄图竭力将其置于政府控制之下。面对前所未有的疫灾危机，既有的灾害治理机制暴露出诸多弊端，集中表现为社会应急保障资源匮乏、基层治理机制偏失、社会治理效能低下。这些因素为长三角口岸城市社会组织参与灾害危机治理创造了空间，为构筑政社协同治理机制创造了条件。在此环境下，政社关系极为复杂，尤其在灾害危机应对阶段，呈现出博弈与协同兼具的特性。可以说，在"国家—社会"二元话语解析框架下，政社之间的二元互动并非应有行为，而是在多元治理主体情景下的协同配合。只有探悉多元治理主体间的复杂交互关系，才能完整勾画出疫灾危机下长三角口岸城市政社协同治理图景。

2. 政社协同治理的发展环境

在近代社会组织的成长过程中，政府一方面承认社会组织活动的合法性，给予相应的活动空间；另一方面通过立法手段，规范并约束其发展。纵观近代针对社会组织的立法过程，最早可追溯至光绪三十四年（1908）晚清政府所颁布的《结社集会律》。民国以后，北洋政府在赓续晚清立法基础上，严厉打击秘密结社活动，规定凡政事或公事结社需呈报地方衙署。1914 年，北洋政府颁布《治安警察条例》（后易名《治安警察法》），对结社申报的程序、审批事项等予以规范。此后，又陆续刊布了《农会暂行规程》（1912 年）、《教育会规程》（1912 年）、《商会法》（1914 年）、《中国红十字会条例》（1914 年）、《工商同业公会规则》（1918 年）、《工会条例草案》（1925 年）等，实为民国时期针对社会组织立法的发端。1927 年 7 月 26 日，国民政府颁布了《各级党部与民众团体关系条例》，明确国民党对社会组织"指导改造"的职责，并将社会组织置于公权力"监督"之下。1929 年 6 月，国民政府刊布了《人民团体组织方案》，旨在强化政府对社会组织的指导，并以此作为基本纲领。1929 年底，南京国民政府公布了《人民团体设立程序案》，规定了社会组织的设立、管理、监督等实施细则。

在此背景下，各类社会组织的活动均置于政府管辖权限之内。如针对工商团体立法，1929 年 8 月，南京国民政府修订了北洋政府时期制定的《商会法》，刊布了《工商同业公会条例》，奠定了工商业团体立法基础。针对慈善团体立法，南京国民政府于 1928 年制定了《管理各地方私立慈善机关规则》，1929 年刊布了《监督慈善团体法》，1930 年制定了《监督慈善团体法施行规则》，1932 年刊布了《各地方慈善团体立案办法》。1932 年，南京国民政府刊布了《中华民国红十字会管理条例》。为了严防外国势力对社会组织的渗透，1931 年 2 月，国民党中央民众训练部制定了《指导外人传教团体办法》。上述制定的条例，将社会组织纳入中央政府管辖。

3. 政社协同治理的现实需求

近代社会组织的成长与发展是城市功能化需求的集中体现。近代工业化进程的加速与商贸活动的频繁，使得各类资源要素和经济活动高度集聚，城市作为功能化载体亟须提供多样化服务。与此同时，近代社会的历史特性以及城市灾害频发，使得突发公共危机事件骤增，社会治理被置于复杂的政治生态中。在此背景下，政府的主导性地位有所松动，社会组织作为公共治理过程中的中坚力量，凭借强有力的社会资源及雄厚的资金支持，为寻求共同目标而自发联结起来，继而构筑起近代多元社会协同治理格局。

（三）政社协同治理机制的分析框架

政社协同治理机制（Collaborative Governance Mechanism）的核心在于不同治理主体间跨部门的协同运作。近代中国社会孕育出的政社协同治理机制，其发生机制在于受到外部地缘政治影响或因自然灾害、社会革命、战争等压力所形成的"驱动力"，促使政府与社会组织产生合作意愿（Willingness to Cooperate），并在社会救助、灾荒赈济、社会治理等协同治理区域（Collaborative Governance Region）形成强大的行动力，以实现政社协同主体冀望恢复社会秩序的共同目标。可以说，协同效应产生的基础，源自政社双方具有相对一致的共享动机。这一共享动机的核心，在于政权的稳固性与社会的稳定性。政社双方通过合作、协商、共治等方式，发挥良好的沟通效能，加深彼此间的信任感，以提升信任水平，从而在一定的系统环境下，借助公共政策或管理，以形成聚合的、稳健的、适应性强的协同治理机制架构（见图 1）。

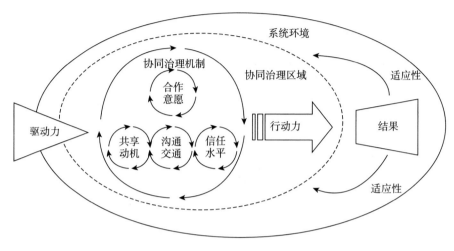

图 1 政社协同治理机制架构

三 1932 年长三角口岸城市霍乱疫灾的概况及其成因

（一）因疫成灾：霍乱疫灾的概况

霍乱，又名"吊脚痧""绞肠痧"，是一种危害性极强、传播速度极快、波及人群较广的烈性肠道传染病。清中期时，霍乱经南亚沿海路传至中国，此后肆虐成疾，时人谓之"虎疫"。① 1932 年暴发的霍乱疫灾是民国年间规模较大的一次疫情。《大公报》《申报》等刊载：1932年 4 月 23 日，武汉最先爆出霍乱病例；4 月 26 日，上海发现霍乱病例；5 月 18 日，南京发现霍乱病例；6 月 9 日，天津塘沽发现霍乱病例。此后，数省陆续暴发疫情。从流行趋势来看，疫情由中心城市向周边县市

---

① 清嘉庆道光年间，霍乱沿海路传至中国东南沿海一带。此后呈周期性暴发态势，以致成为江南一带旧疾难愈的地方流行病。"霍乱"（Cholera）一词的中文译音为"虎烈拉"，故时人谓之"虎疫"。

辐射，即由点及面扩散，呈自东向西、由南及北的蔓延态势。

据近代卫生防疫专家伍连德统计，此次霍乱疫灾侵袭全国 23 个省，波及城市多达 312 个。除新疆、西藏等边远省份外，全国大多数省份均报告有疫情。仅 1932 年 4 月至 10 月，累计报告确诊病例近 10 万例，病死约 3.4 万人，病死率高达 34%（*The 1932 Cholera Epidemic in China with Special Reference to Shanghai*，*National Quarantine Reports*，1935）。从流行病学上分析，此次疫情主要由副霍乱弧菌所引发。轻症感染者表现为吐泻不止、粪便呈米泔样，并伴有呕吐、恶心等不适感；重症感染者情势凶猛、血便、吐黄水，甚至休克死亡。从病症上观察，患者往往小腿肌肉痉挛，并伴有口渴、耳鸣、呼吸频率加速、神志不清、表情呆滞、眼窝凹陷等情况。倘若病患不能及时送医救治，易致昏迷或死亡。

（二）灾链效应：霍乱疫灾的成因

1932 年的霍乱疫灾是自然灾害与社会灾害所引发的灾链效应相互作用的结果，具体表现如下。

第一，1931 年的江淮大水灾是导致霍乱疫灾发生的主要原因。

1931 年 6 月至 8 月，长江中下游及淮河流域普降暴雨，以致江淮地区遭遇世所罕见的洪灾，江汉平原、长江三角洲平原等产粮区受灾惨重。洪灾遍及南方 7 省，仅长江中下游地区被淹没农田就多达 333 万公顷，淹死达 14.5 万人，尤以江苏、湖北、安徽等省灾情最为严重。除持续的反常天气外，日积月累的长江蓄洪区和天然湖泊围垦，以及森林植被屡遭砍伐是导致洪灾发生的根源。常言道，大灾之后必有大疫。肆虐的洪灾使得农田尽淹，粮食减产，灾民几无着落。为求生存，灾民涌入南京、上海等中心城市，密集的人口流动与堪忧的卫生条件，为疫病滋生和传播提供了温床。1932 年，水患稍有退却，但灾况并未好转，各地报告洪泛多达 284 起。洪灾导致非正常人口死亡，尤其是广大贫民无力掩埋尸体，导致公共卫生环境污染，加之地方政府疏于城市供水系统保障，灾民聚集区内人口激增，洁净水源极为匮乏，霍乱由此蔓延。

第二，集聚化的城市空间与过密化的交通网络加速疫情传播。

20 世纪 30 年代，中国步入近代工业化发展快车道，城市人口规模与城市空间容积急遽扩增，由此带来公共资源分配不均、社会保障效率低下、城市居住空间拥挤、公共卫生环境脏乱、社会医疗资源短缺等一系列问题，都加速了疫情的传播。南京国民政府成立后，政府倡导发展交通事业，提出"以交通为先务之急"，陇海、粤汉、杭江、浙赣、沪杭甬等铁路干线相继通车。过密化的交通网络加速了区域间的经贸往来与人口迁徙，以沪宁、沪杭甬为主干的交通网络助推长三角城市群的形成，促使疫情的触角沿铁路线向周边蔓延，形成较大规模的疫区。

第三，内外困宥的政局致使政府无暇全力应对严峻的霍乱疫灾。

经过 1927 年的"宁汉合流"与 1928 年的"东北易帜"，南京国民政府实现了形式上的统一，但军阀混战并未就此终结。1929 年 3 月至 1930 年 10 月，蒋介石先后挑起了蒋桂、蒋冯、蒋唐以及中原大战。不久，国民党又纠集近 10 万兵力对中央苏区实施"围剿"，连年战乱使得中央财政日绌困宥，军务费、债务费占据年度财政支出的绝大部分，几无余力推动公共医疗卫生事业发展。为此，《大公报》刊发社论，强烈抨击国民政府罔顾民生，"即概略计算，今夏全国死于虎疫之人民，已将以数十万计。倘在他国，将视为社会齐祸，预防之宣传，治疗之设计，早轰动全国，积极努力。然中国乃实际坐视之，政治废弛，社会散漫，由此一端，可概其余"（《大公报》，1932）。

不仅国内政局动荡，外部局势亦每况愈下。1931 年 9 月 18 日，日本帝国主义悍然发动了"九·一八"事变。在蒋介石"攘外必先安内"的不抵抗政策下，东北全境很快陷落于日军铁蹄之下。剑拔弩张的局势尚未纾缓，为了密谋策划建立伪满洲国并加速向华北一带进行势力渗透，日本帝国主义又于 1932 年 1 月 28 日在上海挑起"一·二八"事变，企图转移国际视线。长三角地区是国民政府的核心统治区，为了保卫上海安全，国民党军队被迫应战，淞沪抗战就此打响。在十九路军爱国将领蔡廷锴、蒋光鼐的奋起抵抗下，历经三个多月奋战，日本妄图鲸吞上海的野心惨遭失败。1932 年 5 月 5 日，双方签订了《淞沪停战协定》，宣告淞沪战役结束，明确了"上海非军事化"地位。淞沪战役结束后不久，上海旋即暴发霍乱疫灾，日本报媒戏谑上海为"霍乱流行港"（コレラ流行港）（『東京朝日新聞』，昭和 7 年）。

四　1932 年长三角口岸城市霍乱疫灾危机治理的过程

（一）国家力量：政府的抗疫尝试与努力

疫灾危机发生后，国民政府囿于中日战事、政局动荡以及社会治理能力低下等原因，无暇全力抗疫。但面对强大的社会舆论压力，亦未敢放任自流，而是在力所能及的条件下，采取了一定的防疫举措。

1. 组织指导防疫工作

霍乱疫灾发生后，国民政府卫生署率先在上海、南京等城市设立疫情防控机关。1932 年 5 月 17 日，上海市卫生局邀集法租界公共卫生救济处、公共租界卫生处等召开预防上海霍乱联席会议，倡议组建上海防止霍乱临时事务所，以便统筹各方资源，督导上海预防霍乱工作。为了协助防疫，上海市卫生局高价从吴淞汽车公司订购三辆救护车充当巡回问诊室。1932 年 7 月 28 日的《申报》称，"车内设施周到，分病房、诊室，每车有医生护士仆役一人"，规定"病人请诊，一律免费"。为了严防霍乱弧菌污染城市水源，卫生局委派专人与辖区医生、警察等共同组建防疫队，分片区定时对全市水源、井口等投入漂白粉消毒，并每日监测水质状况。租界卫生当局在联席会议机制下建立隔离医院，收治租界内罹患疫症的难民。5 月 30 日，国民政府卫生署在南京成立首都预防霍乱联合办事处，全力开展预防霍乱工作。卫生署还委派专员赴江苏、浙江、安徽等省份，在地方政府的配合下，指导开展卫生防疫、疫苗接种、流行病学调查，以及筹设临时隔离医院。此时距淞沪抗战结束不久，淞沪战区善后筹备委员会组建防疫组，在卫生署的指导下开展预防霍乱工作，以防疫病由周边郊县向上海中心城区蔓延。在扬州、南通等苏北地区，卫生署还与 1931 年组建的国民政府救济水灾委员会通力协作，共同指导江淮洪泛区的预防霍乱工作。

2. 开展霍乱疫苗接种

19 世纪后期，法国微生物学家巴斯德率先研制出预防霍乱疫苗。此后，给易感人群接种疫苗，成为欧美各国抵御霍乱疫病的主要方式。囿于西方抗生素等预防类注射药物研制成本高昂，加之生产厂商牟取商业暴利，因此欧美各国不愿向中国出让疫苗研发技术，以致国内进口疫苗价格居高不下。在此窘境下，上海市卫生实验所集中科研攻关力量，孜孜不倦，潜心钻研，最终研发出廉价的国产霍乱疫苗，"首批 4500 瓶，足够 200 万人注射之用"（《申报》，1932）。上海市卫生局统一调配疫苗用度，分批向市民开展免费注射。缘于上海人口众多，居民分布较散，卫生局遂广邀社会团体共同参与疫苗接种工作。接种人员奔走街头，向市民开展防治霍乱的公益宣传，并配合医务工作者实施免费接种，收集被接种者的性别、年龄、职业、健康状况等个人信息，为流行病学调查积累数据源，并定期编制年度霍乱疫苗注射人群统计表。同时，他们还跟踪调研被接种者的诉求及困难，以便开展后续赈济。

当时，上海人口已逾 300 万，接种霍乱疫苗的民众达 90.67 万人，疫苗接种率为 30.22%，其中华界 66.84 万人、公共租界 17.36 万人、法租界 6.47 万人（《民国二十一年工部局卫生处卫生月刊》，1932）。据 1932 年 5 月 31 日卫生处报告，"随着（霍乱疫苗接种）运动的推进，除第二、第三中心分区只有极少数工厂外，大部分地区已完成霍乱疫苗接种工作。不仅如此，辖区内穷苦阶层的 115 人也实行了预防注射"（*Cholera Campaign 1932*，1932）。经过 4 个月的不懈努力，上海的霍乱死亡率控制在 7.4%，为全国最低。以当时卫生条件之陋弊，在全世界传染病防治史上亦实属罕见。

除了扩大疫苗接种人群外，政府还十分注重疫苗质量监管。为了防止不合格疫苗流入市场，卫生署颁布了"卫字 第二九四号训令"，督促各地加强疫苗流通环节与冷链管理。按规定，每公斤疫苗撮含菌量达到 20 亿方则视为合格，其制作方法、检验标准等须比照南京国民政府卫生部《中华药典》的相关规定。凡检验不合格的疫苗，其厂商需立即停止产品生产，并对已入市贩售的疫苗严格取缔（《卫生署咨第四○一号》，1932）。为了降低疫苗运输成本，国民政府还对送检合格的疫苗，张贴标记式样作为免税凭证。同时，委令税务处、海关等部门对送检合格的疫苗准予免纳常关税、厘金等优惠政策。1932 年 9 月，上海市卫生实验所对生产的 8 种疫苗样品，呈送 46 份财政部勘验，后分发各口，照章免税。

3. 加强海港卫生检疫

晚清以来，海港口岸卫生检疫权始终为西方列强所褫夺。以伍连德为首的卫生检疫专家疾呼收回检疫权。经过多方协调努力，1930 年 7 月卫生署在上海成立海港检疫管理处，标志着海港卫生检疫权正式收回。1932 年霍乱疫情暴发后，上海宣布成为染疫港口。为了严防疫病经海港口岸传入或传出，海港检疫管理处向各海关刊布了沪船进港检疫通告。6 月 13 日，津海关在大沽口岸对所有沪籍船舶实施卫生检疫。7 月，厦门、汕头、青岛、广州等口岸，对沪港来船或经沪港中转停靠的船舶一律实施卫生检疫。上海作为远东重要的国际货运港口，外籍来华船舶停靠及转运量较大，卫生防疫形势严峻。因此，海港检疫管理处着手强化锚地检疫，严防境外霍乱疫情回流。据统计，1932 年，上海口岸检疫各类船舶共计 2244 艘，船舶吨位数达 1446.72 万吨，船舶卫生检疫部分国家情况见表 1。

表 1　1932 年上海口岸船舶卫生检疫部分国家情况

单位：艘，万吨

排序	国籍	船舶数	吨位量	排序	国籍	船舶数量	吨位量
1	英国	755	513.83	5	挪威	148	64.24
2	日本	712	366.68	6	德国	82	63.18
3	美国	210	228.76	7	芬兰	57	41.02
4	法国	58	72.33	8	中国	108	19.60

注：以船舶吨位量排序。

资料来源：根据《伍连德报告：过去一年海港检疫成绩》（《申报》，1932）内容整理而得。

4. 加强铁路卫生检疫

霍乱疫灾之所以蔓延较广，主要是因为铁路运输已成为疫病跨区域传播的重要途径。1932 年 6 月 20 日，为了防止疫病由南向北扩散，国民政府铁道部依据《铁路卫生防疫章程》，要求北宁（今京沈铁路段）和津浦（今京沪铁路段）两个铁路段在天津设立检疫所。7 月 20 日，又分别在北平、丰台两站设立检疫所，以此强化南北铁路沿线的卫生检疫，借以阻隔疫病传播渠道。各省还根据本地疫情实际，暂停部分铁路干线运营。例如，1932 年 6 月，陕西潼关发生疫情。为严防疫情在关中地区蔓延，7 月 4 日《大公报》刊登了陕西行政公署公告，宣布西安至潼关的客运班线暂停运营一周。

5. 整治城市卫生环境

霍乱疫灾暴发后，城市是疫病传播的中心区域，加强城市公共卫生环境整治已成为首要政务。上海市卫生局委令各区按户开展清洁检查，并饬令清道夫注意辖区内的清洁卫生。此外，卫生局还购置 60 个"尘芥箱"为市民倾倒污秽物之用，并对全市主要水源地，如闸北、浦东等贫户聚集区的取水口、河道、池井、河塘等开展卫生消毒。卫生局还张贴告示，严禁将粪便、杂物倾倒入河流内，同时对清刷马桶的时间和地段都予以严格规定，以防水源污染造成粪口传播（Fecal-Oral Transmission）风险。卫生局还通令全市各水厂施行每日验水报告制度。按照规定，各水厂应每日对水质进行化验，并将取水样本送交指定化验机构复验。各卫生主管部门也会不定期或随机对各水厂开展抽检，并将水质抽检结果刊登于沪上报刊。

（二）社会动员：政府与社会组织的协同应对

疫灾发生时，国民政府的防疫理念基本参照英、法等国传染病防治方法，即强化脆弱人群疫苗接种，改善城市卫生环境，加强染疫人员隔离，强化疫区出行管控，冀望以此阻断疫病的传播途径。随着疫灾的持续蔓延，政府的应对能力日蹙，"经费短缺和冗员过多等原因，严重束缚了手脚"（卫生部中央防疫署，1936），以致以政府为主导的单一治理模式无法从根本上遏制疫病传播，特别在棚户区、城乡接合部以及广大农村地区极为普遍，集中表现在缺医少药、医疗设施简陋、社会恐慌情绪加剧等，基层疫灾治理体系颇显乏力。

在外界舆论以及巨大社会压力的"驱动力"影响下，政府与社会组织间产生合作意愿，并在疫灾协同治理机制框架下形成强大的行动力，以实现消弭霍乱疫灾的目标。近代长三角口岸城市社会组织在赓续慈善与赈济的同时，广泛动员，积极行动，成为疫灾危机治理舞台上一支不容小觑的力量。

1. 协同初期：社会组织捐资助赈，弥补政府医疗卫生资源不足

随着霍乱疫灾的持续发酵，各城市公共医疗卫生资源深陷匮乏。为了尽可能地安置患者，各类社会组织筹募善款，广建时疫医院。当时，上海并未建有长期性的公立传染病院，主要依靠社会组织捐资筹办临时性的时疫医院，以收治贫苦患者。1908年，绅商朱葆三携手沈仲礼、窦耀庭在上海设立民办时疫医院，其运营经费大多依靠社会募捐。就诊期间，病人诊治费概行全免，只略收药本，年诊十万余人。1932年霍乱疫情发生后，中国红十字会率先在上海筹办时疫医院。为了节省运营经费，工作人员大都临时聘请公立医院医师及护理人员，或由卫生局出面选派志愿者参与其中。《申报》刊载，1932年7月，红十字会第一时疫医院在一周内接诊病患达1295人。

除了中国红十字会这一全国性的慈善组织外，上海其他社会组织和各界士绅贤达也广募善款，以助防疫。1932年7月，华洋义赈救灾总会募资购买了3000盒万金油，分发给时疫医院使用。8月，浦东高行镇附近发现疫情，该镇负责人潘鸿鼎、俞振辉、孙璞君等为遏制疫病蔓延，延请川沙人（今上海市浦东新区）杜月笙出面捐资为乡邻创办时疫医院。该院址位于高行镇城隍庙附近，定名为浦东济群医院高行临时分院。霍乱疫灾发生后，杜月笙先后捐资创办了5所时疫医院。据统计，1932年上海创办的各类时疫医院有20余所，其中17所由贤达名流或社会组织捐资兴建，如红十字第一时疫医院、红十字第二时疫医院、江湾时疫医院、西藏路上海时疫医院、虹口时疫医院、闸北时疫医院等。上述时疫医院的运营经费大多由社会组织捐资，然后由官方抽调、选派公立医院工作人员参与日常管理，其薪资一并纳入医院成本核算。当然，也不乏出于善心、不取酬劳的自愿者。

2. 协同中期：社会组织开展防疫宣传，协助政府实施免费疫苗接种

缘于民众对疫病缺乏科学认知，以致疫灾发生后，愚昧横行，谣言四起。一是传统驱疫避魔依旧盛行。1932年6月19日《大公报》刊载，"一般无知愚民，遂竞相传说，一则谓'痕神下界'，再则谓'闹白莲教'，愚民之感觉恐慌者颇众"，底层贫民在医治无着后，只能求神拜佛，转而期望巫觋驱魔。二是臆断日军投毒加害。疫灾发生时，正值日军大肆侵华，坊间盛传疫症频发实为日本人蓄意投毒加害，并谣传巡警已捕获投毒日本浪人数名。

面对社会上的流言蜚语以及弥漫的恐慌情绪，中华女界联合会、中华基督教青年会，以及上海各高校学生社团广募青年学生，走街串巷，宣传科学防疫知识。同时，他们还利用户外广告、露天电影、报纸杂志、街头话剧等宣传方式，劝导民众切勿食用生冷食物，切勿饮用不洁水源，养成良好的卫生习惯。此外，上海医师公会、药业公会等社团还组建防疫协会，免费向市民分发预防霍乱宣传手册，出资并协助卫生局开展霍乱疫苗接种，及时将接种者的性别、年龄、职业、健康状况等个人信息记录下来，以期后续实施有针对性的赈济（《民国二十一年工部局卫生处卫生月刊》，1932）。同时，他们还通过公开演讲、公益讲座等形式，在闹市区、菜场、茶馆等人员聚集区开展防疫宣传。1932 年 9 月，浦东高桥卫生事务所医师召集辖区内茶馆经营者讲解卫生防疫知识，并对茶馆内的卫生环境、痰盂配比、墙面粉刷、张贴传染病预防图片等事宜悉心指导。

3. 协同后期：社会组织呼吁调低水价并添置公厕，倡导文明卫生习惯

霍乱是一种肠道传染性疾病，其传播方式主要是水源污染。在伍连德的带领下，上海霍乱防疫事务所对疫病开展流行病学调查，发现水源不干净是疫情持续蔓延的主要原因。据估算，居住在闸北、浦东等棚户区的近 30 万中下层市民无法获取洁净水源，大多依靠河井、池塘取水。当时，上海已建有现代化的自来水厂，但大多由外商经营，其用户主要是租界侨民及华商富户。为此，伍连德以及上海医师公会会员在报刊上大声疾呼，要求政府控制水价，同时为棚户区居民提供洁净水源。在社会公众的强烈呼吁下，政府不得不出资委托相关建筑公司，在闸北等地紧急铺设 6 条自来水管道，并定时安排消防车送水，以解重疫区的燃眉之急。部分华商经营的水厂也感念国难时艰，率先带头调低水价。然而，外商水厂响应者寥寥无几，故而整体调低水价难以实现。

此外，粪口传播也是霍乱疫灾持续蔓延的原因之一。囿于民众缺乏卫生意识、公厕数量严重不足，随地便溺习以为常。以南京为例，1929 年南京市建有公私厕所共计 382 座，其中公有厕所 40 座，私有厕所 332 座，其余 10 座产权归属不明。1932 年霍乱疫灾发生时，南京市公私厕所已达 1030 座，其中新修公有厕所 60 座、新修私有厕所 568 座，其余 20 座产权归属不明，整体卫生环境有了较大改观（《民国二十四年南京市政府行政统计报告》，1935）。尽管如此，公有厕所数量依旧量小力微。迫于经费受限，南京市政府鼓励"住户商铺或机关团体为自用便利计，得自设厕所"（《清除粪便办法卷 第一》，1932），借以破解公用卫生设施不足的困局。各社会组织或机关团体纷纷响应政府号召，出资兴建公厕，同时面向公众开放自己的私人厕所，以便民用。政府为了加强厕所管理，颁布了《南京市清除粪便暂行规则》，详细规定了倒粪时间，明确了厕所卫生要求及清洁条件（《南京特别市市政府公安局取缔私厕清洁规则》，1932）。

诚然，政府救灾举措在疫情初期发挥着应急响应的积极作用。然而，囿于政府救灾能力不足与社会应急保障资源统筹乏力，使得社会组织成为赈灾舞台上不容忽视的一支劲旅，并成为疫灾危机应对中不可或缺的重要力量，借以协助政府平抑灾后社会凌乱。此外，通过数据分析可知，在疫灾危机应对中，长三角各口岸城市的应对主力为政府、社会组织以及当地商贾士绅，来自西方的救灾力量相对较少。这些疫灾危机应对主体，已突破一地或一市的局限范围，形成了跨区域的政社协同应对网络（见图2）。以社会组织为例，在资源筹措与调配方面，社会组织就充分借助同乡会或地方分会的力量对救灾资源进行聚合与统筹，继而构筑起相对统一的协同应对体。

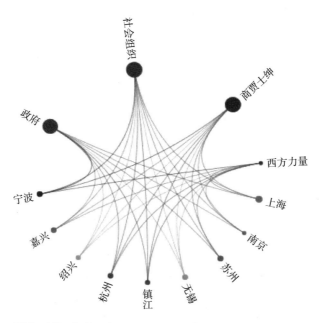

图 2　1932 年长三角口岸城市霍乱疫灾政社协同应对网络

五　1932 年长三角口岸城市霍乱疫灾危机下政社协同治理机制的作用及效果

（一）疫灾危机下政社协同治理机制的作用

政府囿于自身窘境及应对能力不足，仰赖于社会组织参与危机治理，由此构筑起政社协同治理机制。这一治理机制的运作需具备一定条件，即政治地位、经济实力以及合作意愿与能力。一是政治地位，表现为南京国民政府作为当时唯一合法性政权，其行政权威的施展有利于将民众团结于政府的统一号令之下。特别是中日军事冲突显现化的"国难时期"，中日民族矛盾上升为主要矛盾，官民同仇敌忾、抗击侵略的意识空前高涨，愈加凸显国民政府的权威。二是经济实力，长三角地区是近代中国经济较为发达的地区之一，尤以上海、南京、苏州、无锡、宁波、杭州等为代表的口岸城市，聚合了近代中国工业文明的先进元素，展现出强大的经济实力，为疫灾危机治理提供了充沛的物质条件，诸如资金支持与人力资源等。三是合作意愿与能力，表现为近代社会组织的发起者与倡导者，多为社会精英或绅商贤达，不仅在地方政商界具有较高的威信与社会影响力，能够充分聚合与协调各类资源，而且展现较强的合作意愿，以期维持和恢复地方社会秩序。

除上述条件外，政社双方的治理基础亦至关重要，具体表现如下。

1. 资源共享

面对疾风骤雨、来势迅猛的霍乱疫灾，长三角口岸城市的社会应急保障资源处于极度匮乏与不均衡的状态，突出体现在两个层面：一是上海、南京等中心城市的社会应急保障资源明显优于镇江、绍兴等一般性城市；二是城市的社会应急保障资源明显优于农村地区。由此，资源短缺与外部依赖成为多元社会治理主体协同共治的基础，即多主体间合作的动力源于资源的共享与互补。协同共治缘于政社间"不得不为之",使得双方之间的协同意愿越发强烈,其治理颇有成效。

2. 沟通效能

沟通是社会合作的关系规范,是确保信息与行为及时稳健、高效准确的重要方式。从霍乱疫灾的应对实绩看,政府与社会组织尽管在基层防疫管理话语权、防疫资源分配等领域存在博弈,但总体上保持着良好的沟通效率,并朝着抗疫的共同目标与任务凝结成共同体。正如1932年上海工部局刊行的《公共租界卫生工作概要》所指出:"查本年内界内华籍居民,对于卫生事业更行增加兴趣,关于霍乱事件之来函大为增加,以后更可希望中国居民之合作也。"(《申报》,1932)

3. 信任水平

信任是社会合作的根基,信任水平的高低直接影响合作主体间机会主义行为发生的概率,即多元社会治理主体间的信任水平越高,就更倾向于信任合作伙伴,亦不会针对彼此弱点做出机会主义行为或自利行为,从而有效降低多主体间的谈判与监督成本,以提高协同治理的意愿与治理成效。在疫灾危机治理中,政府、社会组织以及民众等参与主体之间互动密切。一方面,国民政府在财政困宥的窘况下,依然筹措资金购置疫苗,并向民众开展免费接种,同时加大贫户区的清洁水源供应;另一方面,社会组织在政府的倡导下,广泛宣传、实施卫生清洁运动,民众也加入其中,响应政府号召开放私厕,按时倾倒垃圾。可以说,正是基于一定的信任基础,促使他们相互间的异质资源交换与共享,以便共同致力于疫灾危机治理。尽管政社协同治理涉及多方利益主体,且各自的资源状况、目标诉求具有一定的差异性。但基于疫灾应对目标实现的驱动力,促使各方产生强有力的合作意愿与行为,并达成消弭疫病、恢复社会秩序的共识性利益诉求,从而维系政社协同治理机制有序运作。

(二)疫灾危机下政社协同治理机制的效果

疫灾危机下政社协同治理机制效应,可以通过病死率、民众满意度、时间持续度、目标达成度、结构稳定性等指标予以综合研判。总体而言，1932 年长三角口岸城市霍乱疫灾危机治理取得了一定成效，尤以上海、南京等中心城市的防疫效果最为显著。具体表现在三个方面。

一是长三角口岸城市病死率明显低于全国其他城市。以上海为例，作为遭受霍乱较为严重的城市，以及全国病患最多的城市，上海市的病死率远低于全国其他城市，处于较低水平（见表 2）。

表 2 1932 年全国主要城市霍乱疫情统计

单位：例，%

城市	病例数	死亡数	病死率	城市	病例数	死亡数	病死率
上海	4291	318	7.41	汉口	777	123	15.83
南京	1353	386	28.53	青岛	165	30	18.18
杭州	351	56	15.95	烟台	503	216	42.94
厦门	1614	745	46.16	天津	100	16	16.00
广州	1093	386	35.32	北平	492	391	79.47

资料来源：根据《上海卫生志》（上海社会科学院出版社，1998）内容整理而得。

二是社会舆论对疫灾治理成效颇为认可。尽管疫情发生之初，报刊舆论对政府应对乏力、反应迟钝颇有微词，但后期随着全社会的广泛动员与参与，尤其是政商精英的捐资助赈以及预防注射、防疫宣传得力，使得民众对疫灾治理有了较为理性与客观的看待，"（上海）市卫生局每年夏秋二季对于预防霍乱尤为努力，（1932 年）四月下旬即已发见患真性霍乱之病人，故该局对于预防工作较往年尤为认真，分别实施消毒及免费注射防疫针，并宣传防疫常识。自五月一日起推行免费注射防疫针，现因天气秋凉已无霍乱病查见。故于九月底将预防工作实行结束，本届共注射七十八万六千四百零七针，较上年增加二十余万针，故今年霍乱病来势虽猛，但因早已实施种种预防，未曾酿为大害云"（《申报》，1932）。南京社会各界对政府防疫举措颇为赞赏，号召社会贤达捐助善款，以助贫民改善用水状况，"霍乱之患，由于浅水池塘，而人恒用以清洁便桶者，按该等河井池塘，宜用过养化锰或漂白粉先行消毒，霍乱病势亦可稍减，而公厕亦宜设法改良之。当此初夏，而蝇类实为常病者之媒介，更宜群起而扑灭之。敝人深感政府努力之艰辛，深祈各界应政府之请而捐输，庶几贫苦市民之不能使用清洁饮料者，亦可安然享受自来水之乐，却病延年，功效无量也"（《申报》，1932）。

三是政社协同治理成效具有持久效应。1932 年，长三角口岸城市全民抗疫的局面并未因霍乱疫灾的消解而结束。上海市政府于 1932 年 6 月 19 日采用广播科普卫生知识的方法，加强卫生防疫宣传，这种方式在全国尚属首例。从 1933 年起，大中华电台于每日下午定点播发卫生健康与疾病防疫知识。上海市卫生局在疫情期间添设了临时巡防车作为流动医院，以后渐成惯例，不少医师公会等社会组织也广泛参与卫生宣传。此外，上海市政府将每年的 5 月 11 日定为预防霍乱宣传日，要求各机关团体和社会组织开展预防霍乱知识讲座，尤其是深入学校、商铺、棚户区等开展义务宣传。

六　结语

本文基于政社协同治理机制分析框架，对 1932 年霍乱危机治理过程中政府与社会组织间的协同治理过程、原因、作用及效果等展开分析，阐释了在近代疫灾危机治理模式下，协同治理机制所发挥的社会效应。基层社会治理既是国家治理格局中最微小的单元，也是最重要的单元。突发公共危机下的治理张力是研判国家治理体系与治理能力的重要标准，剖析近代疫灾危机下政社协同治理机制，是研究"国家—社会"二元治理结构的重要场域。面对世所罕见的霍乱疫灾，政府在公共卫生资源匮乏的境况下，仍力所能及地开展诸如卫生检疫、疫苗接种等防疫举措，一定程度上反映出政府履职尽责。同时，政府囿于疫灾的全局性、跨界性以及外部治理环境等因素，加之其自身治理能力有限，促使社会组织参与危机治理，并由此构筑起政社协同治理机制。

近代疫灾危机下的政社协同治理机制，既是共同抗疫的现实需要，也是近代社会发展的必然趋势。可以显见，高效有序的协同治理机制，其关键在于构筑整体结构适当、关系良好的多元共治网络。这一网络的配置具有动态性，能够适宜于不同的治理情景。当然，近代疫灾危机下的协同治理也存在诸多局限，如上海慈善团体联合救灾会及旅沪同乡会等，在疫灾治理中保有较强的独立意识，同时，在灾民的赈济中也具有明显的地域选择偏好。正因如此，既要肯定近代社会组织在"难民收治迅速、病患处置得力、资金筹措高效、社会动员广泛"等方面的出色表现，也不能过分夸大其作用，而应理性看待其所表现出的不成熟的一面。

【参考文献】

Cholera Campaign 1932，1932，上海市档案馆卷宗号：U1 – 16 – 2593。

Cholera Campaign 1932，1932，上海图书馆藏。

陈亮，2008，《二十世纪三十年代青岛霍乱流行与公共卫生建设》，硕士学位论文，中国海洋大学。

《大公报》，1932 年 7 月 24 日，上海市图书馆藏。

『東京朝日新聞』，昭和七年六月二十一日，アジア歴史資料センター。

董强，2016，《近代社会组织的危机治理研究：以 1915 年上海南汇风灾为例》，《中国第三部门研究》第 1 期。

杜赞奇，2003，《文化、权力与国家：1900—1942 年的华北农村》，江苏人民出版社。

范国如，2014，《复杂网络结构范型下的社会治理协同创新》，《中国社会科学》第 4 期。

亨利·汉斯曼，2001，《企业所有权论》，于静译，中国政法大学出版社。

胡勇，2005，《传染病与近代上海社会（1910—1949）——以和平时期的鼠疫、霍乱和麻风病为例》，浙江大学博士学位论文。

姜晓萍，2014，《国家治理现代化进程中社会治理体制创新》，《中国行政管理》2014 年第 2 期。

孔伟，2008，《试论〈时事公报〉与近代宁波地区民众卫生观念的演进——以 1932 年的"虎疫"报道为例》，《宁波教育学院学报》第 2 期。

李汉卿，2014，《协同治理理论探析》，《理论月刊》第 1 期。

李玉尚，2020，《1870—1940 年上海公共租界的死亡登记与死亡主因》，《济南大学学报》第 2 期。

刘炳涛，2010，《1932 年陕西省的霍乱疫情及其社会应对》，《中国历史地理论丛》第 25 卷第 3 辑。

刘俊凤，2008，《近代公共卫生体系的建立与社会生活变迁——以民国时期陕西防疫处的活动为考察中心》，《社会科学评论》第 3 期。

刘志辉，2015，《政府与社会组织关系：从非对称性共生到对称性互惠共生》，《湖北社会科学》第 9 期。

《民国二十四年南京市政府行政统计报告》，1935，南京市图书馆藏。

《民国二十一年工部局卫生处卫生月刊》，1932，上海市档案馆卷宗号：U1－16－2584。

《民国二十一年霍乱运动》（Cholera Campaign 1932），1932，上海市档案馆卷宗号：U1－16－2593。

《南京特别市市政府公安局取缔私厕清洁规则》，1932，《民国二十一年南京市政公报》第 14 期，南京市图书馆藏。

彭善民，2007，《公共卫生与上海都市文明》，上海人民出版社。

《清除粪便办法卷 第一》，1932，南京市档案馆卷宗号：1001－1－1575。

《上海卫生志》，1998，上海社会科学院出版社。

《申报》，1932（8 月 25 日、12 月 16 日、3 月 24 日、10 月 4 日、6 月 21 日），上海市图书馆藏。

The 1932 Cholera Epidemic in China with Special Reference to Shanghai, *National Quarantine Reports*，1935，上海市图书馆藏。

陶鹏、童星，2020，《新发传染病应急响应体系建设初探》，《学术研究》第 4 期。

童星、张海波，2010，《基于中国问题的灾害管理分析框架》，《中国社会科学》第 1 期。

汪华，2013，《慈惠与规控：近代上海的社会保障与官民互动（1927—1937）》，上海书店出版社。

王笛，2009，《茶馆、戏园与通俗教育——晚清民国时期成都的娱乐与休闲政治》，《近代史研究》第 3 期。

卫生部中央防疫署，1936，《民国二十五年国民政府公报》，上海市图书馆藏。

《卫生署咨第四〇一号》，1932，《卫生署卫生公报》第 2 卷第 10 期，上海市图书馆藏。

温艳、岳珑，2011，《民国时期地方政府处理突发事件的应对机制探析———以1930 年代陕西霍乱疫情防控为例》，《求索》第 6 期。

薛澜，2020，《科学在公共决策中的作用：聚焦公共卫生事件中的风险研判机制》，《科学学研究》第 3 期。

杨宏山、周昕宇，2019，《区域协同治理的多元情境与模式选择——以区域性水污染防治为例》，《治理现代化研究》2019 年第 5 期。

余新忠，2016，《清代卫生防疫机制及其近代演变》，北京师范大学出版社。

Chris Ansell，Arjen Boin and Ann Keller. 2010. "Managing Transboundary Crises：Identifying the Building Blocks of an Effective Response System." *Journal of Contingencies and Crisis Management* 18 （4）：195 – 207.

John D Donahue and Richard J Zeckhauser. 2008. "Public-Private Collaboration." in Robert E. Goodin，Michael Moran，and Martin Rein，*The Oxford Handbook of Public Policy*. Oxford University Press.

Pepper D Culpepper. 2003. *Institutional Rules，Social Capacity，and the Stuff of Politics：Experiments in Collaborative Governance in France and Italy*. Harvard University Press.

中国第三部门研究　第 21 卷
第 76～104 页
© SSAP, 2021

和而不同：组织化高层次移民的社会适应策略

——以上海日韩移民为例*

吕红艳　　郭圣莉**

摘　要：对于国际移民在流入地社会适应和社会融入的探讨，大多基于西方传统移民国家个人驱动的定居型移民，其议题很少涉及跨国主义背景下企业驱动的非定居型高技能移民群体，也容易忽略新兴移民接纳国的新现象。本研究以上海日韩移民群体为案例，观察企业驱动的组织化高层次移民的社会适应策略。研究发现，上海日韩移民群体采取"和而不同"的社会适应策略，主要是受其特殊的迁移模式、居留目标与族裔特质，以及中国不完备的移民政策和治理机制等因素影响，尤其表现在移民族群网络建构和地方移民治理实践

* 基金资助：中央高校基本科研业务费探索研究基金项目"在华跨国商人社会空间治理研究"（项目编号：JKE012022004）；中国博士后科学基金第 68 批面上资助项目"在华外籍移民社团组织的实践运作模式与治理路径选择研究"（项目编号：2020M681195）。

** 吕红艳，华东理工大学社会与公共管理学院博士后，复旦大学政治学博士，主要从事中国外籍移民治理、国际移民理论、城市治理等方面的研究，E-mail：hongyan. lv@ ecust. edu. cn；郭圣莉，华东理工大学社会与公共管理学院教授、博士生导师，复旦大学政治学博士，主要从事城市管理、社区与基层治理等方面的研究，E-mail：shengliguocn@ aliyun. com。

的互动过程中。地方适应性治理实践对移民社会融入的作用
仍然有限。

关键词： 高层次移民；企业驱动；日韩移民；社会适应策
略；治理实践

一　问题的提出：高层次移民的社会适应策略

本文聚焦全球化时代中国外籍移民的社会适应问题。自改革开放
以来，随着经济的飞速发展和移民政策的逐渐放宽，中国已经发展成为
全球移民体系中的一个关键枢纽（Pieke，2007）。联合国统计数据显
示，截至 2019 年已有超过 103 万外籍移民常住中国。① 目前关于在华外
籍移民社会适应和社会融入的研究不断增多，主要聚焦于外籍移民的
社会交往、生活空间、社会冲突、文化适应等方面（许涛，2009；刘
云刚、谭宇文、周雯婷，2010；马晓燕，2008；周雯婷、刘云刚、全志
英，2016），也有学者从经济、心理、文化等方面对外籍移民的社会融
入情况进行测量（姚烨琳、张海东，2018）。但这些研究很少深入探讨
外籍移民社会适应的影响要素和作用机理，也未分析外籍移民群体与
地方治理主体间呈现怎样的互动模式。

本文以上海日韩移民为切入点，从移民族群网络建构和地方政府
移民治理实践两个维度考察日韩移民群体的社会适应策略及其与地方
社会的互动模式，揭示中国外籍移民群体社会适应模式的影响要素和
作用机理。上海的日韩移民，以高级管理人员、工程师、专家等高层次
移民及其家属为主，除了独自来华找工作的小部分人以外，大部分日韩
移民与跨国企业有关，是日韩跨国公司在中国的母公司、子公司、关联
公司等的"内部调派人员"（inter-company transferees）（Beaverstock，

---

① UNDESA Population Division. International migrant stock 2019. http://www.un.org/en/develop-
ment/desa/population/migration/index.asp，最后访问日期：2020 年 6 月 20 日。

2005；Kim，2014）。他们在中国不以定居为目的，也不是被迫处于劣势地位的社会边缘群体，而是拥有较高的经济社会地位，属于组织化的高层次技术移民。调研发现，这些由企业驱动的移民群体在流入地社会主要采取主动与主流社会隔离但又不挑战政府权威的"和而不同"的适应策略。那么，这些外籍移民为何采取"和而不同"的社会适应策略？他们的社会适应模式与中国移民政策及移民治理实践之间有什么关联？这些由企业驱动的、非定居型的组织化高层次移民在多大程度上遵循与个人或家庭驱动的定居型移民相似的社会融入模式？这些将是本文的研究问题。

本文用"日韩移民"这个概念将上海的日本和韩国移民放在一起讨论，是因为二者不仅具有类似的迁移模式，即大多数属于跨国企业派遣员工，而且在居住空间和特色文化经济设施分布上也有诸多重叠之处。更重要的是，二者在其聚居区都形成了类似的社会组织网络和主动隔离的社会适应形态。本文资料主要来源于笔者在 2010～2018 年对上海日韩移民聚居区（尤其是古北国际社区）进行的参与式跟踪调查，以及多次对社区内居委会、物业、业委会、中外居民的访谈，同时还召开小区物业经理与部分日韩人士的座谈会，涉及的相关访谈对象有 200 人以上。我们选择古北国际社区作为讨论外籍移民社会适应模式研究的典型案例，主要基于两个原因。一是人数规模。古北国际社区下辖 42 个自然小区，社区有居民 3 万多人，其中日韩人士占 50% 以上，这些日韩移民聚居形态突出，族群网络紧密。二是先发经验。古北国际社区作为全国第一个大型国际社区，其治理经验受到国家领导人和地方政府的重视，并且被其他城市和地区复制与仿效，是我们考察外籍移民群体与地方政府互动关系的理想场域，也为我们思考具有中国特色的国际社区治理实践如何影响外籍移民社会适应和社会融入等问题提供了样本。

二　相关研究回顾与本文研究思路

有关国际移民社会融入和社会适应的经典文献主要围绕国际移民如何与流入地社会结成何种关系问题展开（王春光，2017）。早期的研究侧重描述移民在东道国生存与发展过程中的各种挣扎以及不同文化之间的巨大差异，并认为同化是移民与流入地社会互动的最终结果（Entzinger and Biezeveld，2003；Heisler，1992；Handlin，1973）。但实际上，移民真正被同化于主流社会的可能性很小，进入主流社会的移民也未必是真正融入其中。尤其是 20 世纪中叶以来，那些拥有高技能、高学历和雄厚经济实力的"新移民"在流入地的社会适应形态更是呈现出不同于以往的特征。如伊顿（Joseph W. Eaton）认为，美国的哈特人采取的是"节制性文化适应"（controlled acculturation）模式，即在不放弃族群文化自主性和独立身份的基础上，将新的文化实践融入现有价值体系，并逐渐调整自身的价值理念和行为方式来适应当地社会发展（Eaton，1952）。而有学者将遭受歧视的日本移民群体被迫接受他们的隔离角色，但又设法融入移居国社会的过程称为"适应性多元行为"（Accommodative pluralism）模式（Kurokawa，1970）。埃里克·罗森塔尔（Erich Rosenthal）对芝加哥犹太人的研究表明，尽管犹太人在美国已经取得了较高的经济、教育和职业地位，而且犹太人与其他群体之间在习俗、文化和意识形态上的分歧也越来越小，但是犹太移民的自我意识和族群依附并没有降低，反而有所增加。罗森塔尔将犹太移民的这种适应模式称为"非同化性文化适应"（acculturation without assimilation）（Rosenthal，1960）。而以上这些适应方式被金邝忠（Kwang Chung Kim）等称为"非零和型同化"（a zero-sum model of assimilation）。进而他们对美国的韩国移民适应模式的研究表明，韩国移民群体采取的一种"黏着性适应"（adhesive adaptation）策略，也就是在不放弃传统的族裔文化内核和族群依附的基础上适应当地社会的融入方式（Hurh and Kim，

1984）。

可见，自20世纪中叶以来，国外学者对国际移民社会适应的研究从强调以"同化"为目标开始转向多种社会适应形态的讨论。国际移民多种社会适应形态的研究主要是受到卡伦（Horace Kallen）提出的"族群多元文化"理论的影响。"族群多元文化"理论认为，国际移民的社会融入过程会呈现多样化、差异化的特点，但其在此过程的共同特点是，原有的族群文化特征不会消失，有些族群还会在流入地重建族群网络和强化原有的族裔文化（Kallen，2012；Heisler，1992；Heath，1997）。同时，越来越多的学者开始从不同视角对影响国际移民的社会适应形态进行解析。"双重劳动力市场理论"强调分割的劳动力市场结构对移民群体社会融入的影响（Piore，1979；Bonacich，1972）。波特斯（Alejandro Portes）等认为，移民的社会融入在某种程度上与他们的人力资本和社会资本有关，新来移民可能进入初级劳动力市场、次级劳动力市场或族裔聚居区，而那些拥有高技能和丰富社会资本的移民更容易进入初级劳动力市场，也更容易适应和同化于主流社会（Portes and Bach，1985；Wilson and Portes，1980；Portes and Rumbaut，2014）。也有学者认为移民的社会融入与东道国的制度安排紧密相关，东道国在移民就业、住房、子女教育、社会福利保障、宗教信仰、政治权利等方面的政策与制度安排对移民的社会融合产生重要影响（Papillon，2002；Dörr and Faist，1997）。

上述研究和理论一定程度上能够回应和解释西方国家有关国际移民社会适应的现象和问题。但总体而言，这些理论和观点大多是基于西方传统移民国家定居型移民的讨论，在"南—北"（Castles and Miller，2009）迁移背景下，西方移民国家的大部分国际移民是个人或家庭驱动型移民，他们以在目标国定居为目的。而在"跨国主义"（Schiller，Basch and Blanc，1992）背景下，跨国移民在迁移方式、居留目标和社会适应形态等方面都呈现新特点和新趋势，尤其是那些伴随着跨国公司的全球崛起而跨国迁移的高技术移民，他们虽然比个人驱动型移民享有更优越的移民条件，但是他们的跨国流动一般被称为"公司主导的迁移模式"（company-led migration model）或"职业路径式迁移模式"（career path migration model），其迁移路径、居留期限，以及社会融入情况等都可能受到雇主特殊需求和组织方式的影响（Eyal, 2003）。在中国，这些组织化的非定居型移民一方面呈现国际移民普遍具有的族群依附特性，另一方面不符合经典文献中所谓拥有高技能和丰富社会资本的移民更容易融入主流社会的预测。很显然，原来基于西方国家定居型移民的社会融入理论和观点对这些移民的社会适应模式的解释力不强。基于现有研究的不足，本文从移民族群网络建构和地方政府移民治理实践两个维度来分析这些组织化高技术移民的社会适应策略及其与地方社会的互动模式，以此补充和丰富目前有关国际移民社会适应、国际移民与流入地互动关系等方面的探讨。

有研究认为，移民如果在流入地社会遭受歧视或排斥，就会主动与主流社会隔离而形成地理界限和社会界限都非常明显的族裔聚居区，这是移民应对新环境挑战而采取的防御性隔离策略，或者被称为涉及非自愿因素的自愿隔离模式（Yuan, 1963; Hurh and Kim, 1984）。我们发现，上海日韩移民群体也通过构建独特的族群网络而主动与当地社会隔离开来，并形成紧密的移民小社会。但这并不是因为他们遭到当地社会歧视或排斥，而是与其族裔特质（ethnicity）、迁移模式和居留目标等因素有关（见图1）。学界对"族裔特质"或"族裔性"的定义尚未达成共识，但族裔特质概念一般用来表示某个民族或族群所表现出来的基于语言、文化、历史、地区和外貌等共有特征而产生的对共同起源的感知（Hale, 2004; Chandra and Wilkinson, 2008; Wimmer, 2008）。一般而言，民族依恋程度高的移民群体更喜欢在流入地重建文化传统和族群关系网络。而迁移模式和居留目标更多的是影响移民群体构建族群网络的方式和目的。已有研究表明，移民在移入国总是不约而同地建立各种社团组织，为实际生活和文化需要提供支持帮助（Babis, Meinhard and Berger, 2019; Moya, 2005; Schrover and Vermeulen, 2005），但是那些来自农村地区的低技能移民群体在流入地更倾向于成立有关娱乐、宣传和互助的表达性社团组织，而那些来自城市中产阶级，拥有较高经济地位的高技能移民群体在流入地则更可能成立专业化的和维权型的工具性社团组织（Sassen-Koob，1979）。就上海的日韩移民而言，虽然他们是拥有较高经济地位的高技能移民，但他们成立的基本上是表达性社团组织，这是因为受其迁移模式和居留目标的影响，这些日韩移民并没有融入当地社会的强烈意愿，建立社团组织和族群网络更多的是为了满足日常生活和情感文化交流需求。

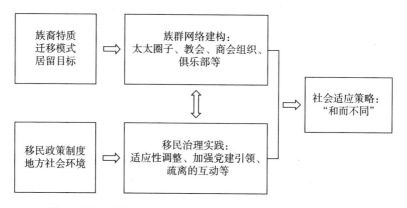

图 1 上海日韩移民群体社会适应策略的影响要素与作用机制

当然，上海日韩移民采取"和而不同"的社会适应策略还与当地政治社会环境及国家相关制度安排有关，主要体现在当地移民治理实践过程中。由于我国在国家层面尚未形成明确的移民政策制度，在华外籍移民的社会融入情况更多地受地方社会环境和治理实践的影响。尽管这些非定居型移民的跨国流动比定居型移民更加复杂频繁，其移民身份也更加模糊易变，但流入地是这些跨国移民迁移网络的节点，他们在某个特定地方的社会空间生活，就会与地方社会产生互动，受到地方的法律、政治、文化和社会结构等方面的影响，也影响着流入地的法律、政治、文化和社会结构等，由此形成各式各样的互动关系。中国地方政府对外籍移民及其聚居空间的治理尚处于起步阶段，现有治理实践大多停留在传统社会治理框架内，虽有一些适应性调整，但也多是权宜性、碎片化的治理策略，其目的主要在于维护社会稳定和促进地方经济发展。对于中国来说，虽然这些拥有高技能和高学历的跨国精英是中国政府刻意招徕的国际专业人才，但是无论在政策上还是实践上都未将他们当作长期移民看待。外籍移民对中国目前这种制度性和实践性限制的认知进一步强化了他们与主流社会保持距离的愿望。

三　上海日韩移民族群网络建构

由于优越的地理位置、开放型经济发展和人才政策导向等因素的作用，上海自改革开放以来就吸引了大量国际移民，而且移民层次相对较高，以外资企业工作人员、驻华机构代表、外国专家、留学生以及这些人员的家属为主。国际移民研究和移民经验表明，移民往往喜欢依族聚集而居，从而形成以族裔为边界的族际居住隔离现象。虽然目前上海尚未形成明显的族裔聚居区的分布形态，但是受族裔文化、产业结构和政府规划等因素的影响，外籍移民族裔大聚集的空间分布形态正日益凸显。从2010年人口普查的结果来看，常住上海的外籍人口居前三位的日本人、美国人和韩国人主要分布在徐汇区、长宁区、闵行区和浦东新区四个经济发达的核心区域。三个族裔群体的分布空间都日益呈现出"大聚集，小分散"的趋势。如大部分日本人都聚居在长宁古北地区，其余小部分日本人则分散在浦东新区、徐汇区、闵行区和其他区域。类似地，大部分韩国人居住在闵行区的虹桥镇、长宁区的古北一带，其次居住在浦东新区，其余的则散居在上海各区。相对来说，美国人的聚居性稍弱于日本人和韩国人，但也多集中在浦东新区、长宁区、徐汇区和静安区。这些族裔大聚集形态的形成，不仅呈现在地理空间分布上，更体现在族裔文化和族群网络的建构上。大体来看，上海已形成浦西以日韩文化为主、浦东以欧美文化为主的族群文化分布形态。

（一） 日韩移民族群网络

自 20 世纪 80 年代末上海围绕虹桥经济开发区而辟建古北国际社区开始，在长宁古北和闵行虹桥镇一带就聚集了大量日本人和韩国人，并形成了具有日韩文化经济特色的城市空间景观。相对而言，日本文化经济设施更集中在古北一带，而韩国文化经济设施大量集中在闵行虹桥镇。但二者并非截然分开，因为在日本文化经济设施集中的古北地区也掺杂着不少韩国超市、韩国餐厅、韩式美容美发店等。与此同时，在韩国文化经济设施集中的虹桥镇一带也有很多日本餐厅、日本食品店等。从社区层面来看，这些日韩移民群体越来越喜欢居住在同一自然小区里或同一栋建筑物中，或者同一族群租赁几层楼居住，从而形成了一种既与其他族群杂处又各自抱团的居住形态。笔者的田野调查发现，若非工作等客观需要，上海的日韩人一般只与来自同一国家或地区的人交往。他们自成体系，在各自的族群内部就基本上能获得物质上和精神上的满足，并通过熟人圈子、社团组织等方式来构建其独特的族群网络空间。

1. 太太圈子

在传统的国际移民研究中，男性移民一直是被关注的主角，而女性一直扮演着在家乡照顾老小的留守型妻子角色或者作为男性移民家属的角色。但随着全球化进程的加深，20 世纪 60 年代以来，国际移民女性化开始成为一种新现象并受到关注（Castles and Miller，2009）。从田野调查的情况来看，在长宁古北地区一带居住的日本女性和韩国女性大部分是作为团聚类移民来到上海的，这些太太由原来的留守型妻子转变为随夫跨国迁移者。随夫来沪的韩国太太平日一般会结伴参加育儿、料理、烘焙、健身等培训班，而且这些培训班一般由韩国太太自己开设，通过熟人或朋友介绍学员。非韩国人一般不被允许加入这些圈子，笔者曾让好友牵线希望参加韩国料理班课程，最终未果。理由是料理老师在自己家里开课，除了学习韩国料理以外，她们还经常一起逛街、举办家庭聚会等，这是她们朋友之间的私密圈子，不方便让外人参与进来，怕会破坏她们之间亲密无间的气氛。

> 我们的小圈子有七八个人，平时经常约在一起吃饭、逛街。有几个太太还经常去教会做义工，我还参加过咖啡培训班、育儿心理班、健身班、剑道俱乐部等，这些兴趣爱好班基本上都是私人开设的，有些在外面租了门店开课，有些则在自己家里上课。上海的保姆家政服务费用相对便宜，而且帮忙把家里打理得很好，这样我们就可以做很多自己喜欢做的事情，比如见朋友、学习各种才艺等，但是在韩国就不会有这样的条件。（访谈编号：20160613WTT）

日本太太们也存在类似的小圈子，她们会三三两两地参加一些俱乐部，如羽毛球俱乐部、高尔夫球俱乐部等，还会几个家庭或者几个好朋友一起去其他城市或景点旅游。很多日本太太的小圈子是在育儿相关活动中形成的，如她们经常以社区的儿童游乐场作为聚集地点，看孩子游玩的同时又可以倾诉衷肠。笔者做田野调查时，几位日本太太正带着孩子们在小区广场上玩滑梯，她们坐在长凳上聊得不亦乐乎。

> 我们平均一个星期可以见四五次面，因为孩子们喜欢在一起玩。我们不怎么跟这里的人交往，一是我们中文不好，二是平时我们都要照顾孩子，太忙了。（访谈编号：20171028FMK）

日韩太太们围绕技能培训、生活娱乐、情感交流、精神支持等方面的内容而形成各式各样的熟人小圈子。这些小圈子往往具有私人性、非正式性，以及对外具有封闭性和排他性。并且这些小圈子时刻变化着，具有不稳定性，随着圈子成员的来去或是扩大或是缩小。但不可否认的是，这些小圈子在日韩太太群体的日常生活中发挥着重要作用，使这些太太从跨国迁移的失落和家庭主妇的无奈中解脱出来，并逐渐找到异国生活的意义与乐趣。

2. 教会

宗教信仰的世界性传播是文化全球化的重要表征。徐剑和曹永荣对上海韩国人、美国人和日本人等外籍移民宗教信仰情况进行实证调查的结果表明，大部分外籍移民都拥有宗教信仰，但宗教活动的参与情况不同。相对而言，韩国人参加宗教活动的频率最高，并不低于其在母国的宗教活跃程度；美国人参加宗教活动的频率远低于其在母国的参与度；而日本人的宗教活动最不活跃（徐剑、曹永荣，2013）。笔者通过研究也发现，上海的韩国移民最大的族裔网络是通过宗教纽带构建起来的。居住在古北地区和虹桥镇的大部分韩国基督教徒都会定期聚集到闵行区虹中路的迦南酒店礼拜点做弥撒。笔者通过韩国朋友的介绍，曾多次到迦南酒店进行观察和访谈。该礼拜点规模宏大，一共有五层，包括幼儿园、咖啡厅、主日教室、礼拜堂和办公场所等，可容纳几千人，周日通常会有 2000~3000 名信徒和小孩聚集在此做礼拜或聚会。而且，教会每逢周日都会提供班车接送服务，其班车线路已遍及长宁、闵行、杨浦、徐汇、浦东等区域，尤其在古北、虹桥镇一带韩国人聚集较多的区域有多个站点和车次。据了解，有很多韩国太太在教会的幼儿园和咖啡馆做义工，并自发形成一些捐款、互助的小团体，开展很多家庭聚会、户外徒步等活动。该礼拜点开展的活动丰富多彩，除了每日早上的早祷会和周日的专场礼拜以外，还有诵诗班、查经班、凌晨祷告会、奋兴会和各种户外活动等。实际上，迦南酒店礼拜堂不仅通过各种宗教仪式和宗教活动把分散在各个区域乃至全市范围内的韩国人整合在一起，还利用学习交流、商业贸易和其他社会资本来构建起一个跨区域乃至跨国的宗教组织网络。这个宗教网络不仅起到在华韩国人族群内部联系、互帮互助和精神支持的作用，还不断加强其族群身份认同和凸显出他们与母国的各种持续性的联系。

相对而言，虽然大部分日本人都信仰佛教和神道，但在沪日本人对宗教生活的态度比较冷淡。常住上海的日本移民有 3 万多人，但是并没有像北美国家的日本移民那样将日本宗教文化移植过来，也没有建立民族宗教组织和公开开展过宗教活动。日本人 NY 先生解释说：

> 一是没有条件，日本人觉得在中国谈宗教信仰很敏感；二是日本人在上海居留时间普遍较短，对其宗教信仰冲击不大。（访谈编号：20171028NY）

可见，日本人和韩国人的宗教活动和宗教组织具有较大差异，韩国人族群网络中教会的纽带作用最强，而日本人则几乎没有大规模的宗教联系。

3. 商会组织

按照我国 1989 年颁布的《外国商会管理暂行规定》："外国商会是指外国在中国境内的商业机构及人员依照本规定在中国境内成立，不从事任何商业活动的非营利性团体。"[①] 根据该规定，外国商会要以"一国一会"的原则进行登记注册，虽然目前在中国合法注册的外国商会只有 19 家，但是在地方已存在很多由外籍移民自发成立的外国商会。

早在 1982 年上海日本商工俱乐部就在上海开展活动，并于 2004 年获得上海政府承认，在上海市民政局登记注册为当地的民办非企业单位，并日益发展成为世界范围内最大的日系商工俱乐部（韩俊魁，2012）。上海韩国商会也早在 1992 年就成立，目前已经发展成为规模稳定、功能齐全、活动丰富的商会组织。上海的日本商会和韩国商会作为代表日韩企业利益的组织，常常活跃于当地政府、市场和社会之间，为本国企业和个人构建起一个跨区域和跨国的社会网络，这些商会不仅是了解商业政策和信息的重要渠道，还是外商及其家属活动的主要场所。从功能上看，上海的日韩商会都已经成为涉及经济、政治、社会和文化等领域的多功能组织体，如为其会员企业提供各种商业信息、介绍潜在客户，

---

① 《外国商会管理暂行规定》，http://www.chinanpo.gov.cn/6036/105398/index.html. 最后访问日期：2020 年 5 月 27 日。

并举办各种有关如何提高企业管理水平和商业技能等的研讨会和培训会议；为本国人提供本地生活资讯，组织会员参加多种休闲健身活动，举办各种节庆聚会和文化活动等。上海日韩商会组织类似于一个综合性的社团组织，为日本人和韩国人的商业、工作、生活、社交等提供各式各样的服务。

4. 俱乐部

除此以外，上海日韩移民族群网络还通过移民自己设立的各类俱乐部来构建。尤其是那些白天忙于工作或商务的日韩人士，他们的社交活动主要在晚上或周末，一般是在社区的会所或俱乐部健身、打球、喝咖啡、会见朋友等。很多日本人和韩国人都喜欢的一项运动就是剑道。如住在古北社区的韩国人 LGJ 就是剑道爱好者，先后加入上海华剑馆、上海剑道爱好会、上海大韩剑道会。上海华剑馆为上海人开设，而上海剑道爱好会是日本政府资助开设，但 LGJ 去这两个剑道会练习的次数均不多。而上海大韩剑道会由韩国人开设，会费最高，会员基本是韩国人，LGJ 去大韩剑道会最为频繁。笔者也曾跟随 LGJ 和他的朋友一起去过几次大韩剑道会，发现每次有十几人来练习，且都是韩国人。LGJ 说：

> 虽然大韩剑道会会费高，但是在这练习的都是韩国人，大家都说韩语，交流起来方便，练习也有更多乐趣，所以我几乎每天都来练习。（访谈编号：20160613LGJ）

而日本人的社交活动与韩国人有所区别。从田野观察的情况来看，日本人的活动主要由包括三项：一是运动类，如参加上海国际马拉松比赛；二是热衷于剑道、柔道、合气道等娱乐健身活动；三是到居酒屋喝酒。大体来看，日本人的社交圈子更具隐蔽性和排他性。

总的来说，上海日韩移民群体主要通过内部小圈子、教会、商会组织、俱乐部等方式或场所来构建各自的社会网络。有些族群网络具有较强的私密性和排他性，如建立在家庭、私人朋友、同乡等血缘和地缘关系基础之上的家庭组织、太太圈子等小规模、非正式的族群网络。而像教会、商会组织等建立在地缘、业缘和宗教缘基础之上的族群网络，则具有人数规模庞大、结构稳定、活动丰富、凝聚力强等特点，从而使得日韩移民群体的族裔社会空间形态更加凸显。上述可知，日本移民和韩国移民之间的族群网络稍有差异，如日本人的宗教网络就没有韩国人的宗教网络发达。但除了像商会这种涵盖政治、经济、社会、文化等各类功能的社团组织以外，目前上海日韩移民社团组织基本上属于表达性组织，其目的主要在于团结互助、联络感情和互通信息。这些日韩移民群体通过族群网络的建构，在各自族群内部形成紧密的小社会，并与当地社会形成清晰的社会边界。在这个小社会里存在着明显的族群依附和主动与主流社会隔离的倾向。

（二）组织化迁移与旅居模式

上海日韩移民群体自成体系，没有融入当地社会的迫切需求，这首先与日韩移民群体特殊的迁移模式和居留目标有关。上海日韩移民大多是日韩公司外派到上海的专业人员，他们主要围绕项目来选择或更换全球范围内的城市和公司，一般以 3~5 年为一个周期，项目结束后这些人的价值得到升级，可能选择流向其他地方。如韩国人 PMS 就是被公司派到上海工作的，当问及是否打算在上海长期居住时，PMS 的回答是根据工作情况而定。

> 我被派到上海工作的期限为 6 年，但是到时会不会继续延长还要看项目的进展情况，而且这个项目完成后还有可能被派到其他国家的分公司做其他项目。（访谈编号：20160615PMS）

跨国公司一般拥有雄厚实力和完善的全球经济网络，并在全球范围内建立完善的工作生活配套设施，如跨文化培训，直接或间接提供住房，建立俱乐部和社交组织，建立相应的族裔学校等，目的是给这些外派人员提供一个熟悉的社会文化环境，使其尽快安居乐业。可以说，上海大部分日韩人都是由企业驱动的组织化移民，在公司主导的迁移路径下，他们在还没到达上海之前就已经有了完善的基础设施和紧密的社会关系网络。跨国企业为他们的跨国迁移建立了一套从入境、居留到出境，从物质、休闲到精神的有效衔接系统，以及一条紧密联结母国社会的跨国纽带。以跨国公司为基础而形成的跨越国界的文化、经济和社会网络，使这些移民在流入地社会的日常生活和原籍国社会之间实现无缝对接。他们一般在全球或母国规划其未来，在特定流入地往往是旅居模式，并没有融入当地社会的迫切需求和意愿。尽管这些跨国精英人士是中国移民政策中优先考虑的理想移民，但是实际上他们仍然在其输出国的劳动力市场内流动，他们虽然身处中国但与中国梦关系不大。因此，这些高层次外籍移民一般不会太在乎能否获得流入国的永久居留权和公民身份，从而表现出对流入国的国家忠诚和集体主义精神的普遍缺失，成立各种社会组织更多的是为了满足日常互动、感情文化交流，并非为了避免外界排斥或争取公民身份。

（三）日韩移民族裔特质：较强的族群依附特征

笔者在田野调查过程中发现，上海日韩移民具有较强的民族依恋和族群依附特质。这主要表现在，他们不仅保持着强烈的民族自豪感、家庭优越感和对教孩子母语的偏爱，而且与来自同一母国的人保持密切联系。移民研究学者往往从文化和结构两个视角来理解族裔特质与移民社会适应的关系问题。文化视角强调族裔文化对主流文化的兼容性和排斥性，以及由此形成的适应主流社会的行动方式、计划和策略等，而结构视角则强调外部环境及社会结构机制对族群价值观念和行为规范等方面的影响。本文采取周敏等学者的从移民聚居区视角来探究移民的族裔特质问题，并将族裔特质理解为移民族裔群体内在文化价值观和行为模式与外部结构因素的互动互构过程（周敏，2013）。

上海日韩移民聚居区及文化经济设施的出现，不仅能满足居住区内日韩居民的日常生活需要，而且对居住在其他社区的日本人和韩国人具有吸引力。尤其像古北高岛屋、虹泉路首尔大厦等这样的族裔经济设施，都是以日韩进口商品和日韩服务为特色的综合性商品服务和休闲娱乐中心，具有很强的文化经济辐射能力。实际上，这些具有丰富族裔资源的社区已经成为来沪日韩人首选的落脚之地。并且，以聚居区为空间基础而建立族裔企业、互助机构、宗教组织、交流网络的过程实际上是日韩移民群体族裔性再生的过程。也就是说，日韩移民群体在新环境中通过聚居区和族群网络的建构来重建原有的文化传统和生活方式。而且，这些日韩文化经济设施和组织机构的完备性越高，就越有可能形成以族裔为中心的、封闭性的社会网络。这样，这些外籍移民群体对主流社会的融入程度就不高。并且，他们在流入地的居住形态越发呈现一种异质本地化（heterolocalism）现象（Zelinsky and Lee，1998），即同一流散族群（diaspora）在流入地哪怕采取分散居住模式，在没有明显聚居的情况下，族裔社区也有存在的可能，因为这些移民群体通过族裔网络和文化纽带等方式也能保持强烈的族裔身份认同和社会凝聚力（周春山、杨高，2017）。

当然，对这些外籍移民族裔特质的理解还要考虑到中国本身的政治制度和社会环境因素。中国政府一直强调稳定是前提，发展是目的，稳定和发展要处于相对平衡的动态状态，在对待外籍移民方面，地方政府同样具有稳定和发展的政治使命。一方面，吸引高层次外籍移民是为了促进经济发展和社会现代化建设；另一方面，对这些外籍移民群体及其聚居空间要做到"底数清，情况明"，以确保城市社会的安定有序。也就是说，地方政府对这些高层次外籍移民及其聚居空间同时面临着能否"引得来"和让其"住得久"以促进当地经济社会发展的机遇，以及能否"进得去"和"管得住"的服务与治理压力。国家尚未有明确的移民政策制度，加之地方对移民的服务和治理的权宜性，也影响着移民群体的认知和行为模式。在此情况下，外来移民会增强他们的族群依附程度，以维持他们的安全感和身份认同。

四 地方移民治理实践

与其城市一样，上海也形成了以公安出入境为主的大外管体系，但由于上海地域广阔、外国人管理队伍力量有限等，上海对外籍移民的管理更多的是依托社区进行属地化管理。移民的跨国流动已经从根本上改变了城市、社区等"地方"的意义和动态，也瓦解着原有的城市社会治理体系。正如伯吉斯所言，"流动性越大的地方，它的初级控制就瓦解得越彻底"（帕克等，2016：72）。在此情况下，政府及其政策无法有效到达外籍移民社会空间，更无法动员这些移民群体积极参与到城市公共事务与公共生活中来。

（一）从直接干预到适应性调整

面对游离于国家治理体系之外的外籍移民群体和族裔社会空间，国家当然是希望对这些移民空间进行吸纳和整合。上海市政府一开始试图采取直接干预的方式将这些移民群体和特殊社会空间纳入其原有管理体系。如 20 世纪 90 年代，韩国人开始在上海构建宗教网络，并开展宗教活动，上海市政府不仅将韩国人宗教活动场所纳入重点监控对象，还成立专门的联络小组对其宗教场所和宗教活动进行监督管理。但是这样的管理方式很快遭到韩国移民的抗议，认为这些监管严重妨碍了他们的宗教信仰自由。经过多次争论和协商，上海市政府部门不得不开始转变思路，在把握主权的情况下不再直接派人员参与管理（朱晓红、钱铁铮，2013）。实际上，在后来的外国人管理过程中，上海市政府为了吸引更多外籍移民及国际资本，已经开始"克制自己"，在处理外籍移民问题时更加谨慎，并在组织架构和服务功能上都做了适应性调整。

上海很早就在社区层面开始了针对外籍移民管理服务的探索实践。以古北国际社区为例，该社区在 1996 年成立了涉外居委会，但其"串百家门，知百家情"的原有工作方式一开始得不到物业和居民的配合和支持。后来通过"非典"和世博会等重要契机，居委会实现了从边缘化到重握主导权的转变。社区里党政组织架构和服务功能也得到不断完善和拓展，并逐渐形成了以居民党总支为核心，以居委会和市民议事厅两个平台、三个干事站以及市民中心为主体的社区治理组织架构。与传统的城市基层社会治理的"街—居"体制不同，古北国际社区采取"街—居—站"的治理模式，即在居委会下面分设三个干事站。整个古北国际社区内有 42 个自然小区，中外居民共有 3 万多人，按照《中华人民共和国城市居民委员会组织法》"一般在一百户至七百户的范围内设立居委会"的标准，古北国际社区内可设多个居委会。但古北国际社区并没有设立多个居委会，而是采用"一居三站"的组织架构和非属地化的人员配置，这实际上与国际社区的特点有关。国际社区里外籍人士及租客较多，流动性强，社区居民对社区公共事务和居委会工作参与热情不高。同时，居住在古北国际社区里的外籍居民以外交官、专业人士、媒体从业人员、企业高层管理人员为主，他们社会经济地位较高，日常生活中对专业化和个性化的服务要求更高。在虹桥街道的规划和推动下，古北国际社区管理和服务方式开始了适应性调整，更加注重社区协同性治理机制的建立和服务性功能的拓展。

其中，古北市民议事厅是适应性调整的重要成果之一。通过市民议事厅平台，古北国际社区吸引了一批热心公益事业、具有群众威望和办事能力较强的中外居民参与到社区公共事务中。议事厅现有 12 名核心议事员，包括 6 名中国籍议事员（基本上是不坐班的居委会委员）和 6 位来自澳大利亚、荷兰、日本、西班牙和我国台湾、香港等地区的特邀议事员。这些参与议事厅平台的外籍居民都有自己的"圈子"，是各类公益组织、慈善团体的负责人，常年在社区举办公益活动，积攒了很高人气和社会资源。他们不仅在社区日常管理和矛盾纠纷调解方面发挥了重要作用，而且在社区举办大型活动时，这些外籍议事员还会帮忙动员更多外籍居民参加活动。可以说，市民议事厅平台的成立和外籍议事员的加入，在一定程度上解决了语言不通、"门难进"、"吸引不出来"等国际社区治理难题。

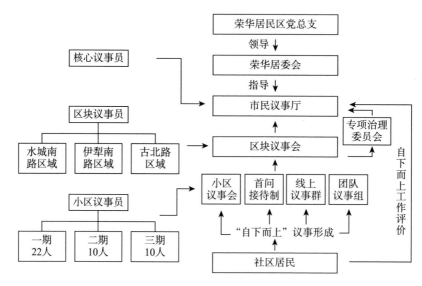

图 2 古北市民议事厅流程

（二） 强化国际社区治理的党建引领作用

面对异质性高、问题复杂的外籍移民聚居空间，上海政府从社区组织架构和服务功能方面做了适应性调整，尤其加大了资源和服务的投入力度。在此过程中，地方政府开始希望从"划桨人"角色向"掌舵人"角色转变，鼓励和挖掘更多社会力量进行协同治理。但可以发现，上海以党和国家为中心的城市治理路径并没有发生根本变化，古北国际社区的治理始终在党建引领下进行。1996 年荣华居委会成立后不久就建立了荣华居民区党支部，下设 9 个党支部，目前在册党员已达 378人（上海市长宁区虹桥街道古北社区，2019）。居委会、干事站和古北市民中心的各项工作都在社区党总支书记及各支部书记的领导、监督和激励下展开。党组织的建立，不仅加强了古北国际社区与街道乃至市政府层面的联系，而且通过党的组织资源优势，发掘和培育了更多社区治理资源，如古北市民议事厅的 211 位楼组长和 40 多位居民代表大部分是党员和积极分子。

　　同样都是党建引领下的社区建设和社区治理，但国家对古北国际社区的重视程度和支持力度不是一般社区可以比拟的。地方政府不仅在政策、组织、资源等方面大量投入，习近平总书记在上海考察时也亲临古北国际社区视察。地方政府和国家领导人的重视与支持，无疑进一步强化了党建引领国际社区治理的实践走向。总体而言，古北国际社区形成了党建引领、主体多元、过程协商和资源共享的社区治理体系。不可否认，古北国际社区内仍然存在权力依赖、"友情操作"等传统运作方式。但不同的是，党组织在国际社区治理上更加注重发挥"掌舵人"的作用，即通过党组织"穿针引线"，将各种社区组织和治理资源整合在一起。国际社区作为外籍移民群体的聚居空间，已经成为国家推进外籍移民治理和多元文化融合的重要抓手，党政力量正在全面介入国际社区事务（樊鹏，2018）。

　　可以发现，虽然在古北至虹桥镇一带已经形成了明显的日韩移民聚居空间，但上海并没有形成针对外国移民聚居区的治理体系，而是在党政主导的社区治理框架下进一步加强了组织、资源和服务等方面的投入。这主要与外籍移民群体特性和地方政治社会环境有关。古北国际社区的日韩居民以外资企业工作人员、驻华机构代表以及这些人员的家属为主。他们具有高学历、高职位、高收入的特征，属于"跨国精英"阶层，是上海参与全球化经济和全球城市建设中刻意招徕的对象。因此，加大资源和服务投入，打造高品质国际社区，才能更好地留住和吸引这些国际专业人才。但这些外籍移民群体组织化程度高，族群内部联系紧密，日常工作、生活和活动主要依赖于市场和族群资源。为了避免外籍移民群体及其聚居区组织化、规模化发展，国家加大了党政力量在这些新型社会空间的嵌入，以维护社会安全有序发展，但其发挥的效力还有待商榷。

（三） 疏离的互动与国家作用限度

在地方政府不断加大服务性资源投入的努力下，日韩移民与本地社会之间更具开放性和包容性的互动空间也初步显现。如通过居委会工作人员的努力宣传和沟通，越来越多外籍居民了解和参与到社区活动中来。针对古北一期日本居民多的特点，居委会专门在水城路干事站开设编织班，吸引了不少日本太太前来上课。编织班的强老师介绍说："每次有4~8人来上课，几乎全是日本人，日本太太对编织和中国文化很感兴趣。"（编织班强老师，20120706）同时，居委会还会组织韩国太太教中国居民做泡菜等类似的中外交流的活动。古北市民中心还通过政府购买服务、项目合作交流、公益性收费等方式为社区居民提供居家生活服务、健康生活服务、法律咨询服务、文化交流服务等多样化服务，大大满足外籍居民专业化、多样化、个性化的生活服务需求。

虽然地方政府高投入的、迎合式的服务吸引了一部分外籍居民走出家门，主动参加社区开设的课程和举办的活动，增强了日韩移民与当地社会的互动交流，但是，其互动交流的深度和广度还比较有限，在社区层面形成的互动大多基于中外文化交流活动以及工作许可、临时住宿登记等方面的工作生活事务，属于浅层的、疏离的互动。面对这些具有高度流动性、异质性和复杂性的国际社区，国家力量是否真的"进得去"仍然是个问题。在古北国际社区，越来越多日韩移民倾向于集中居住，如选择居住在同一个片区、同一个自然小区或同一个楼栋建筑，逐渐出现了"日本人楼栋""韩国人楼栋"等现象。这些居住空间虽然地理边界模糊，但社会边界清晰。正如亨廷顿所言，"各种社群既互相杂居又各自抱团，既彼此交往又彼此分隔……他们的身份与其说是移民，不如说是散居海外的群落，保持着跨国的共性。他们既与所在地区的人杂处，又自己抱成一团"（亨廷顿，2005：13）。这些"日本人楼栋"或"韩国人楼栋"私密性、排他性都很强，"进门难"的情况体现得淋漓尽致。

更重要的是，对于日韩移民群体所建立的各类社团组织和族群网络，我们对其基本面貌、运作机制、发展形态等还知之甚少。与国内一般的社团组织不同，这些外籍移民社团组织所带来的问题往往情况复杂、涉及面广、政策性强。早在 1988 年，上海市就向国务院提交了《上海市人民政府关于本市外国社会团体问题的请示》，其中提到，上海市外国社团日趋增多，除了开展社交、文化、教育、体育、庆祝、献礼等活动外，还通过聚会、聚餐、出版刊物等方式，相互串联，交换信息，或研究对策，统一行动，以组织名义向有关部门办理、交涉居留、经商、就业等事务。当这些外籍移民群体和社会组织与当地社会越发疏远或互动不畅时，就有可能导致冲突和敌意。那么，该如何回应移民群体组织化的利益诉求？这仍然是亟待破解的治理难题。

五　结论

本研究从外籍移民族裔网络建构和地方移民治理实践两个维度分析了日韩移民群体与地方社会的互动模式及其社会适应问题，揭示了在中国场域下高层次外籍移民群体"和而不同"社会适应策略的影响要素和作用机制。研究发现，上海日韩移民大多数是跨国企业驱动的组织化移民，他们在跨国迁移实践中拥有丰厚的薪酬福利和丰富的社会支持资源。由于文化和肤色方面的相似性，他们在融入本地社会过程中没有太多显性障碍，但是他们并不符合经典同化理论中所谓的拥有高技能和丰富社会资本的移民更容易融入主流社会的预测。同时，这些移民群体构建内部关系的方式与个体化的或低技能移民没有太大区别，都以语言、文化、血缘、信仰等为纽带在异国他乡建立互助机构、宗教组织、娱乐场所和交流网络。换言之，这些组织化的高技能移民和一般国际移民一样，具有依族而居和族群依附的倾向。但是，这些移民群体的族群依附并没有使他们与主流社会形成敌对关系。在中国场域下，日韩移民成立的社团组织以满足日常互助、情感交流、宗教活动等方面需求为主，很少成立诸如政治社团等维权类社团组织。尽管这些外籍移民的宗教生活或文化风俗习惯受到一定限制和影响，但他们不挑战当地政府权威，而是主动隔离，在各自的家庭和族群网络中寻求私人性和局部公共性的价值与意义。

日韩移民群体采取这种"和而不同"的社会适应策略，一是与其组织化迁移模式和居留目标及强烈民族依恋的族裔特质有关，二是与中国的制度安排和地方政治社会环境有关。他们的流动受企业需求关系的影响，在雇主特殊需求和策略性组织方式的影响下，这些高层次移民一般采取旅居模式（Beaverstock，2005），并且拥有大量以跨国公司为基础的族群资源和族裔网络的支持，包括更高的工资、住房和交通补贴、子女教育优势、跨文化培训等，他们在流入地的旅居生活以便利化和满足基本的社交需求为主，对市场和族裔资源依赖性高。他们在流入地不追求公民身份或政治融入，而以赚钱或完成派遣任务为目的。正因如此，与那些"南—北"迁移路径下追求目标国永居权和公民身份的一般性移民的适应形态又有所不同，这些组织化高层次移民对输入国的国家认同和权利义务意识更加淡薄。当然，中国移民制度的不完备也使得移民对中国社会的参与和融入程度有限。地方政府采取的大多数管理和服务方式是适应性的策略调整，并没有形成长效性的工作机制。这些跨国移民以及随之而来的信息、文化、宗教等各种要素的高度流动性、异质性和复杂性，可能成为一种敏感的非正式权利，抗议着国家支配力量的进入，也使得目前属地化的社会治理模式捉襟见肘。这些流动性、异质性和复杂性的挑战看似是外籍移民带来的，实质上是因为既有社会管理模式无法将这些具有非国民身份的外来人员有效纳入其体制，体现的是既有管理和服务模式的作用限度。

在中国，国家力量在塑造人们的日常行为、推进基层社会建设、应对转型挑战等方面发挥着重要作用，因此往往被贴上"强国家"的标签（朱健刚，1997；李剑，2014；耿曙、胡玉松，2011）。毫无疑问，国家在外籍移民管制上还拥有很大的权力，可以通过护照、签证、边防警察、强制出境等方式对外籍移民的入境、居留和出境等进行管制，也可以直接嵌入移民活动空间进行监管。但中国政府受到不愿"吓跑全球经济"（Ohmae，1995：75）的限制，因为跨国经济对地方社会经济发展的作用越来越重要，使得地方政府对待这些外籍移民及伴随而来的诸多挑战越来越谨慎。上海政府对外籍移民及其聚居空间的治理并没有采取西方自由主义或族群分隔的治理路径，而是将这些挑战视为重建城市治理体系的独特机遇。虽然对外籍移民的治理仍然存在很多"特殊对待"的做法，但仍然是党建引领国际社区治理的模式，因此上海政府不仅开始克制自己的某些行为，而且表现出极大的灵活性，并有意识地调整城市基层政权建设的策略，以适应经济发展的要求和达到维护社会稳定的目的。

全球化时代，人员、资本、信息、技术等要素的跨国流动，改变着国与国之间的关系，使得国家之间的相互依存和相互影响不断加强，共同面临的风险和利益也越来越多。移民的跨国流动及其跨国社会空间的形成也从根本上改变了地方的动态和意义。一方面，移民的流动和会聚为城市带来了资本、技术、智力和文化等方面的全球联系，提升城市的综合竞争力和加快城市的转型升级（Schiller and Çağlar，2009）；另一方面，移民的流动和聚集也可能加剧不同种族和不同文化之间的紧张与对立，流动空间的形成也逐渐弱化了地方空间的行政边界、社会关系及政治制度的限制作用（何雪松、袁园，2017）。外籍移民聚居空间作为汇聚跨国移民群体各种生活服务、族裔文化和经济活动的重要节点，是我们观察外籍移民群体如何与本地社会结成何种关系的理想场域。除了外籍移民群体以外，地方政府、社会组织和民众等行动主体也以不同姿态参与到这些特殊社会空间的流动、生成和联系中，赋予这些空间丰富的政治、经济、文化和社会含义。而这些移民群体及其聚居空间的治理如何形成良好的国家嵌入与外籍移民群体多元化自主发展的调适和互动机制，是亟待研究的重要课题。

【参考文献】

樊鹏，2018，《国际化社区治理：专业化社会治理创新的中国方案》，《新视野》第 2 期，第 57 ~ 63 页。

耿曙、胡玉松，2011，《突发事件中的国家—社会关系：上海基层社区"抗非"考察》，《社会》第 6 期，第 41 ~ 73 页。

韩俊魁，2012，《外国商会在中国的发展与治理模式比较》，《经济社会体制比较》第 1 期，第 172 ~ 180 页。

何雪松、袁园，2017，《全球城市的流动性与社会治理》，《华东师范大学学报》（哲学社会科学版）第 6 期，第 37 ~ 42 页。

李剑，2014，《转变中的"强"国家——国家能力的理论逻辑及其演进》，《国外理论动态》第 6 期，第 112 ~ 119 页。

刘云刚、谭宇文、周雯婷，2010，《广州日本移民的生活活动与生活空间》，《地理学报》第 10 期，第 1173 ~ 1186 页。

罗伯特·E. 帕克等，2016，《城市：有关城市环境中人类行为研究的建议》，杭苏红译，商务印书馆。

马晓燕，2008，《移民社区的多元文化冲突与和谐——北京市望京"韩国城"研究》，《中国农业大学学报》（社会科学版）第 4 期，第 118 ~ 126 页。

塞缪尔·亨廷顿，2005，《我们是谁？美国国家特性面临的挑战》，程克雄译，新华出版社。

上海市长宁区虹桥街道古北社区，2019，《党建引领"融"人心，国际社区"荟"美好》，《党建》第 12 期，第 53 ~ 54 页。

王春光，2017，《移民空间的建构：巴黎温州人的跟踪研究》，社会科学文献出版社。

徐剑、曹永荣，2013，《外国人在华宗教行为及特征——基于上海国际社区的实证调查》，《上海交通大学学报》（哲学社会科学版）第 2 期，第 29 ~ 36 页。

许涛，2009，《广州地区非洲人的社会交往关系及其行动逻辑》，《青年研究》第 5 期，第 71 ~ 86 页。

姚烨琳、张海东，2018，《国际移民的社会融入研究——以上海为例》，《学习与探索》第 6 期，第 33～41 页。

周春山、杨高，2017，《西方国家移民聚居区研究进展及启示》，《人文地理》第 1 期，第 1～8 页。

周敏，2013，《美国社会学与亚美研究学的跨学科构建：一个华裔学者的机缘、挑战和经验》，郭南译，中山大学出版社。

周雯婷、刘云刚、全志英，2016，《全球化背景下在华韩国人族裔聚居区的形成与发展演变——以北京望京为例》，《地理学报》第 4 期，第 649～665 页。

朱健刚，1997，《城市街区的权力变迁：强国家与强社会模式——对一个街区权力结构的分析》，《战略与管理》第 4 期，第 42～53 页。

朱晓红、钱铁铮，2013，《上海韩侨基督教团体的宗教生活》，《当代宗教研究》第 1 期，第 15～28 页。

Babis D., Meinhard A. G., Berger I. E. 2019. "Exploring Involvement of Immigrant Organizations with the Young 1. 5 and 2nd Generations: Latin American Associations in Canada and Israel." *Journal of International Migration and Integration* 20 (2): 479 – 495.

Beaverstock, J. V. 2005. "Transnational Elites in the City: British highly-skilled Inter-Company Transferees in New York City's Financial District." *Journal of Ethnic and Migration Studies* 31 (2): 245 – 268.

Bonacich, E. 1972. "A Theory of Ethnic Antagonism: The Split Labor Market." *American Sociological Review* 37 (5): 547 – 559.

Castles, S. and Miller, M. J. 2009. *The Age of Migration: International Population Movements in the Modern World.* 4th ed. New York: Guilford Press.

Chandra, K. and Wilkinson, S. 2008. "Measuring the Effect of 'Ethnicity'." *Comparative Political Studies* 41 (4/5): 515 – 563.

Dörr, S. and Faist, T. 1997. "Institutional Conditions for the Integration of Immigrants in Welfare States: A Comparison of the Literature on Germany, France, Great Britain, and the Netherlands." *European Journal of Political Research* 31 (4): 401 – 426.

Eaton, J. W. 1952. "Controlled Acculturation: A Survival Technique of the Hutterites." *American Sociological Review* 17 (3): 331 – 340.

Entzinger, H. and Biezeveld, R. 2003. *Benchmarking in Immigrant Integration.* Rotterdam: Erasmus University.

Eyal B. A. 2003. "The Japanese in Singapore: The Dynamics of an Expatriate Community." In Goodman R. et al. *Global Japan: The Experience of Japans New Immigrants and Overseas Communities.* London & New York: Routledge Curzon.

Hale, H. E. 2004. "Explaining Ethnicity." *Comparative Political Studies* 37 (4): 458 – 485.

Handlin, O. 1973. *The Uprooted: The Epic Story of the Great Migrations That Made the American People.* 2nd ed. , Boston: Little, Brown and Company.

Heath, J. 1997. "Immigration, Multiculturalism and the Social Contract." *Canadian Journal of Law & Jurisprudence* 10 (2): 343 – 361.

Heisler, B. S. 1992. "The Future of Immigrant Incorporation: Which Models? Which Concepts?" *The International Migration Review* 26 (2): 623 – 645.

Hurh, W. M. and Kim, K. C. 1984. "Adhesive Sociocultural Adaptation of Korean Immigrants in the U. S. : An Alternative Strategy of Minority Adaptation." *The International Migration Review* 18 (2): 188 – 216.

Kallen, H. M. 2012. "Democracy Versus the Melting-Pot: A Study of American Nationality." In Rabinovitch, S. *Jews and Diaspora Nationalism: Writings on Jewish Peoplehood in Europe and the United States.* Waltham: Brandeis University Press.

Kim, E. 2014. "The Impact of Corporations on the Settlement of Migrant Workers: Koreans in Alabama, USA." *Journal of Ethnic and Migration Studies* 41 (1): 138 – 157.

Kurokawa, M. 1970. *Minority Responses: Comparative Views of Reactions to Subordination.* New York: Random House.

Moya J. C. 2005. "Immigrants and Associations: A Global and Historical Perspective." *Journal of Ethnic and Migration Studies* 31 (5): 833 – 864.

Ohmae, K. 1995. *The End of the Nation State: the Rise of Regional Economics*. New York: Harper Collins.

Papillon, M. 2002. "Immigration, Diversity and Social Inclusion in Canada's Cities." *Discussion Paper F/27, Family Network*, Canadian Policy Research Networks Inc.

Pieke, F. N. 2007. "Editorial Introduction: Community and Identity in the New Chinese Migration Order." *Population, Space and Place* 13 (2): 81 – 94.

Piore, M. J. 1979. *Birds of Passage: Migrant Labor and Industrial Societies*. Cambridge: Cambridge University Press.

Portes, A. and Bach, R. L. 1985. *Latin Journey: Cuban and Mexican Immigrants in the United States*. Berkeley: University of California Press.

Portes, A. and Rumbaut, R. G. 2014. *Immigrant America: A Portrait*. Fourth Edition, University of California Press.

Rosenthal, E. 1960. "Acculturation Without Assimilation? the Jewish Community of Chicago, Illinois." *The American journal of sociology* 66 (3): 275 – 288.

Sassen-Koob S. 1979. "Formal and Informal Associations: Dominicans and Colombians in New York." *International Migration Review* 13 (2): 314 – 332.

Schiller, N. G. , Basch, L. and Blanc, C. S. 1992. "Transnationalism: A New Analytic Framework for Understanding Migration." *Annals of the New York Academy of Sciences* 645 (1): 1 – 24.

Schiller, N. G. and Çağlar, A. 2009. "Towards a Comparative Theory of Locality in Migration Studies: Migrant Incorporation and City Scale." *Journal of Ethnic and Migration Studies* 35 (2): 177 – 202.

Schrover M. , Vermeulen F. 2005. "Immigrant Organisations." *Journal of Ethnic and Migration Studies* 31 (5): 823 – 832.

Wilson, K. L. and Portes, A. 1980. "Immigrant Enclaves: An Analysis of the Labor Market Experiences of Cubans in Miami." *American Journal of Sociology* 86 (2): 295 – 319.

Wimmer, A. 2008. "The Making and Unmaking of Ethnic Boundaries: A Multilevel Process Theory." *American Journal of Sociology* 113 (4): 970 – 1022.

Yuan, D. Y. 1963. "Voluntary Segregation: A Study of New Chinatown." *Phylon* 24 (3): 255 – 265.

Zelinsky, W. and Lee, B. A. 1998. "Heterolocalism: An Alternative Model of the Sociospatial Behaviour of Immigrant Ethnic Communities." *International Journal of Population Geography* 4 (4): 281 – 298.

中国第三部门研究　第21卷
第 105~125 页
© SSAP，2021

基于协同理论的高校校友服务体系建设与研究[*]

冒巍巍　邢　博　陈方玺^{**}

摘　要：随着互联网技术的迅猛发展，大数据时代为校友工作带来了新的机遇和挑战。本文围绕如何优化提升校友服务体系的问题展开，通过文献研究、实地调研和深度访谈等方法，对比我国"双一流"高校和国际顶尖高校的校友服务项目，分析指出我国高校校友服务体系存在的不足。基于协同理论，提出校友服务体系本质上是一个复杂、开放、动态的系统，其子系统之间存在密切联系和相互作用，只有使各个子系统协调一致，才能实现协同效应和自组织目标。本文构建了校友服务体系的概念模型，并纳入学校校友工作部门、校友总会、校友组织、校友企业等多元主体，提出校友总会应发挥中

---

* 基金项目：中国高等教育学会高等教育科学研究"十三五"规划课题重大课题"大数据时代的我国高校校友服务体系建设与创新研究"（项目编号：2017XYZG07）。

** 冒巍巍，上海交通大学校友总会办公室副研究员，上海交通大学新闻传播学院博士生，主要从事高等教育管理等方面的研究，E-mail：mww@ sjtu. edu. cn；邢博，上海交通大学校友总会办公室助理研究员，上海交通大学高等教育研究院硕士，主要从事高等教育管理等方面的研究，E-mail：xingbo@ sjtu. edu. cn；陈方玺，上海交通大学校友总会办公室助理研究员，上海交通大学政治学硕士，主要从事高等教育管理等方面的研究，E-mail：sissi-frances@ sj-tu. edu. cn。

枢作用，在校友服务体系建设过程中应当注重主体协同、信息协同和过程协同，以期对未来校友服务工作的开展提供借鉴。

关键词：大数据；校友服务；协同理论；体系建设

一 引言

随着高等教育的快速发展，校友作为高校一种独特的、重要的社会资源在高校建设与发展中的重要作用日渐凸显。高校校友服务工作水平直接关系到校友对母校的归属感。校友服务体系是高校学校体系不可或缺的重要组成部分。服务是校友工作的出发点和落脚点，离开了服务，校友工作就失去了根基，甚至会导致功利化倾向。事实证明，母校为校友提供的服务越周到，母校从校友那里得到的回报就越丰厚（蔡晓天，2012）。基于此，本文提出研究问题：如何持续优化提升校友服务体系？

大数据技术的出现和发展，为高校校友服务模式的转变提供了方向和思路。英国学者维克托·迈尔·舍恩伯格和肯尼思·库克耶系统地将大数据定义为无法在一定时间范围内用常规软件工具进行捕捉、管理和处理的数据集合，是需要新处理模式才能具有更强的决策力、洞察发现力和流程优化能力的海量、高增长率和多样化的信息资产（舍恩伯格、库克耶，2012）。学术界通常认为大数据时代具有数据量巨大，数据类型多样化，数据运转快速，数据价值大、密度低的特点。大数据的价值并不在于简单掌握庞大的数据信息，而是对有用的数据信息进行系统的加工和分析。随着技术的发展以及人类社会数据的大量增多，大数据技术越来越得到重视，经济、社会的诸多领域开始利用数据管理和处理工具去对大量的数据进行获得、搜索、存储、管理、共享、分析和可视化处理，以服务于自身发展。

大数据技术对于传统的高效校友服务来说，是一种新型、高效、个性化的模式。传统的高效校友服务大多是从高校校友会自身出发，根据校友会发展所需以及所掌握的资源，为校友提供相关服务，即经济学中的从供给端出发。传统的校友服务中，大多数校友对于校友服务提供的参与度较低，处于被动接受的位置。但是，大数据技术的出现，使高校了解校友信息，洞察校友需求，定制化提供校友服务成为可能（杨进，2014）。一方面，大数据技术运用提升了高校校友管理的工作效率。传统的校友信息管理方法导致高校管理人员无法顾及全部校友，只能主观选择部分校友开展工作，大量校友无法享受服务，甚至部分校友被忽略。运用大数据技术能够降低管理人员的工作难度和工作成本，从而较为全面地统计广大校友的信息。另一方面，大数据技术能够通过数据分析校友需求，提供有效的校友服务，减少资源的浪费。高校可通过大数据技术追踪分析校友的相关数据，了解校友的喜好与需求，也可通过信息技术平台主动征集校友意见与需求。从而，高校能够关注校友自身，从需求端出发，定制化地、高效地提供服务。良好的校友服务可以让校友加深对母校的情感，从而推进校友工作的持续开展。

本研究从大数据的视角切入，基于协同理论，对校友服务体系的构建进行探索和研究，提出大数据时代我国高校校友服务体系建设和发展的对策。本文尝试在高校校友服务体系的建设方面丰富高校校友工作研究的理论，基于理论与实证结合的研究方式，对大数据时代线上、线下结合的校友服务体系中的要素、职能和运行机制等进行系统性研究，在传统校友服务系统基础上提出大数据时代校友服务体系的优化对策，可在相当程度上丰富高校校友工作研究的成果，使关于高校校友的相关研究理论更全面，为校友工作发展提供指导。

二 文献研究与理论基础

（一）校友服务相关文献研究

截至 2021 年 3 月 7 日，以"校友服务"作为篇名，在中国知网进行搜索，共有 58 篇相关文献，其中 52 篇发表在学术期刊上，5 篇发表在特色期刊上，1 篇为硕士学位论文，90% 以上的文章发表在 2012～2018 年。校友服务的相关研究已经得到重视，但相对于"校友资源"作为篇名关键词搜索获得的 394 篇文献的数量，校友服务的研究仍有进一步深化研究的空间。通过对相关文献的整理发现，目前针对校友服务的研究主要集中在图书馆向校友提供的服务，有 44 篇文献对图书馆开展校友服务这一主题进行研究，占获取文献总量的 75.9%，既有对海外高校图书馆校友服务的经验介绍，又有国内图书馆相关实践的总结，涉及校友服务的机制、策略和内容多个方面。

先行研究涉及的研究内容主要有，通过调查港澳台地区和国外高校图书馆的校友服务，对其服务模式、服务内容、服务机制进行阐述和分析，总结其图书馆校友服务对国内图书馆校友服务建设的启示和帮助；通过对国内图书馆校友服务的实地调查，探究图书馆校友服务的具体内容的优劣和实际效果，分析图书馆校友服务的运行机制，为校友服务的具体策略提供意见和参考；从现有的图书馆校友服务内容和服务机制出发，对图书馆校友服务的面向人群、服务机制、服务内容等方面进行研究，为图书馆校友服务的实际开展提供理论支持。

但是关于校友服务理论和服务内容的研究还处于起步阶段，相关文献还不多，仅分别为 5 篇和 6 篇，对校友服务理论体系、服务模式、服务质量、服务内容等开展研究，可以为大数据时代校友服务体系的研究提供基础。文献通过实证调查、数学建模、理论分析等方法，分析校友服务理论体系，探索毕业校友服务模式，阐述校友服务和校友文化建设的关系，量化校友服务工作质量，对校友服务理论的现有内容进行了补充。还有文献通过访问、调研、问卷、活动反馈等方法对校友服务活动的内容进行研究，对校友服务的现状、校友服务活动反馈、境内外校友服务差异进行分析和总结。

前期校友服务相关文献探讨了如何做好校友服务工作，提升服务校友的能力和水平，促进学校和校友事业的共同发展（蔡晓天，2012）。通过建立模型进行高校校友服务质量评价研究，得出校友感知与期望的高校校友工作服务质量之间的差距较为显著这一结论（任玲爱、戴靖华、吴春梅，2018）。功利性强、服务型弱是我国高校校友工作中存在的一个普遍问题（郑君山，2018）。要发挥校友在高校发展中的积极作用，高校的校友工作需要确立一视同仁、非功利化的认同理念，建立健全联系经常化、沟通主动化、参与多样化的校友工作机制（李俊义，2017）。我国大学应确立正确的关系互动宗旨，树立积极的关系互动理念，加强校友服务，完善以校友网为主的关系互动平台，推动相关研究，注重专业人才培养以发展与校友的良好互动关系（袁飞、梁东荣，2016）。

提升高校校友服务水平的若干途径必须坚持有序性和全局性；提升高校校友服务的整体运行效应必须坚持动态性；提高高校校友服务的时效性必须坚持多样性、层次性。高校能为校友提供再教育、科研支撑、信息获取、情感联络和社会服务信息支持等服务，校友能为高校发展提供提升教育科研、助力人才培养、筹措办学经费、树立学校声誉、促成政产学研合作等服务，提出高校与校友通过体验式服务、自助式服务、追踪式服务、项目化服务等交互服务模式，真正实现互惠共赢、共同发展（张健、法晓艳，2016）。

（二）理论基础

"协同理论"又被称为"协同学"（Synergetics），该词源于希腊语，本义为"协调合作之学"。协同理论最早由德国理论物理学家赫尔曼·哈肯（Hermann Haken）教授在 1969 年提出，其主要研究对象是系统形成、运动和演化的基本规律（许应楠、陈福明，2017），基本假设是即使在无生命物质中，具有一定秩序的新结构也会从混沌中产生出来，并在恒定能量的供应下得以维持（哈肯，2005）。尽管该理论早期来源于自然科学并被应用于解释自然科学现象，但本质上它是一门关于普遍规律支配下的有序的、自组织（self-organization）的集体行为的科学，因此也被广泛应用于理解社会科学领域的现象（哈肯，2005；Lychkina，2016）。

协同理论分析的对象通常是复杂、开放且动态的系统，序参量在系统中发挥关键作用。协同理论的重要优势在于能够适用于从个体到宏观各种层次的系统分析，但尤其适用于分析具有适应性的复杂系统（complex adaptive system）实现自组织的过程（Golofast，2020；Miao，Tao and Qi，2018）。在一个动态系统中，其多个子系统之间相互关联并发生共同作用下的协同运动，在这个过程中，许多控制参量对系统产生影响，而序参量正是这些控制参量中居于主导地位的部分（丁文剑、王建新、何淑贞，2018），因此又被哈肯称为"使一切事物有条不紊地组织起来的无形之手"（哈肯，2005）。

在此概念基础上，协同理论的运行主要体现为三个基本原理。一是协同效应，即系统中的不同要素相互联系并发生作用，从而发挥整体效应，无论自然系统还是社会系统，只要满足由多个相互关联的子系统构成的条件，其内部都存在协同效应（丁文剑、王建新、何淑贞，2018）。二是支配原理，又被称为"伺服原理"，这是以序参量为核心发挥的效应，即少数序参量能够支配多数影响较小的快弛豫参量，当系统逼近某一临界点时，子系统之间的关联逐渐增强，而当控制参量超过某一阈值，子系统之间的均势关系便会转化为以少数序参量主导和支配的关系，并形成新的平衡状态（张立荣、冷向明，2008）。三是自组织原理，哈肯依据组织进化形式划分出他组织和自组织两种类型，前者是指依靠外部指令形成秩序的过程，而后者指不存在外部指令，系统按照某种规则自发协调而形成有序结构的过程，自组织现象在自然界和人类社会普遍存在（李汉卿，2014；Foster and Wild，1996）。

（三）基于协同理论的分析框架

协同理论的分析对象通常需要满足具备复杂系统、开放系统，处于远离平衡态，系统内部存在非线性作用等要件（张立荣、冷向明，2008）。校友服务体系能够满足这些标准：第一，校友服务体系包含高校、校友总会、校友组织和校友企业等多元主体，而这些主体自身和相互之间又构成多个子系统，比如高校和校友总会关联较为密切，存在隶属关系，但校友总会又与校友组织存在频繁互动，也可以被视为处于同一个子系统之中，因此校友服务体系是一个复杂系统；第二，校友服务体系也是一个开放系统，它与社会主体存在资金、信息、人才、技术等多方面的交流合作，在此过程中不断调整优化；第三，校友服务体系也正处于远离平衡态，在百年未有之大变局的新时代背景下，高校育人和校友反哺的模式都正在发生急剧变迁，这也是由我国经济发展水平和高等教育发展所处的历史阶段决定的，意味着校友服务体系正处于非平衡和偏离均值的状态；第四，校友服务体系内部存在非线性作用，即自变量和因变量之间不存在比例关系（Weidlich，1991），优化校友服务体系涉及多个因素，而这些因素之间又存在错综复杂的联系，交互作用、双向甚至多项机制、一定随机性等都决定了该体系内部存在许多非线性的作用。

协同理论认为，虽然不同系统的性质存在不同，但是复杂系统内各要素之间都存在着联结、协同的行为，这种行为导致各要素从无序到有序转变的规律。协同理论在系统中所表现出的开放性、动态性、竞争与协作的统一性等特性与校友服务体系相适切，为校友服务研究提供了理论支撑。本研究在协同理论指导下，搭建全文分析校友服务状况分析框架，系统地分析校友服务的协同机会识别、沟通交流、要素整合、序参量选择、信息反馈五大工作机制进行分析，并对大数据时代的校友服务体系的建设开展研究工作。在校友服务体系构建中，学校、校友、校友组织相互之间构成系统，如何让这些纷繁复杂的子系统内在联结、协调，产生协同效应，构建完善的校友服务体系。

三 研究方法与研究发现

（一）研究方法

2017～2020 年，通过实地走访和个别访谈等方式，对境内外相关高校的校友服务内容开展调研。调研对象包括新加坡南洋理工校友事务处、香港大学发展及校友事务部、香港中文大学校友事务处等境内外高校校友工作部门负责人，以及清华大学校友办、北京大学校友办等境内高校校友工作部门负责人。通过调研，了解境内外高校在校友服务体系方面的现状和值得借鉴的宝贵经验。

我们还通过访问境内 42 所"双一流"大学、新加坡国立大学、新加坡南洋理工大学、香港大学、香港中文大学及好大学排行榜（ARWU 排名）全球排名前 30 的大学的校友网、微信服务号，对相关高校公布的校友服务内容和形式进行调查。通过对调查结果的梳理，总结出具有代表性的校友服务及其对应的出现频次、具体内容。调查过程中，为了明显对比，分析服务的出现频数时将境内 42 所"双一流"大学分为一组，记作"双一流高校"；将新加坡国立大学、新加坡南洋理工大学、香港大学、香港中文大学及 ARWU 排名前 30 的大学分为一组，记作"国际顶尖高校"。本次调研有效样本共 76 所（双一流高校42 所）。

此外，我们从上海交通大学校友班级理事和校友组织会长、秘书长中随机选取了 50 位校友，专门就校友对校友服务的需求以及认知进行深度访谈。

（二）研究发现

1. 国内和国外高校校友服务对比分析

综合实地调研和官网查询两种渠道获得的信息，我们对具有代表性的国内高校与国外高校的校友服务体系进行了对比分析，发现我国双一流高校校友服务内容上较为单一，对于深层次合作交流类的校友服务开展还属于探索阶段，而境内外著名高校提供的特色类服务尤其值得借鉴。国内双一流高校的校友服务项目包括校友卡和校友信用卡办理、校友刊物订阅、校友邮箱、校友捐赠、校友之家和校友组织查询等（见表 1），侧重于为校友返校、工作生活和组织联络提供便利。尽管已经基本覆盖了校友和母校间关联的主要环节，但在个性化服务、精神联结、情感维系等深度服务领域仍涉及较少。而在国内双一流高校代表性服务项目的基础上，国际顶尖高校还为校友提供职业生涯指导、校友旅行、金融服务、校友志愿活动等特色服务（见表2），服务类型更加多元化，且更注重对校友的常态化联络和长远投资。

表1　我国双一流高校的代表性校友服务

服务项目	服务内容
校友卡办理	校友卡办理服务是指各高校的应届毕业生可根据身份凭证（如学号、身份证、校友账号等），以个人或者班级为单位申请校友卡。部分高校校友可免费申请办理电子校友卡（如北京大学、四川大学等）；部分高校面向校友提供有偿办理实体校友卡服务（如上海交通大学等），可在现场办理实体卡，也可邮寄。持有校友卡的校友可将校友卡作为进出校园的凭证，也可凭校友卡使用学校图书馆，优惠使用健身房、餐厅等设施
校友信用卡	校友信用卡服务是指校友可通过服务号二维码或现场提交表格申请校友信用卡。其中在部分高校（如清华大学），校友信用卡刷卡时将按一定比例捐赠给母校
校友刊物订阅	校友刊物订阅服务是指校友可在校友网、服务号上免费阅读校友期刊、免费通过电子邮件接收订阅电子版校友期刊或是有偿订购通过邮寄送达的纸质版校友刊物
校友邮箱	校友邮箱服务是指校友可凭借在校时使用的账号、密码或者离校后申请的校友账号免费申请并终身使用校友邮箱
校友捐赠（基金）	校友捐赠（基金）服务是指校友可在校友网、服务号参加开放的校友捐赠项目。根据项目的不同，校友可捐赠不同金额的现金或者实物（如书籍、绿植）。同样，校友收到的回馈也因项目不同而各异，常见的有捐赠回执、证书、登刊感谢、标志物留名等
校友之家、校友俱乐部	校友之家、校友俱乐部服务是指校友可凭身份凭证（如校友卡等）进出校友之家、俱乐部。校友之家、俱乐部将为校友提供免费的接待、活动室预约等服务，同时提供部分有偿的服务（如咖啡、晚宴等）。值得注意的是，国内的校友之家都设置在高校校园内，而国外的校友之家、校友俱乐部则多根据地区、俱乐部性质不同设置在校外
校友组织查询	校友组织查询服务是指校友可在校友网上按照所在地、职业、兴趣查询已有的校友组织。登录校友账号后，还可查询不同届别校友的开放个人信息

资料来源：根据双一流高校校友会网站提供校友服务归纳整理。

表 2 国际顶尖高校的特色类校友服务

服务项目	服务内容
职业生涯指导类	ARWU 排名前 30 的大学，在他们校友网中的"职业服务"版块，往往包含了职业建议、生涯规划、同行校友联系介绍、各行业的开放项目信息、校友企业具体信息、校友职业网络搭建甚至简历润色。笔者相信，这种类型的服务将是双赢的服务。一方面，毕业后的校友通过各种就业指导改善了他们的职业规划，增大了成功的机会；另一方面，校友会也将因付出这些服务而得到更多成功校友反哺的可能。因此，在未来校友服务中，国内高校应提供全面、高质量的职业生涯指导服务
校友旅行	"校友旅行"类服务在境内外著名高校校友网站出现频率也相对较高。校友会不定期组织校友集体旅游项目，项目涵盖了国内、外旅行，每个旅游项目往往有一个确切的主题（如南非野生动物探寻之旅，Harvard University），校友可有偿报名参加。国内"双一流"大学的地方校友会可能也会举办集体旅游，但同终身学习栏目相似，仍未发展成一系列成熟的集体性项目，未上升到常设校友服务层面
校友志愿活动	除为校友提供直接帮助类服务外，境内外高校还可以为校友提供志愿服务联系和交流的平台，已毕业的校友可以通过校友社区或者校友网开放的名额报名成为学校活动的志愿者，该服务成为毕业校友和学生家长与在校生、老师交流的渠道，部分大学（如康奈尔大学，Cornell University）成立志愿者荣誉奖项。相比之下，国内高校没有相对成形和固定的"校友志愿者"平台与团队，而可能会举办零散的志愿活动，比较偶然，没有形成一种固定的机制，难以扩大影响力和团结更多的校友
金融服务类	"金融服务类"服务在境内外著名大学校友网站出现的频率也不低，部分 ARWU 排名前 30 的大学会与银行、保险公司合作，向校友提供保险、贷款的优惠服务。但是受我国经济与法律现状的影响，我国高校在为校友提供金融服务时有较大的困难。但随着经济社会的进一步发展以及相关的法律的进一步完善，国内高校也可以根据国内实际情况探索、尝试为校友提供更加多元的金融类服务

资料来源：根据国际顶尖高校校友会网站提供校友服务归纳整理。

2. 校友服务体系的供需分析

基于对校友的访谈，我们发现随着学校校友工作的加强，校友服务工作已经逐渐进入校友的日常生活中，但曾经获得校友服务的校友在校友中的比例还有相当的提升空间。校友们最感兴趣的服务项目包括上海交通大学的"盛宅·校友之家"服务、校友卡、交大校友电子身份（JAccount）、校友卡办理、校友邮箱、成绩单等材料代办与交大—中银校友信用卡等。参与访谈的校友提及的校友服务还包括校友继续教育、交二代培育、专业类校友论坛、期刊数据访问、科研合作、就业指导、招聘信息、校园游览、秩年返校活动、校友旅行、校友文体活动、活动场地借用、校友特约商户福利。在对于高校校友服务提供主体的讨论中，参与访谈的校友中 36% 认为提供校友服务的主体是学校，56% 认为是各校友组织，8% 认为是校友。

从协同的机会识别来看，学校是服务校友的最重要主体，同时校友也会反哺母校，为学校提供力所能及的服务和支持，双方的需求存在一定的互补性。校友个体对学校服务的需求存在差异，在个体中，不同年龄、不同类别的群体对于校友服务的期待与诉求也不相同。校友个体主要关注个人的成长发展，继续教育等方面，而教师和学生的诉求更集中于能够从校友那里获得项目支持、实习就业、经验分享、合作交流等方面。对于集体而言，校友企业需求集中于人才招聘、科研合作等内容。

各方提供的资源对于需求有极高的匹配度，并形成良性的互动循环，如学校培养人才，并为校友企业输送，校友企业吸纳优秀的人才，同时在产学研合作等方面与学校展开互动。对于校友个体提出的深造等诉求，学校具有天然的优势可提供人才培养等服务。从供需双方的匹配来看，具备构建校友服务体系闭环的条件。由此可见，服务校友与服务学校是互相激励和支撑的，做好校友服务，对于促进校友服务学校有着十分重要的帮助。

表 3　校友服务体系多主体的供需分析

	群体划分	需求	供给
学生	本硕博、新生、毕业生	学业指导、就业引导、实习培训、深造推荐、奖助学金支持	人力资源
校友	青年、中年、老年；大众、VIP	继续教育、职业发展交流、校友生活娱乐、子女教育、情感联络	人脉资源、成长经验分享、资源对接
校友企业		人才招聘、科研合作、公益慈善、产品推介	资金支持、科研合作项目、成果转化应用
教师		合作交流、科研项目	教书育人、科学研究

续表

	群体划分	需求	供给
学校		招生、科研合作、学生就业、社会影响力提升	人才培养、科研合作

资料来源：根据针对校友的访谈调研自行归纳整理。

3. 校友服务体系不足之处

通过调研发现，我国高校校友服务体系建设已经取得一定成绩，尤其是一批著名高校，已经建成了作为学校行政部门或直属单位的校友工作部门与作为社团法人的校友总会为共同核心的校友服务体系雏形。但是面对校友的需求和学校发展的需要，现有校友服务体系还存在不足之处，有待进一步完善、整合。从协同理论出发，校友服务体系的薄弱环节主要体现在以下三个方面。

第一，要素整合不足，校友服务序参量未能充分发挥作用。要实现协同组织目标，系统内部的子系统或要素的多元化和交互作用极为关键，这意味着校友服务主体不应当局限于某一类主体，而需要将更多力量纳入系统中来。从目前校友服务提供主体来看，主要以学校为服务提供主体，校友、校友组织或校友企业尚未能广泛地参与其中。在调研过程中，有很多校友提到，其实校友、校友企业等都可以成为校友服务体系的支撑者，同时也可以是本体系的服务对象，但现有的服务体系尚未有效地涵盖这些群体，缺乏有效集成主体成为制约校友服务体系进一步完善的瓶颈因素。要实现"1 + 1 > 2"的协同效应，充分发挥关键控制参量即序参量的作用十分关键。然而，现实中仍缺乏有效的集成主体能够推动校友服务朝体系化的方向发展，这使序参量没有得到清晰识别，其作用未能充分发挥。

第二，有效的交流机制尚未建立，协同主体整体功能尚未充分发挥。在协同理论视角下，主体间的信息沟通是影响协同效率和效果的重要因素。在校友服务体系中，各主体之间的信息沟通、数据交换至关重要。然而，通过调研了解到学校参与校友服务的各部门信息沟通和数据共享意识仍较为薄弱。学校与校友之间、学校内部不同部门之间虽然具备一定的共享意识，但是数据的交换与整合还不够，形成了一个个信息孤岛，校友服务体系中的多个主体各自为政、缺少必要的沟通协调。另外，在访谈过程中，有校友提出新增加一部分校友服务内容，而实际这些服务内容已经存在，因缺乏有效的传播宣传，导致校友不了解、不掌握。同时，对于服务需求的动态掌握不够，匹配度情况了解不足，缺乏对供需方宏观层面的认知和把控。

第三，信息反馈的机制不健全。校友服务体系从无序走向新的有序过程中，产生了新的时间、空间和功能结构，同时也会产生无法达到管理协同目标的结果，这就必须通过反馈机制反映系统中存在的问题并及时纠正。对于校友或校友企业、校友组织在构建校友服务体系过程中存在哪些问题，出现哪些偏差，需要进行哪些调整等都需要通过有效的信息反馈机制反映，并梳理解决。目前的校友服务基本都是以单个项目的形式存在，主要针对校友提出的某一点服务需求而提供的有针对性的服务项目，未能建立通过建立考核机制、监督机制，及时进行信息的有效反馈从而进行评估和管理的联动机制。

四 大数据时代的高校校友服务体系构建

互联网使人们的理念发生了重大转变，即更加强调用户为中心、多元化和开放性，大数据时代也使人们数据处理的能力得到了极大的提升。对于校友服务体系构建来说，要在原有的学校为主导的校友服务队伍基础上强化协同机会识别，推进要素整合，引入更多元的主体参与到校友服务中来，将过去高校校友服务的"事件为中心"的模式提升为"校友（人）为中心"的模式，在协同理论指导下统筹不同参与主体，依靠大数据技术围绕每个校友个体实现不同事件中的校友个体数据集中，通过对大数据的利用，实现沟通交流及信息反馈，更好地为不同群体校友提供个性化服务。

（一） 设计原则

1. 协同系统的开放性

协同理论要求系统必须处于一种开放状态，只有如此，系统才可以在与外界交换的过程中，吸收环境中的能量、信息及物质。在不断汲取优质资源的同时保证系统的运行与活力。因此校友服务体系是开放的，从参与主体到参与方式，应该具有多元化、开放式的特点。学校、校友、校友组织等都可参与其中。只有这样，系统才能从多个角度与所处的周围环境不断地进行各种信息、物质等的输入与输出，这种相互作用促使它产生整体的协同效应，减少由于子系统之间的不协调而产生的资源浪费（杜培雪，2002）。

2. 协同系统的动态性

校友服务系统是动态变化的。协同理论认为子系统之间的相互促进、相互影响的协同作用并不是一成不变的，系统会受到周围环境的影响，受到系统内部各种不可控因素的影响等。但是，系统为了确保整体发展目标的实现，促使各个子系统之间在此目标的引导下进行不断调整，最终形成新的协同作用。在这个过程中，这一动态协同过程是绝对的，在不断循环，使整个校友服务体系持续发展变化。

3. 协同系统中竞争与协作的对立统一性

协同理论认为，系统中各组成部分之间不只存在协作，相互之间的竞争也是无处不在的。对于一个系统来说，协作与竞争并不是非此即彼的关系，而是一个在对立中存在统一，在统一中含有竞争的整体，缺一不可。没有协作，系统将会慢慢消失；没有竞争，系统将会缺少支持持续发展的动力，长久下去也会消失。竞争与协作是子系统之间相互关联性的一种表现方式，体现在子系统之间的相互制约与相互配合。由于竞争的存在，子系统不得不进行自我调整以适应整个系统发展的需要，进而也促进子系统之间产生协作关系，系统就是在竞争、协作的循环中得以长久发展。可见，系统内部要素之间的竞争与协作是系统创新发展的内在动力。

（二）校友服务体系框架

要实现校友服务的协同效应，首先需要构建较为完整的校友服务体系框架。具体而言，校友服务体系需要在组织构建、服务实施过程、资源信息整合上实现协同。其中，组织结构是基础，资源共享是前提，信息技术是支撑，三者协同运行、相互配合，最终才能实现校友服务体系的协同发展。第一，校友服务体系的最底层逻辑应围绕协同主体展开，具体表现在组织和个体两个层面，包含了学校、校友会、校友企业、校友、学生、教师等多个主体，当然，随着系统叠加，相关主体并不局限于本图所列，校友服务体系作为一个开放系统，实际上与更多社会主体都存在互动的可能性。第二，网络层解决硬件支持问题，而信息资源层则更进一步表现为实现信息协同和整合的目标。第三，服务层集中体现校友服务体系的主要过程，包括主体协同、信息协同和过程协同（下文详述）。第四，信息展现层是校友服务体系的成果展示，通过信息资源导航、校友成长和校企合作等实现校友服务体系自组织的目标，即通过系统内部因素交互作用实现从无序到有序的新的结构和功能（见图1）。

1. 主体协同

完善的组织体系架构是构建协同性校友服务体系的载体，涉及管理系统内部分工的职责划分、有效联动等工作。根据协同理论的开放性特点，校友服务的提供主体——学校、校友总会、校友组织、校友企业等应实现协同联动。校友会应担任起构建校友服务体系协同组织的中枢，形成中心组织机构，发挥带头及纽带作用，通过上下联动、左右协同，把学校、校友企业、校友组织等有效联结在一起，形成校友服务的组织结构体系，实现协同联动，从而形成校友—母校"发展共同体"。

形成校友—母校共同价值理念与愿景的关键在于高校与校友的关系要从"情感共同体"出发，基于校友、学校和社会的长远利益，形

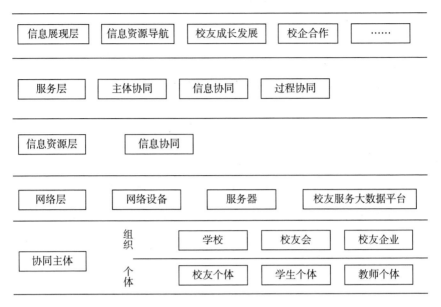

图 1 校友服务体系建设框架

成校友事业发展与学校发展深度融合、共同发展的"发展共同体"。"发展共同体"的建设主要包括大学品牌与文化为主的软件建设和高校对校友服务与合作平台建设为主的硬件建设两大内容。通过大学品牌、大学文化的建设，可以培育共同价值理念，形成高校与校友共同的精神内核。而高校对校友服务与合作平台建设，应当为校友个人和事业发展提供切实的帮助。

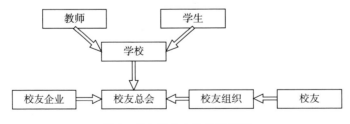

图 2 校友服务主体协同示意

2. 信息协同

哈肯认为"协同信息"有利于组织系统信息的优化处理。也就是说协同效应实现的前提就是有效的信息沟通。因此，基于大数据平台的校友服务平台建设融入协同行为中，加强各子系统的协同运作。这个系统收集各种分离的信息与资源然后分析和再集成，为系统决策提供依据，为系统快速反应提供支持，并收集参与主体的信息处理反馈结果，实现校友服务信息体系动态化、网络化、协调化发展。实际上需要校友及校友组织的参与贡献，实现信息资源的共享和透明化及有模块化、组件化，同时具有极强的平台和设备独立性。

　　在校友服务体系构建中，信息的汇总与整合对于推进服务供需匹配具有非常重要的意义，因此校友会应当成为各类信息和资源的汇聚点。通过校友会的中介，可以基于高校、校友和社会力量等各方自身资源优势和合作需求来进行精准匹配，避免校友之间的信息不对称。校友会的中介作用大大促进了校友、高校与社会之间的资源整合与融合，促成互惠合作。

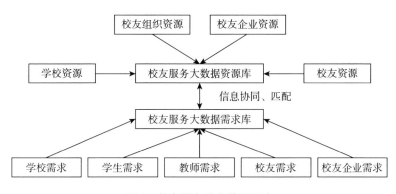

图3　校友服务信息协同示意

　　在协同理论的视角下，校友会整合信息的功能在校友服务体系中发挥着序参量的作用。如图3所示，优化校友服务体系的内在逻辑是资源和需求的匹配，资源供给端和需求端均包括校友组织、校友企业、校友等主体，在供需匹配的中间环节，校友会实际上扮演着中介角色，发挥着关键控制参量即序参量的作用。协同理论告诉我们，序参量能够支配其他子系统，是无序结构衍化为有序结构的关键，其与其他子系统间的协调关系，是协同理论的关键要义。这意味着要实现校友组织的协同运行，必须发挥好校友会的中枢作用。

3. 过程协同

根据协同理论的动态性原则，校友服务体系中的资源提供以及需求都处在不断变化过程当中，这为实现供需匹配的目标增加了难度。协同理论认为，系统都是处于不断变化的过程中的，即使不存在外部力量的驱使，系统内部各要素之间的交互作用也会促使系统不断衍化。校友服务体系也是如此，体系中相关主体的供给和需求变化是导致体系整体变迁的重要因素，这也是我们用协同理论理解校友服务体系的重要抓手。要实现协同效应和自组织目标，不同主体的供需匹配十分重要，但是系统的动态特征使供需匹配的实现变得越发困难。更为形象地说，特定主体的需求和资源供给在不同背景下呈现不同特征，如何实现主体之间的相互匹配，成为优化校友服务体系的关键课题。

大数据平台和技术为主体间供需匹配提供了解决思路。大数据的关键特征不仅在于体量庞大，更体现为数据实时更新、便于分享。基于大数据平台对协同机会进行识别，有利于更加准确地实现资源与需求相匹配，然后再通过大数据平台总结、梳理、反馈、调整，为下一步的协同任务打下基础，实现持续迭代优化。在此基础上，对协同要素进行综合评价以预测协同效应及其存在的价值。通过要素结构重组等方式，将不同协同要素融合成有机整体，最终实现过程协同。

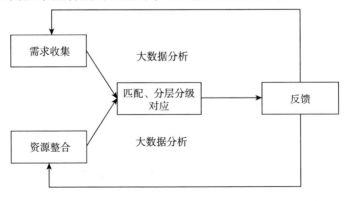

图 4 校友服务过程协同示意

五　总结

本文聚焦于大数据时代背景下，我国高校校友服务体系如何优化提升的问题。基于协同理论的分析，本文提出高校校友服务体系本质上是一个复杂、开放、动态的系统，其组成部分即多个子系统之间存在密切联系和相互作用，只有使各个子系统协调一致、相互促进，才能实现协同效应和自组织目标。在此基础上，我们通过实地走访、网络查询、深度访谈等方法对我国高校校友服务体系存在的薄弱环节进行实证分析，发现目前主要存在的问题是要素整合不足，校友服务序参量未能充分发挥作用；有效的交流机制尚未建立，协同主体整体功能尚未充分发挥；信息反馈的机制不健全。对此，我们结合协同理论，在协同系统的开放性、动态性、竞争与合作的对立统一性基础上，构建了校友服务体系的概念框架，并突出主体协同、信息协同和过程协同的重要性，为优化校友服务体系提供理论支持。

本研究的创新点主要体现在基于协同理论，完整地对校友服务体系存在的不足以及完善路径进行了系统的分析、积极的探索，构建了校友服务体系，从而为今后相关研究的深化提供了一个有意义的视角。长期以来，校友服务仅被视为高校的职责，但基于协同理论分析，我们发现真正实现校友服务的体系化至关重要，不仅需要高校统筹，还需要地方校友会、校友企业、教师、校友等多个组织和个体共同参与，才能实现校友和高校之间互惠共赢，并加深其情感联结。同时，校友服务体系建设研究也丰富了协同理论的内容，为构建更具科学性的综合模型积累了实践基础。

在本文基础上，后续可以对校友服务体系的效用评价、反馈设计等话题进一步深入研究。本研究基于协同理论提出的校友服务体系概念框架仍停留在理论层面，需要进一步论证是否可行和有效。现实中，要让协同理念在校友工作中落地生根，还需要破除许多结构性障碍，这有待后续研究者和实践者进一步验证和探索。

【参考文献】

蔡晓天，2012，《浅析如何做好校友服务工作》，《商场现代化》第 7 期，第 116 页。

丁文剑、王建新、何淑贞，2018，《协同理论视角下高职创新创业教育多元协作研究》，《教育与职业》第 23 期，第 64～68 页。

杜培雪，2002，《基于协同理论的高校安全管理协同机制研究》，中国地质大学出版社。

哈肯，1989，《高等协同学》，郭治安译，科学出版社。

哈肯，2005，《协同学——大自然构成的奥秘》，凌复华译，上海译文出版社。

李汉卿，2014，《协同治理理论探析》，《理论月刊》第 1 期，第 138～142 页。

李俊义，2017，《高校与校友认同关系的类型、偏差及重建》，《教育评论》第 11 期，第 45～49 页。

任玲爱、戴靖华、吴春梅，2018，《基于服务质量差距模型的校友工作服务质量研究》，《中国药物与临床》第 2 期，第 209～212 页。

维克托·迈尔·舍恩伯格、肯尼思·库克耶，2012，《大数据时代》，周涛译，浙江人民出版社。

许应楠、陈福明，2017，《基于协同理论的职业院校产学研用 校企协同人才培养机制及实践研究》，《中国职业技术教育》第 4 期，第 43～48 页。

杨进，2014，《终身学习理念中的现代职业教育》，《顺德职业技术学院学报》第 4 期，第 1～4、16 页。

袁飞、梁东荣，2016，《美国大学与校友关系互动的经验及启示》，《高教探索》第 4 期，第 59～63 页。

张健、法晓艳，2016，《大学和校友交互服务模型研究》，《黑龙江高教研究》第 10 期，第 77～80 页。

张立荣、冷向明，2008，《协同治理与我国公共危机管理模式创新——基于协同理论的视角》，《华中师范大学学报》（人文社会科学版）第 2 期，第 57～63 页。

郑君山，2018，《加强校友服务是重点：关于高校校友文化建设的思考》，《教育现代化》第 28 期，第 85～86 页。

Foster, J., Wild, P. 1996, "Economic Evolution and the Science of Synergetics." *Journal of Evolutionary Economics* 6: 239 – 260.

Golofast, A. 2020. "Synergetics of Political Processes." *Tomsk State University Journal* 459: 107 – 112.

Haken, H. 1989. "Synergetics-An Overview." *Reports On Progress in Physics* 52 (5): 515 – 553.

Lychkina, N. 2016. "Synergetics and Development Processes in Socio-economic Systems: Search for effective Modeling Constructs." *Biznes Informatika-Business Informatics* 35 (1): 66 – 79.

Miao, J. H., Tao, W. Z., & Qi, Y. 2018. "Research on the Innovation of College Students' Ideological and Political Education Based on the Synergetics Theory." *Educational Sciences: Theory & Practice* 18 (5): 2478 – 2485.

Weidlich, W. 1991. "Physics and Social Science-The Approach of Synergetics." *Physics Reports* 204 (1): 1 – 163.

中国第三部门研究　第 21 卷
第 126~143 页
© SSAP，2021

整体性治理视域下社会组织参与韧性
社区建设机制研究[*]

邹新艳　史云贵[**]

摘　要：建设韧性社区是增强城市应对安全风险能力的重要路径。社会组织是联结政府、企业和社会的桥梁和纽带，具有服务专业、灵活、迅速的特点，引入社会组织参与韧性社区建设能够有效弥补政府"顾不上、做不完"的问题。部分地区建构了多中心协同、分类调试、常态化评估等工作机制，引入社会组织参与韧性社区建设并取得一定成效，但社会组织难以真正接入应急联动合作网络。以 C 市 H 社区社会组织参与韧性社区建设实践为对象展开研究发现，根据整体性治理理论提出的以信息技术为基础，由整合机制、协调机制和信任机制共同形成的"三位一体"机制谱系能够适应新阶段新

* 基金项目：2016 年度教育部重大项目"县级政府绿色治理体系构建与质量测评研究"（项目编号：16JZDW019）。

** 邹新艳，四川大学公共管理学院博士研究生，主要从事公共部门信息资源管理、社会组织管理服务等方面的研究，E-mail：932453327@qq.com；史云贵，四川大学公共管理学院教授、南京大学历史学博士，主要从事中国政府与政治、地方政府治理、绿色发展与绿色治理、行政体制改革、公共政策等方面的研究，E-mail：shyg700@163.com。

要求并能够有效提升社会组织参与韧性社区建设成效。据此提出社会组织参与韧性社区建设新策略：加强社区社会组织孵化培育、加快信息技术推广应用、加大镇（街道）和社区对社会组织的支持，以提升社会组织链接撬动资源能力，整合多元主体参与韧性社区建设，进而提升社区风险应对能力和治理水平。

关键词： 整体性治理；社会组织；韧性社区

一　问题的提出

2019 年，我国城市化率上升到 60.6%，城市治理面临的风险挑战不断增加，提升城市韧性作为应对城市风险的有效手段引起了越来越多的关注。社区作为城市治理的"最后一公里"，其韧性建设是提升城市韧性的基础和重要内容。社会组织作为联结政府、驻区单位和社区居民的桥梁和纽带，是推进社区治理的重要主体之一。同时，引导社会组织借助其专业优势，使之在建设城市社区韧性方面发挥积极作用，是贯彻落实国家应急体系建设、构建共建共治共享社会治理体系的必然选择。中国特色社会主义进入新发展阶段，对社会组织参与韧性社区建设的作用和能力提出了新要求，"加强社区治理体系建设，发挥社会组织作用"（习近平，2017），"提升社区社会组织协同应对自然灾害、事故灾难、公共卫生、社会安全等突发事件的水平"（民政部办公厅，2020）等。可见，充分发挥社会组织优势参与韧性社区建设，有利于完善和加强城市社区治理体系，提升国家治理效能。

社区本质上是一个复杂的网络系统，韧性社区建设作为一项长期、系统的成长性工程，涉及风险隐患排查、法规标准体系建设、信息资源共享、应急队伍救援、应急物资储备、应急信息传播等方面，需要整合社区网络中的政府、社会组织、驻区单位和社区居民等多元主体协力完成。这就需要充分发挥社会组织的桥梁和纽带作用，发动多元主体协同应对。但是，当前以镇（街道）、社区引入外来品牌社会组织直接参与应急救援培训、安全社区建设、防灾减灾活动等的工作机制还存在一些短板，如疾病、灾害方面的防治演练等开展较少，多元主体内生动力不足，各主体在风险感知、监测和防控工作中沟通效率和合作力度不足等"碎片化"困境，因而亟须构建适应新时代新阶段新要求的社会组织参与韧性社区建设工作机制，为进一步发挥社会组织链接资源优势提供更有力的保障。

二 文献综述

（一）韧性社区

"社区"的概念最早由德国社会学家滕尼斯提出，他在 1887 年出版的《共同体与社会》一书中指出：社区是建立在地缘、血缘、文化基础上的，具有共同的价值和信仰的共同体。随着研究的扩展和深入，社区的内涵不断演进，不仅涵盖空间地域，还包括复杂的社会联系和社会关系，其基本构成要素包括了人口、地域和关系（帕克、伯吉斯、麦肯齐，1987）等。总的来看，社区是指由聚居在一定地域范围内的社会群体、社会组织所组成的社会共同体。社区的概念是以一定区域为前提的，本研究探讨的社区为街镇管辖范围内的社区居民委员会辖区。"韧性"一词来源于物理学，指材料在塑性形变和断裂过程中吸收能量的能力。国内外城市社区研究者把"韧性"一词移植入社会治理研究领域，提出"社区韧性"的三种主要观点。第一种观点将社区韧性界定为"稳定性"，如 Geis（2000）提出韧性社区是指社区在承受各种灾害和危险时仍能保持系统内部稳定。第二种观点将社区韧性界定为"可恢复性"，如 Kulig 等（2008）提出社区韧性主要表现为可恢复性，社区系统吸收影响、对灾难事件的应对和自我恢复能力。第三种观点将社区韧性界定为"适应性"，如 Bruneau 等（2003）提出，社区韧性是指社区在灾害事件中形成的适应能力和学习能力。

结合以上学者的观点，韧性社区是指在社区居委会辖区内的政府、社会组织、驻区单位、居民等多元主体的协同共治下，具有抗逆力、恢复力和自治力（吴晓林、谢伊云，2018），能够有效防范风险、应对风险和自我恢复的社区。韧性社区的基本构成要素有社区多元主体、风险因素、社区地域和多元主体间关系。建设韧性社区需要发动社区多元主体主动、协同参与防范和应对风险。社会组织作为联结政府、企业和社会的桥梁、纽带，发挥其作用和优势能够与其他社区主体建立良好社会关系，激发多元主体内生动力参与韧性社区建设，形成多元主体一体化共生格局。韧性社区建设与常态社区治理既相关联又有区别。常态社区治理是涵盖社区各类公共事务治理的大系统，目标是构建人人有责、人人尽责、人人享有的社区治理共同体，而韧性社区建设是包含在这个大系统中的一个子系统，是常态社区治理的重要组成部分，侧重于社区风险防范、风险应对和自我恢复等方面。常态社区治理内容较为宽泛，涵盖了韧性社区建设在内的所有社区治理内容。韧性社区建设的成效关乎常态社区治理效能，韧性程度不高的社区风险防控能力不强，必然影响常态社区治理效能。

（二）社会组织参与韧性社区建设的"碎片化"困境

近年来，社会组织作为社会治理的重要主体之一，其参与提升城市社区韧性的合理性和重要性已经得到广泛认同（孔新峰、褚松燕、邓名奋，2011；徐家良、张圣，2020），普遍认为社会组织通过信息预警、矛盾弱化、利益协调等工作能针对突发事件进行有效防范、妥善处置和情境恢复（易承志，2014）。但现有研究更多停留在对社会组织参与韧性社区建设应然的期待，尚未转化为实践中有效的实然的举措，因此仍存在一些"碎片化"困境。首先，社会组织参与韧性社区建设工作缺乏基层政府部门的支持与保障。在当前政府主导的背景下，社会组织参与韧性社区建设需要争取基层政府的支持，而基层政府面临多样化公共服务压力（嵇欣，2018），养老、卫生、托育等方面的工作相对受到更多重视、获得更多支持，韧性社区建设作为一项长期的系统工程，获得的支持和保障相对较少。其次，社会组织参与应急救援、减灾救灾时常常与政府形成被动、事后、临时的合作关系，缺少制度支持，容易出现碎片化、随意性、临时性的应急服务（陶鹏、薛澜，2013）。再次，社会组织自身的一些特征影响社会支持网络的形成。社会组织具有人员流动性高、专业性较低以及市场营利性动机较强等特征（陈锋，2020），导致社会组织自身稳定性有限，未能获得社区的信任，难以形成稳定和有力的社会支持网络，缺乏参与社区治理的竞争力。最后，社会组织参与韧性社区建设出现"碎片化"困境的根本原因在于当前的工作机制更强调直接引入外来品牌社会组织"嵌入"韧性社区建设工作，而镇（街道）、社区引入的大部分品牌社会组织作为外来组织，其在社区的社会网络有限，缺乏发动社区居民、驻区单位的基础，各主体之间沟通效率和合作力度不足，导致社会组织难以真正接入应急联动合作网络（刘蕾、赵雅琼，2020），整体表现与社会期待还有差距。

当前我国正处于"把防控重心下沉"的关键转型期，进一步深化社会组织参与韧性社区建设理论和实践研究是提升社会组织链接资源能力、助推社会组织健康有序发展以及深化社会治理的必然要求。有鉴于此，本研究引入强调整合多元主体协同参与治理的整体性治理理论，围绕社会组织融入社区参与韧性社区建设的整体性工作机制展开探讨，为社会组织参与韧性社区建设探寻新的理论解释和实践路径，从而破解社会组织参与韧性社区建设的"碎片化"困境，进一步提升社会组织参与韧性社区建设成效。

三 社会组织参与韧性社区建设整体性工作机制框架

整体性治理是 20 世纪 90 年代信息技术快速发展和普遍应用的背景下产生的政府治理的新理论，其核心思想是以公民需求为导向，以破解政府治理碎片化、治理效率低下等问题为目的，以协调、整合和责任为机制，以信息技术为治理手段，对功能、公私部门关系及信息系统等进行有机整合，从而为公民提供无缝隙而非分离的整体型服务的政府治理模式。要基于整体性治理理论去剖析和破解社会组织参与韧性社区建设碎片化问题，关键在于构建社会组织参与韧性社区建设整体性工作机制，找出整合社会组织参与韧性社区建设的有效路径。

整体性治理理论坚持系统论观点（竺乾威，2008），该理论视角下的韧性社区建设作为系统工程，参与主体涵盖政府、社区、社会组织、驻区单位、居民等，强调社会组织发挥桥梁、纽带作用，促进多元主体互信合作参与韧性社区建设。整体性治理的实现有赖于整合机制、协调机制和信任机制的培养和落实（胡象明、唐波勇，2010）。结合韧性社区建设实践，针对解决社会组织与政府、企业、群众等其他主体构建合作关系不及时、不稳定等问题，亟须建立有效的整合机制，整合多元主体协力参与韧性社区建设。针对破解社会组织社会支持网络不完善，缺乏社区各类资源支持等困境，亟须建立协调机制，有效增强外部支持，提高社会组织参与韧性社区建设的效能。针对破解社会组织缺乏社区信任、难以与其他主体间深度沟通和合作的困境，亟须建立长效信任机制，促进社会组织真正融入应急合作网络，充分发挥其建设韧性社区的积极作用。

基于整体性治理思想和工作实践，构建出社会组织参与韧性社区建设工作机制框架：以信息技术为基础，由整合机制、协调机制和信任机制共同形成的"三位一体"机制谱系。其中，整合机制是指社区通过建设合作平台，引导外来品牌社会组织孵化、培育社区社会组织，以及引导外来品牌社会组织、本地社区社会组织发挥资源链接作用，在韧性社区建设中发动多元主体参与，并构建分工合理、职责完善的结构，从而整合韧性社区建设多元主体及各方资源。协调机制是指社区帮助成立协调机构，针对突发公共事件建立"线上＋线下"的常态化联系渠道，并协调外来品牌社会组织与政府、驻区单位、社区居民等之间的关系，建立各方合作培育社区社会组织，建设韧性社区的共同目标，进而提升外来品牌社会组织孵化培育社区社会组织参与韧性社区建设成效。信任机制是指在社会组织与政府、驻区单位、社区居民等合作推进韧性社区建设过程中，社会组织与其他主体通过规范、互惠增进彼此之间的了解，社会组织与其他主体根据之前的合作情况可以理解和预测对方的行为，即随着时间的推移，社会组织与各方根据对方的实际良好表现，不断增强信任感，从而提升多元主体内生动力以参与韧性社区建设。通过社会组织参与韧性社区建设整体性工作机制运行，突破社会组织发动多元主体参与韧性社区建设工作时出现的障碍，重塑社会组织社会支持网络，促使多元主体形成协作、整合、信任的关系，融合形成社区治理共同体。

在社会组织参与韧性社区建设整体性工作机制框架中，整合机制是统领，社会组织参与韧性社区建设的最终目的就是通过整合机制实现多元主体整合，破解"碎片化"问题。协调机制是保障，通过协调机制使多元主体相互配合，形成集体行动。信任机制是基础，多元主体只有建立在对社会组织存在一定信任的基础上，才可能实现协调和整合。

从内涵上看，韧性社区既包括社区地域内的静态组织结构，也包括社区动态的运行秩序、抗压能力和种群间关系。因此，韧性社区建设成效可从社区组织的结构韧性、运行秩序韧性、抗压能力韧性和种群关系韧性四个维度进行评价，社会组织参与韧性社区建设工作机制的成效也可通过这四个维度来确定。

四 社会组织参与韧性社区建设实践分析

——以 C 市 H 社区实践为例

（一）案例概述

本研究根据社会组织参与韧性社区建设"三位一体"机制谱系框

架，基于实地调查研究，选取 C 市 H 社区作为追踪研究的个案，以期在实践中有效检验该机制谱系框架。H 社区地处 C 市中心，社区面积 0.7 平方公里，人口密集，有居民 1.8 万余人，外来流动人口是常住人口的数倍。社区划分为 4 个网格片区，有 7 个居民自治管理小组，社区两委成员 9 人。H 社区本地居民高度密集，外来人口流动性高，环境秩序、社会治安、生活服务等面临严峻挑战。自 2012 年 H 社区引入社会组织以来，不断创新工作机制，引导社会组织直接参与风险隐患排查、信息资源共享、应急物资储备、应急信息传播、应急救援培训等工作，积极建设韧性社区。

　　H 社区引入社会组织参与韧性社区建设初期，主要工作方式是以政府购买服务等方式引入外来品牌社会组织，由外来品牌社会组织实施项目，直接提供防灾减灾、隐患排查、安全培训等服务，取得了一定成效。但是，随着外来品牌社会组织参与韧性社区建设工作的深入，这种工作机制暴露出一些局限。一方面，外来品牌社会组织资金有限。外来品牌社会组织一般通过承担政府购买服务项目直接为社区提供应急救援培训等服务，而政府购买服务资金有限，除维持社会组织正常运营的人员工资、场地、税收等费用，能够用于投入开展应急救援等项目活动的资金较少。另一方面，外来品牌社会组织人员数量有限，一般为几人到十几人，而社区常住人口和流动人口共有几万人，因此安全排查、应急救援培训、防灾减灾演练、应急生活保障等韧性社区建设工作难以覆盖全社区。此外，H 社区作为传统社区，是一种典型的"熟人社会"，社会组织发动驻区单位和群众中的公益人士和志愿者的绩效水平与其所拥有的社会资本成正相关。政府购买服务项目时间一般为 1 年，在较短的时间内绝大部分社区居民、驻区单位难以对外来社会组织充分了解，与其建立信任关系，导致外来品牌社会组织社会资本较少，链接各方资源工作推进较慢，韧性社区建设成效受到影响。

　　在引入外来品牌社会组织直接提供如安全排查、应急救援培训、防灾减灾演练、应急生活保障等相关服务不能完全满足韧性社区建设要求的情况下，H 社区创新工作机制，指导和支持外来品牌社会组织构建起以信息技术为手段，以整合、协调和信任为核心的工作机制，培育本地社区社会组织参与韧性社区建设，提升了韧性社区建设成效，并获得了全国"最美志愿服务社区"称号。具体做法是，社区成立社区居民服务中心并引入品牌社会组织运营，将之作为整合社会资源的平台，负责引入其他防灾减灾专业社会组织，提供服务和孵化培育本社区社会组织，积极引导具有较多社会资本且热心公益的驻区单位骨干、退休干部、社区居民等发动成立社区社会组织。在推动社区社会组织数量增长的同时，促进社区社会组织规范资金业务管理、提升服务质量，充分发挥社区社会组织激发社区活力、优化社区结构、深化社区治理的功能。外来品牌社会组织孵化培育出的社区社会组织具有丰富的社会资本，完全适应社区"熟人社会"环境，能够更有效地发动驻区单位、居民中的热心公益的人士，形成深入小区、院落、楼宇等的志愿者服务队伍、社区公益组织等社区社会组织，从实质上实现社区自我管理、自我服务，间接提升了外来品牌社会组织链接资源的效能。

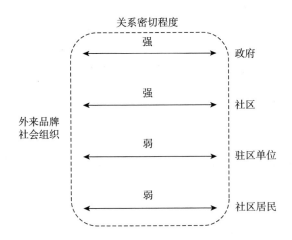

图 1 外来品牌社会组织链接多元主体社会网络

资料来源：本图由作者绘制。

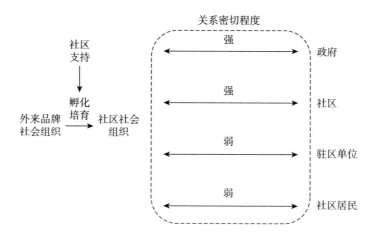

图 2　社区社会组织链接多元主体社会网络

资料来源：本图由作者绘制。

（二）H 社区形成的社会组织参与韧性社区建设整体性工作机制

H 社区在引入外来品牌社会组织参与韧性社区建设工作中，形成了以厘清多元主体权责为前提，以信息技术为重要手段，以整合机制、协调机制和信任机制为核心的"三位一体"工作机制谱系。

1. 以厘清多元主体权责为前提

政府完善培育发展社会组织的有关政策。C 市出台了《关于加快培育发展社会组织的实施方案》等政策推动社会组织健康有序发展。社区负责以社区居民服务中心为平台，引导外来品牌社会组织培育孵化本社区社会组织，通过社区资金等形式对其予以支持，帮助协调社会组织与驻区单位、社区居民等的关系。外来品牌社会组织功能定位为培育、孵化社区社会组织，发动志愿者队伍，引进专家对社区居民、驻区单位等开展防灾减灾培训。驻区单位和社区居民有责任配合参加有关培训，主动参与社区风险防控。

2. 以信息技术为重要手段

H 社区运用信息技术监测健康数据、困难群众需求、社区安防等社区应急治理相关情况。利用 App、微信公众号、"党团员志愿服务站"

等多种渠道，在线上、线下广泛收集居民需求。H 社区通过社区居民服务中心的社工服务专职团队，调查并录入居民需求，制定各类社会工作服务便民方案。引入各类专业志愿服务团队，采取"项目制""积分制""组团式"等方式，为社区居民提供专业、优质、高效的志愿服务，并记录志愿服务时间等数据。依托平常时期建立的信息渠道，收集社区突发事件发生和发展过程中产生的各类数据，并对其进行大数据分析，能够为突发事件的研判处置提供精准支持，也为灾害事件中信息的有效传递提供了数据动力。

3. 整合机制

H 社区转变工作理念，引入 C 市品牌枢纽型社会组织——C 市社会组织联合会运营社区居民服务中心，孵化并培育服务、公益、兴趣等类型的社区社会组织 50 余家。这些社区社会组织负责人和员工大多以驻区单位骨干、退休干部、社区居民中热心公益的人士为主，本身具有较丰富的社会资本，在自身熟悉的小区、楼宇、商圈等社区"最后一公里"的范围内发动热心公益的人士和志愿者参与韧性社区建设。社区社会组织、志愿者队伍依托自身资源配合 C 市社会组织联合会，共同实施社区营造项目推进韧性社区建设，帮助 C 市社会组织联合会联系驻区单位、社区居民等。C 市社会组织联合会基于这些社区社会组织增加了自身的社会关系网络，与更多热心公益和志愿服务的人士建立了联系，并发动他们参与学习社区安全与应急的知识、技能，参加社区院落消防安全培训会，配合社区非法群租房排查和汛期安全隐患排查工作等。这些热心公益和志愿服务的人士再将社区安全相关知识等传播给他们的社会网络，形成了扩大效应，聚合了更多的主体参与韧性社区建设，实现了将韧性社区建设的责任、理念、资源等下沉到小区、单元、楼宇，以及实现了社区自我管理、自我服务，做到应对突发事件人人有责、人人尽责。良好的整合机制重组了社区多元主体责任、价值理念、资源等，降低了"嵌入"式工作机制中外来品牌社会组织与其他主体的沟通成本，破解了外来品牌社会组织人员有限的难题，提升了韧性社区建设成效。

4. 协调机制

C 市社会组织联合会作为外来社会组织，尚未与 H 社区的驻区单位、社区居民等建立社会关系，推进发动热心人士、志愿者队伍等工作进展缓慢。经与社区协商，由社区联系并协调驻区单位和社区居民与 C 市社会组织联合会建立沟通渠道，引导 C 市社会组织联合会发动热心人士与志愿者队伍。在社区协调下，C 市社会组织联合会发动多家驻区单位骨干、退休干部、社区居民，发起并成立了社区企业 S 公司，以解决居民生活需要供给不平衡、不充分的问题。例如，针对辖区居民"买菜难、买菜贵"的问题，S 公司引入 X 食品有限公司的社会组织，直销基地蔬菜，使社区居民得到"新鲜到家"的实惠，同时保证了风险防控期间蔬菜等的充足供应，保障社区居民的生活需要，为社区应急管理提供必要的支持。良好的协调机制有效消除了社区社会组织与不熟悉的驻区单位和社区居民之间的陌生感，扩大了社区社会组织链接资源的规模，促使更多热心人士、志愿者等共同参与韧性社区建设。

5. 信任机制

C 市社会组织联合会及其孵化培育的相关社区社会组织成员通过自身社会关系网络，与熟悉的驻区单位、社区居民合作，规范开展韧性社区建设活动并取得了良好成效，发动了 A 医院、B 企业等 5 家驻区单位共 80 余名急救、消防、水电、法律等方面专业人员成立 6 支志愿者队伍服务于韧性社区建设，如引入消防专家开展应急救援演练，宣传急救知识、提升社区居民自救互救技能；携手幼儿园开展亲子消防培训应急演练活动；开展防灾减灾宣传活动；进行院落安全巡查；开设"四点半"学校，开展社区公益托管，解决居民子女放学后无人看管，容易发生安全事故问题等。受益的驻区单位和社区居民宣传发动自身社会关系网络参与防灾减灾等，使更多驻区单位、小区院落、小区楼栋参与到韧性社区建设，扩大了社会组织的社会网络。社会组织与驻区单位、社区居民形成互惠共生格局，有效提升了社区韧性，社区连续 10 年没有出现突发性事件、重大刑事案件等。通过建立信任机制，C 市社会组织联合会及其孵化、培育的社区社会组织扩大了社区支持网络，更好地适应了社区"熟人社会"，链接了更多资源，提升了韧性社区建设成效。

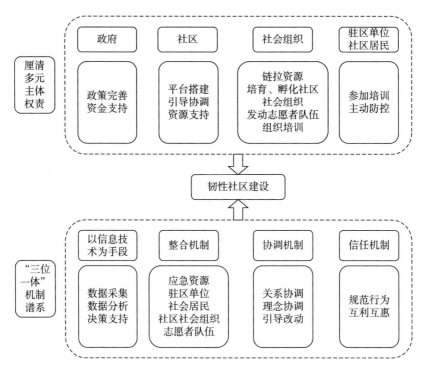

图 3　社会组织参与韧性社区建设整体性工作机制

资料来源：本图由作者自己绘制。

（三）社会组织参与韧性社区构建成效

C 市社会组织联合会在社区引导和支持下通过韧性社区建设整体性工作机制，孵化、培育本地社区社会组织以链接政府、驻区单位、居民等资源，增强了社区组织结构韧性，提升了运行秩序韧性、抗压能力韧性和种群关系韧性。

一是增强了社区组织结构韧性。外来品牌社会组织及其孵化、培育的社区社会组织作为社区治理重要主体，带动了驻区单位、社区居民等社区主体协力建设韧性社区，完善了社区治理工作体系。外来品牌社会组织和社区社会组织依托专业优势参与社区服务，壮大了社区服务队伍，健全了社区工作网络。二是提升了社区运行秩序韧性。H 社区引入的外来品牌社会组织结合工作实际，围绕推进社区应急管理，梳理社区应急管理短板，向有关部门提供了改进应急管理工作的专业建议，如应急服务制定标准，还协助完善社区应急管理工作规划、方案等制度安排，促进应急救灾等工作更有序运行。三是提升了社区抗压能力韧性。社会组织链接政府、企业、消防等各类资源，引入专家为社区居民提供常态化防灾减灾专业培训和实务培训，并依托机构专业资源，配合政府对社区空间设施、基础设施等进行改造或完善，开展数据摸排、心理援助等社区防灾减灾专业服务，提升了社区多元主体抗压能力。四是提升了社区种群关系韧性。社区社会组织在增进邻里关系，回应民生所需，激发基层活力，重构"熟人社会"等方面发挥了作用，为基层社会注入了活力。社区有依赖地缘、亲缘、人缘等天然社会关系而形成的传统"熟人社会"，外来品牌社会组织孵化培育的社区社会组织作为社区"熟人社会"网络的一分子，是联系社区居民的重要纽带，起到了化解社会矛盾、协调社会关系、防范社会风险、实现良好社会治理、构建包容性社会等方面的重要作用。

五 社会组织参与韧性社区建设的路径选择

当前社会组织参与韧性社区建设取得了一定成效，但是还不能完全破解韧性社区建设"碎片化"问题。本研究以 C 市 H 社区的韧性社区建设创新实践工作为研究对象，研究社区引入外来品牌社会组织，孵化、培育本地社区社会组织共同参与韧性社区建设的工作策略，发现通过引入外来品牌社会组织孵化培育本地社区社会组织，共同参与韧性社区建设，能够有效扩展外来品牌社会组织的社会网络，整合多元主体参与韧性社区建设，提升社区社会组织链接各方资源成效。具体可以从以下三个方面进行。

（一）加强社区社会组织孵化培育

一是强化地方各级民政部门、镇（街道）的认识，完善社区社会组织孵化培育支持政策。落实民政部门、镇（街道）、社区工作责任，为社区社会组织发展提供政策支持和资源保障。落实分类登记管理要求，符合条件的社区社会组织要依法登记，对未达到登记条件的社区社会组织，制定并完善有关管理工作规程，指导镇（街道）、社区落实相关要求。

二是推动社区成立社区居民服务中心等支持平台，引入外来品牌社会组织运营，孵化培育本地社区社会组织，通过社区基金等支持相关社区社会组织开展应急救援培训、排查登记、调解矛盾、防灾减灾宣传、院落检查等活动，充分发挥社区社会组织熟悉本地环境、后勤自给、保障便利等优势。

三是提升有关社会组织能力。通过引入外来专业社会组织、有关专家等举办示范培训、网上课堂、新媒体教学等多种方式，面向镇（街道）民政助理、社区工作者、相关社区社会组织负责人、社区社会工作者、社区志愿者等，广泛开展应急救援、安全培训、应急互助、安全友好社区营造等能力培训。通过加强社区宣传、开展业务培训、组织应急演练等方式，提高社区社会组织协同应对自然灾害、事故灾难、公共卫生、社会安全等突发事件的水平，以及参与平安社区建设、和谐社区建设的能力。

（二）加快信息技术推广应用

打造有效的信息技术载体。在韧性社区整合资源、自我恢复、自我适应的过程中，以大数据、互联网等信息技术为载体，实现数据采集、数据沟通、数据决策、数据监督、数据应急等。

一是借助智慧治理平台，及时汇集更新居民、志愿者、社会组织、物业、商家及企业等主体的资源信息和需求信息，并在危机时期为社区应急管理提供必要的资源与支持，从数据支撑上实现"以防为主、防抗救相结合"。

二是通过社区自身和第三方评估形成风险地图，摸清社区内资源禀赋、人口结构、空间布局等情况，通过大数据、互联网等方式持续收集、监测社区风险数据，如社区偏狭角落安全情况、鳏寡孤独健康情况等，为风险预警和应急决策提供依据，实现"常态减灾和非常态救灾相统一"。

三是外来品牌社会组织与社区社会组织通过 QQ、微信、互联网等技术实现实时互联互通，共享数据信息，相互支持，扩大彼此的社会网络。

（三）加大镇（街道）和社区对社会组织的支持

一是引导社区搭建平台支持社会组织。落实镇（街道）职责，推动镇（街道）以政府购买服务资金项目等形式积极支持社区成立社会组织支持平台，引入品牌社会组织运营。推动社区通过支持平台向驻区单位、社区居民宣传有关品牌社会组织，推动品牌社会组织发动更多热心公益的人士和志愿者，孵化、培育更多本地社区社会组织，从而扩展品牌社会组织的社会网络，使其有能力发动更多群众构建人人有责、人人尽责的社区治理共同体，共同参与韧性社区建设。

二是加强社区对有关社会组织的资源支持，通过社区基金、设施提供等支持外来品牌社会组织孵化培育社区社会组织，通过项目活动方式加强社区社会组织服务时间和规模，从而增进与社区居民和驻区单位联系，进而增进社区其他主体对社区社会组织的信任和支持，其他主体在此基础上给予社区社会组织人力、物力、财力等资源支持。

三是发挥镇（街道）、社区引导协调职能。推动社区成立社区党委领导，驻区单位负责人、外来品牌社会组织负责人、热心公益的人士等参与的协调机构，为外来品牌社会组织与驻区单位、小区院落、商圈楼宇之间建立常态化联系渠道。镇（街道）、社区推动社区社会组织与驻区单位、社区居民等的合作，推进社区、社会工作者、社区志愿者、社区社会组织联动，构建彼此联结、共同工作、风险共担的社区社会网络。

【参考文献】

陈锋，2020，《悬浮的社会组织》，《文化纵横》第 6 期，第 79 页。

胡象明、唐波勇，2010，《整体性治理：公共管理的新范式》，《华中师范大学学报》（人文社会科学版）第 1 期，第 13 页。

嵇欣，2018，《当前社会组织参与环境治理的深层挑战与应对思路》，《山东社会科学》第 9 期，第 121 ~ 127 页。

孔新峰、褚松燕、邓名奋，2011，《论减灾救灾中的社会联动参与机制》，《中国行政管理》第 9 期，第 18 ~ 21 页。

刘蕾、赵雅琼，2020，《城市安全应急联动合作网络：网络结构与主体角色——以寿光洪灾事件为例》，《城市发展研究》第 3 期，第 91 ~ 99 页。

民政部办公厅，2020，《培育发展社区社会组织专项行动方案（2021—2023 年）》。

R. E. 帕克、E. N. 伯吉斯、R. D. 麦肯齐，1987，《城市社会学》，宋俊岭、吴建华、王登斌译，华夏出版社。

陶鹏、薛澜，2013，《论我国政府与社会组织应急管理合作伙伴关系的建构》，《国家行政学院学报》第 3 期，第 14 ~ 18 页。

吴晓林、谢伊云，2018，《基于城市公共安全的韧性社区研究》，《天津社会科学》第 3 期，第 87 ~ 92 页。

习近平，2017，《决胜全面建成小康社会 夺取新时代中国特色社会主义伟大胜利——在中国共产党第十九次全国代表大会上的报告》。

徐家良、张圣，2020，《中国疫情防控多主体关系的动态诠释》，《上海交通大学学报》（哲学社会科学版）第 5 期，第 47 ~ 58 页。

易承志，2014，《社会组织在应对大都市突发事件中的作用及其实现机制》，《中国行政管理》第 2 期，第 60 ~ 64 页。

竺乾威，2008，《从新公共管理到整体性治理》，《中国行政管理》第 10 期，第 52 ~ 58 页。

Bruneau, M., Chang, S. E., Eguchi, R. T., et al., 2003. "A Framework to Quantitatively Assess and Enhance the Seismic Resilience of Communities. " *Earth-quake Spectra* 19 (4): 733 – 752.

Geis, D. E. 2000. "By Design: The Disaster Resistant and Quality-of-Life Community. " *Natural Hazards Review* 1 (3): 151 – 160.

Kulig, J. C. , Edge, D. S. and Joyce, B. 2008. "Understanding Community Resiliency in Rural Communities through Multimethod Research. " *Journal of Rural & Community Development* 3 (3): 77 – 94.

中国第三部门研究　第 21 卷
第 144～165 页
© SSAP，2021

社会服务评估的实证主义危机及其范式转换

——基于对 X 项目评估结构与过程的实践研究 *

杨威威　吉帅帅　严骏夫 **

摘　要： 第三方评估逐步作为社会治理创新的制度要件而出现，有助于破解具体的社会服务项目运作情境中政社合作难题。当前第三方评估主要采取实证主义评估范式开展实践，强调自身的独立性、专业性与权威性。然而，基于对 X 项目评估实践的结构与过程研究，发现实证主义评估范式受制于如下悖论，即为了追寻独立性、专业性与权威性而将评估视为描述与评价项目绩效的工具，但因为社会服务绩效的模糊性和组织间利益而难以实现其工具性目标，进而引发对评

* 基金项目：教育部人文社会科学研究规划基金项目"组织再造与网络互动：城乡社区治理组织体系研究"（项目编号：20YJA840008）；国家社科基金重大项目"中国特色社会体制改革与社会治理创新研究"（项目编号：16ZDA078）。

** 杨威威，华东理工大学社会与公共管理学院博士生，主要从事基层社会治理创新与社会体制改革方面的研究，E-mail：weiyvip@163.com；吉帅帅，中建科工集团有限公司北方大区党委办公室行政秘书，华东理工大学社会工作专业硕士，主要从事社会工作实务方面的研究，E-mail：1054493294@qq.com；严骏夫，上海应用技术大学人文学院讲师，华东理工大学社会学博士，主要从事基层社会治理项目制、第三方评估等方面的研究，E-mail：yanjunfu@chinapses.com。

估组织位置与功能的质疑。后续评估应当转向"响应—建构"范式，强调评估的协同性、包容性与批判性，把评估组织建构为社会治理创新的主体，助推政府与社会服务组织塑造出"政社分工与合作"关系。

关键词：第三方评估；社会服务；组织利益；实践研究

一　问题提出：第三方评估的实践问题及其突破

党的十九大报告提出，"在社区治理体系建设中发挥社会组织作用，实现政府治理、社会调解、居民自治良性互动"，强调社会组织参与社会治理的功能。伴随着政社关系进一步调整，社会组织广泛地参与到社会治理创新与社会体制改革任务中。在学术话语中，良好的政社互动模式被概括为"政社分工与合作"，即双方运用各自资源和能力实现合作效益最大化（徐永祥，2006）。在治理实践中，政府通过孵化、培育社会组织，转移非核心政府职能，优化政府购买服务程序等手段来实现目标（徐家良，2016）。

政府与社会组织通过订立合同开展分工与合作，依据各自优势和资源克服公共服务领域的市场失灵、政府失灵和志愿失灵问题（萨拉蒙，2008：18~23）。但是，当前中国地方政府关于政府购买服务的制度设计仍处于起步阶段，存在程序规范低、监督体系不健全、服务效益不确定等问题，导致社会组织在合作中居于附属性位置而缺乏较高的谈判能力和组织能力，产生了服务绩效不佳、公信力较低甚至腐败等问题（周俊，2010；赵环、严骏夫、徐选国，2014）。

为解决政府购买服务制度不健全导致的政社分工与合作难题，第三方评估进入学者和购买方的视野。第三方评估指独立于项目实施团队之外的评估者（通常是第三方评估组织），利用专业知识和技能系统来评定项目绩效，以保证服务专业性与改进服务质量，以此彰显公共财政的支出绩效（赵环、徐选国、杨君，2015）。

然而，第三方评估组织在嵌入政府（委托方）与社会服务组织（代理方）的关系过程中欠缺合法性基础（徐选国，2017），需要争取政府对评估机构的信任进而决定是否购买评估服务。在争取过程中，评估组织需要向政社双方彰显自身的独立性、专业性和权威性（石国亮，2012）。欠缺合法性基础的嵌入过程往往面临如下问题：欠缺制度性进入通道导致入场困难（潘旦、向德彩，2013；赵环、严骏夫、徐选国，2014），评估工具管理主义色彩浓厚而侵蚀伦理价值承诺（韩江风，2019），与其他主体协同力度与沟通水平不足（徐双敏、崔丹丹，2016；尹阿雳、赵环，2018），评估报告制定受制于购买方意志而难以发挥实质性效用。长此以往，第三方评估组织将逐渐成为政府的"治理工具"，而难以彰显独立、公正、客观的第三方属性（高丽、徐选国，2019）。

如何突破实践困境成为本文的问题关怀，既有研究从"结构—制度"角度解释第三方评估组织的实践难题，但却忽视评估组织采取的评估方法及其实践范式。为此，本研究依托"范式"视角，首先，总结提炼上述不同学者关于"第三方评估"的基础共识——实证主义评估范式。其次，以陷入困境的 X 项目评估实践案例来呈现实证主义范式造成实践困境的影响机制。最后，引入新近评估理论——"响应—建构"评估范式来反思该案例，并结合我国特殊性社会治理创新情境，对未来第三方评估组织实践提供理论启迪。

二 实证主义范式的评估角色、构成要素与实践方法

虽然当前第三方评估日益成为政府购买社会服务的必要环节，但评估组织在开展具体评估实践中往往需要将自身建构为具有独立性、专业性和权威性的参与主体，以此获得政府与社会组织的认同。通常而言，第三方评估被赋予确认项目绩效、改善项目设计、提供解决办法、提高项目质量和扩散项目影响等期待，而这些功能的实现则依赖于对项目实际状态的准确把握。因此，实证主义的评估范式逐步成为第三方

评估实践的主要选择。

(一) 评估角色：独立性、专业性与权威性

实际上，独立性、专业性和权威性三者的内涵为实证主义精神，评估组织力图契合现代社会对管理活动科学化要求的趋势，将自身评估流程与方法不断科学化 (李新春、胡晓红，2012)。实证主义评估范式宣扬的独立性、专业性和权威性在具体实践中体现为，首先，独立性强调的是评估者的利益无涉，以此作为评估的伦理。其次，专业性意味着评估活动能够借助专业工具与流程，从而"如实"地呈现项目绩效并评价项目绩效的完成程度与效率。专业性指代的是评估活动的能力条件，其前提是认为项目绩效是客观且真实的。最后，借助评估者所展现出的伦理观念和评价能力，评估所给出的评估结论是具有权威性的，即相较其他主体，评估组织拥有更好地还原项目真实绩效的伦理与能力。

实证主义评估范式把评估视为能够反映项目客观真实绩效的工具，它只是帮助项目相关方还原并呈现真实世界，并不以主体形式介入双方互动中。

(二) 实证主义评估范式的构成要素与实践方法

那么，在保证自身独立性的前提下，评估组织如何进行专业评估并出具权威的评估报告？从本质而言，评估意味着通过全面收集关于评估对象的各项信息，并根据相关标准判断结果与导向的拟合程度，其内在包含五大构成要素，即评估目标、评估数据、评估举措与方法、评估结果、评估结果展示和运用 (Öztürk，2009)。具体而言，实证主义采取如下评估方法。

首先，评估组织需要确定自身的评估目标，以此确立搜集信息的来源及评价基准 (万仞雪、林顺利，2014)。在社会服务项目制中，评估的直接目标是考察服务项目目标的实现程度，以此间接评估社会组织

的专业能力与执行水平。

其次，评估组织需要找寻展演信息的载体，用于测量、描述和评价项目真实性绩效。为避免来自其他主体的独立性质疑，评估者倾向采用数字形式来展现评估信息及出具评估结果（朱晨海、曾群，2009），这也有助于使评估结果更加直观，更容易为政社双方所理解。

再次，当评估者进入到评估任务中，他们需要借助评估工具开展评估来减少主观阐释的空间，从而彰显自身的专业水平。同时，这也有助于收获政社双方对评估者的信任，专业评估工具的掌握与使用也在一定程度上说明了评估组织的不可替代性。为此，当前评估专家开发了一系列评估工具以应对诸多评估具体事务，例如满意度评估、成本效益分析（方巍、祝建华、何铨，2012：284～286、313）、影响度评估（罗希、李普希、弗里曼，2007：42）、需求评估（金斯伯格，2013：42）。借助评估工具，评估者能够客观地围绕服务项目绩效把握多层次内容，并将其评估结果汇总起来形成专业的评估报告。

最后，评估者需要出具评估结果，向评估委托方、被评估方和社会大众说明社会服务项目的全方面绩效（徐双敏，2011）。面对跨领域的多元主体，评估组织需要使评估结果的展现形式清晰化和简单化。但是，评估组织并不具有权利来运用评估报告，服务项目委托者依据评估报告来问责或奖励服务项目承担者，服务项目承担者能够借助评估报告进行组织内自我评估和改善。

实证主义评估范式强调的独立性、专业性和权威性，是建立在"现实世界是可以被认识的"本体论假设之上，但是，是否真的具有客观实在的经验世界？评估组织能否严格践行科学评估程序与工具，从而扮演独立、专业和权威的第三方？下文通过考察一个评估组织基于实证主义范式开展评估的具体案例，通过分析评估结构与过程和评估结果间的联动机制来反思实证主义评估范式开展的条件与限度。

三 陷于利益与模糊性之间：实证主义评估范式的危机

（一）案例背景

近年来，位于长三角的宁市大力推进社会治理创新，宁市的桥街道开始探索通过政府购买服务方式引入社会服务组织来提供社区综合服务。在城乡一体化的进程中，桥街道在 2014～2017 年建设梧桐社区以吸引辖区内因土地流转或集中整治而失去原有住址的村民前来入住，并配套建设街道大型社区党群服务中心。在此背景下，宁市民政局于2016 年 3 月给桥街道提出创新任务，希望其能够打造出工作亮点，帮助宁市申报"省级社区治理和服务创新试验区"项目，而这个项目会在 2018 年 8 月完成验收工作。受制于人员编制缺乏与社会治理知识及经验不足，桥街道试图引入社会组织 X 入驻党群服务中心开展社会服务，依靠社会组织之手帮助打造创新亮点，解决辖区流动型社区治理问题。宁市的法规政策与桥街道和 X 组织订立的合同文本，均没有要求项目绩效应由第三方评估组织评估，评估组织 D 是在项目执行中期由于政府与社会组织合作失灵，方才被政府委托前来开展评估。评估组织 D 介入评估不具有合法性的制度支撑。

从方法论而言，个案研究追求的是"类型代表性"，借助分析性扩大化的推理，由个案分析归纳总结一般性结论。本案例集中体现了既有研究探讨的关键理论要素，即评估组织介入欠缺合法性支撑，评估组织力图采用实证主义评估范式证明自身的"独立性、专业性、权威性"，然而最终其并未达成实践目标。理论与实践的悖论有助于我们反思实证主义评估范式，分析此范式运用的技术与结构性条件，并思考在当前社会治理创新背景下如何更好地发挥评估组织主体作用。

（二）民政引荐、街道购买和明星服务项目

桥街道领导欠缺城市管理经验，且宁市缺乏具有专业资质的大型

社会服务组织。在这种条件下，桥街道委托市民政局在外出考察过程中帮助寻找有能力托管街道党群服务中心的专业社会组织。

接受桥街道的委托后，民政局书记 F 在外出考察过程中帮助其寻找到位于兴市的社会组织 X。X 组织成立于 2009 年，组织与负责人多次获得国家级、省级和市级荣誉，在业内具有较高的声誉。于是，书记 F 和副书记 G 在 2016 年 5 月底，赴兴市洽谈街道和 X 组织的合作事项。在洽谈过程中，X 组织一再表示推辞，认为 X 组织并不了解宁市情况，无法帮助桥街道在短时间内实现社区治理创新绩效。

面临紧迫的创新任务，桥街道与民政局无暇寻求备选组织，竭力劝说 X 组织接受此合作事项。于是，X 组织负责人 D 女士答应合作，在倾听需要完成的社区治理事项后，提出 89 万人民币报价，然而 G 认为价格过于昂贵，于是第一次洽谈作罢。桥街道在返回后无力寻求具有专业资质的大型社会组织，只得与 F 重赴兴市与 X 组织洽谈合作事项，此次桥街道系统地梳理了社区治理创新的任务，即托管党群服务中心，提供社区服务，孵化、培育社区社会组织，促进居民融合。在倾听具体项目任务后，D 女士提出需要上涨项目费用到 92 万元，因为相比上次项目策划可能需要增添 1 名员工。最终于 2016 年 6 月 15 日第二次洽谈后，X 组织系统地梳理了桥街道项目需求并制定了项目合同文本，与桥街道签订了服务合同，项目周期为一年。需要注意的是，服务项目并非经过严格的需求调研得出，而是根据桥街道提出的创新任务需求策划而成。

2016 年 8 月，宁市开始新一轮街镇、村社干部换届工作。原街道副书记 G 升任街道主任，而新到任的 Q 任街道副主任并兼任梧桐社区书记，由街道委派与 X 组织进行对接并负责社区治理创新工作。受制于工作交接不顺畅及党群服务中心空间尚未装修完毕，X 组织并未开始入驻执行项目。2017 年 2 月，桥街道党群服务中心装修完毕，X 组织入驻开展工作，所签订的服务合同文本正式生效，项目执行时间为 2017 年 2 月至 2018 年 2 月。

笔者通过研究合同文本，发现合同内容共有如下特点。一是项目结构松散，项目内容仅是将桥街道创新要求具体化，缺乏系统的实务框架以将其整合，可能导致碎片化的项目执行。二是服务内容模糊，很多活动并未规定活动次数，部分内容更多的是"概念性"要求，如此会给寻求评估标准带来挑战。三是服务内容未竟性，合同具体标的中大量出现"包括但不限于"字眼，这便给项目执行和评估带来较大的不确定性，难以明确评估对象。

（三）合作失衡、信息通道堵塞与评估组织入场

X 组织入驻后开始执行合同规定内容，此举招致 Q 的不满，Q 并不希望 X 组织依据服务合同独立于街道开展工作，一是所订立的合同内容不接地气，建议 X 组织重新摸排社区需求；二是希望 X 组织立即开展一些具有广泛舆论影响力的社会活动，作为日后宁市接收验收的亮点材料；三是 X 组织日常工作汇报过于简化，使得作为分管领导的 Q 无法了解 X 组织的日常工作，难以在市级领导询问进度时予以汇报。

X 组织后期根据 Q 的建议调整了自身的实践策略，开始进行社区需求调研，举办多个大型社区活动，强化与分管领导沟通等，试图维持与 Q 的合作关系。然而出于控制项目执行成本的原因，X 组织不同意重新制定项目内容。此举虽然赢得了 Q 的部分认可，但是 Q 仍然不重视履行合同文本。

2017 年 5 月，桥街道接到了宁市民政局通知，准备相关材料迎接 HD 大学调研工作，这给 Q 带来不小的压力，她希望 X 组织能够积极配合街道，帮助其"在这一战中赢得漂亮"（Q & 20170902）。X 组织首先开展了几场社区大型服务活动，并对既有三个月的项目经验进行总结提炼，帮助确定桥街道社区治理的独特模式。在此过程中，X 组织认识到项目执行成本与项目完成进度可能会受到影响，于是逐步不愿意听从 Q 的临时性工作安排，转而操作化合同标的并尽力依据合同文本开展工作，此举再次招致 Q 的不满，认为社会组织无力分担工作，也

不能对社会组织真实绩效进行监督。

然而，此时 X 组织已不愿妥协，将自身不断收缩在合同框架内开展服务，双方逐步积累组织间甚至私人间矛盾。可以看出，政社双方矛盾的诱发机制共有两项：不完全合同与低治理权。不完全合同难以提供政社双方合作具有共识性的合作框架，使得双方信息沟通不畅，导致组织间信任水平低下。街道较低的治理权使其面对"自上而下"的任务布置时，时刻想要拼凑资源应对检查、监督和验收工作，试图冲破社会组织专业边界并将其纳入自身资源库中（陈家建、赵阳，2019）。政社双方之间的矛盾呈现为只有分工而无合作的状况，给准备接受调研及最终检查验收工作的桥街道带来巨大压力，特别是对于 Q 而言，她迫切需要辅助力量帮助了解 X 组织真实的实践状况，甚至是驯服社会组织听令于街道。

2017 年 8 月，来自 HD 大学的课题调研组来宁市调研。在走访桥街道时，Q 主任在调研组离别之时，私下询问调研组负责人 Z 能否帮助评估 X 组织的实际工作绩效与项目执行水平，Q 主任直言："我们实在搞不定他们了，他们也不听我的，能不能帮忙想想办法。"（Q & 20180903）恰好课题组 Z 博士为评估组织 D 的主任，双方开始对接合作。

（四）要件缺失、政社博弈与评估入场困难

虽然评估组织 D 承接了桥街道的评估委托要求，但其入场缺乏合法性依据，即桥街道与 X 组织签订的合同文本并无接受第三方评估的要件。合同规定的评估方式为："按照居民满意度调查及市民政部门规定的考核办法进行考核。"合同文本没有说明评估主体，评估内容则虚指为满意度和民政考核办法，评估方式在文本中只暗指为末期评估而并未提及中期评估。

因此，评估组织在入场时碰上了钉子，评估组织 D 与桥街道在 2017 年 10 月方才签订评估服务合同，结合 Q 对评估的要求，评估组织 D 制订了中期评估和末期评估各一次的评估方案。

本次评估负责人 Y 在和 X 组织对接时遇到了预期中的反对，X 组织项目负责人 J 认为该项目服务合同评估主体是民政局而非评估组织，合同文本中只有末期评估并无中期评估。Y 向 J 陈述两点内容以争取 X 组织接受评估，一是竭力说明自身独立性、专业性和权威性，向其说明既有开展的评估业务从来不是跟随政府意志进行评估，而是尽可能利用专业理论和知识，从客观实际着眼；二是转达了街道要求，只有接受中期评估方才可以拿到第二批 40% 的项目拨款。X 组织接受了评估，但是希望给出准备时间。

在桥街道和 X 组织陷入组织间矛盾，二者围绕自身利益均对评估组织富有期待而又具有抵触情绪时，评估组织只能不断重申自身的独立性、专业性和权威性，积极准备入场，在反复沟通后方才确定 2017 年 11 月 14 日为中期评估时间。

（五）标准模糊、数据采集困难与评估实践挑战

评估组织 D 在入场后遭遇诸多技术难题。评估最核心的是依据评估方法采集评估所需数据，并与标准进行对照从而得出评估结果。然而由于缺乏"前置评估"，评估组织无法拥有明确的初始基准，部分合同条款也具有较高模糊性而难以指引采集数据。因此，评估组织只能将既有合同文本的内容作为数据采集标准和评估基准。

首先，部分合同内容没有呈现所要求清晰性、操作性和指标性的标的，标的大多是模糊的事实描述，如"居家养老服务照料中心服务满足各层次老年人需求……居家养老服务中心建设水平位居全市前列"，未言及具体服务内容构成与次数。其次，部分合同内容要求的标的是"理念性"标的，无法有效操作化，例如，"推进社区参与，培育社区活力"。这份合同给评估组织带来不小的压力，即合同内容难以操作化为指标体系，欠缺评估所要求的基准，评估组织面对模糊性的合同实际上具有较大的实践风险，即容易遭受"扭曲项目"的责难。

面对挑战，评估组织将自身评估实践维度划分成两项：是否履约与是否专业。前者是在实然层次上检查服务记录，评估 X 组织是否做过相关活动；后者在履约基础上，评估报备材料的活动方案设计及其执行质量。

"是否履约"对应的是合同活动次数，在合同中有些标的是清晰界定数量的，如"完成 10 场志愿者培训"，这便提供明确的评估基准；而针对未经过清晰界定次数的标的，评估组织只能"一次便算达标"，借助后期财务审查辅助评估项目执行完整度。

"是否专业"对应的是项目执行质量。依据评估理论，需要评估活动理论基础、活动设计、活动成效、项目自评各项内容，利用满意度调查、不定时监测和实务者访谈等手段开展。然而，由于评估组织 D 是后续才进入的，而在其进入之前活动策划和执行大多数是街道与 X 组织口头商定并执行的，未留下过多的书面文字记录，导致评估掌握的数据缺乏完整性。面对 X 组织文字资料所建构的"客观真实性"，评估组织试图剑走偏锋强调"满意度调查"的指标权重，但由于居民欠缺享受服务经验，不具备相对评价基准，因此给出较高的满意度打分。

实证主义评估范式得以实现的前提是能够依据广泛信息基础，还原"客观真实"的项目绩效，以保障评估在独立性前提下实现专业性和权威性。换言之，即便面对信息不足困境，评估组织也必须把自身信息阐释降到最低水平，不允许评估者将自身主观意志过多地带入进来。

最终，评估组织在桥街道与 X 组织协商的情况下，推进合同文本条款量化为 1000 分的评估量表，且确定了 X 组织最终执行分数为686.6 分。

（六）低治理权、规范缺位与"无用"的评估结果

评估组织最终于 2018 年 1 月底出具末期评估报告，以此作为街道是否足额发放 X 组织终期 20% 项目拨款的依据。根据一般数理逻辑来看，686.6 分不到 1000 分的 70%，仅刚刚及格。按照原有评估经验，X组织是不能拿到足额的项目款项的。

合同文本关于最后 20% 的拨款是如此设定，"剩余 20% 待合同期满，通过甲方考核评估后由村（社区）财务部门在 10 个工作日内支付相应款项。甲方需审核以下材料：乙方需提供正规发票原件、项目开支明细表等资料"。可见，合同中关于末款发放仅关联财务规划化水平，和项目执行质量无关。

Q 拿着评估组织 D 出具的末期评估报告，交由现任街道主任 G，询问进一步行动方案且是否足额拨款。G 阅读评估报告，坚定地说"还能怎么办，拨钱"。于是，即便 X 组织的评估分数仅达到及格水平，但却拿到足额项目经费。Q 将其归因于评估组织 D 所出具的评估结果无用，她试图通过评估方来削减项目拨款，但评估组织只有基于现实项目绩效的评估权，而无权干预桥街道如何使用评估结果。

（七）世界何以所是："客观实在性"抑或"利益模糊性"

实证主义评估范式确立前提是将世界视为客观实在的，只有如此，评估组织才能在保证自身独立性前提下运用专业理论和方法，予以认识与评价客观实在的项目执行过程及其绩效。

然而在本案例中，评估所期待的"客观实在性"并未成为现实，反而遭遇种种考验，一是受到社会服务绩效模糊性的影响，作为评估标准的服务合同的具体内容和评价标准均具有模糊性，不利于评估组织建立客观的指标、基准和搜集评估数据。但是，这并非 X 组织道德投机导致的，而是社会工作与社会服务的本质使然，社会工作服务在真实的社会生活中展开，缺乏严谨需求评估而依据创新意志所订立的合同，必然是基于有限理性（西蒙，2017：89～113）的"不完全合同"。

二是受到组织利益影响，政府与社会组织有着各自组织利益和行动取向。围绕合同，政府试图运用有限的项目经费要求社会组织做无限的事情，尽可能获得对社会组织的控制权；相反，社会组织是尽可能收缩自身职能范围，以降低成本损耗率。虽然既有研究认为中国政社关系更多体现为"依附式自主"状况（王诗宗、宋程成，2013），但是本研究的社会组织对尚处于社会治理初期的桥街道而言，是典型的稀缺性资源，并不能够简单套用这个范式进行研究。而且，随着更多地方政府开始重视创新社会治理，具有资质的大型专业社会组织在跨地域服务过程中未必就一定显示为弱势地位，相反能够基于合同文本平等地与政府展开合作与协商。

实证主义评估范式要求保证自身独立性、专业性和权威性，将自身评估对象局限于项目绩效上，立足在"购买方—委托方"的关系框架中实现自身价值诉求。但是，在评估实践过程中，项目绩效从来不是等待被发现和评价的客观实在，相反受到组织利益和绩效模糊性影响而晦暗不清，动摇了评估结论的权威性根基，深刻地阻拦实证主义评估范式的实践。

四 承认利益与模糊性："响应—建构"
评估范式的反思重构

一旦我们认识到现实世界不再是等待被发现和评价的客观实在，那么实证主义评估范式就会陷入本体论危机。现实更多体现为一种天然的模糊性，在此背景下，人们选择创造意义并努力将其变为现实，驱使人们实践的动力是各自利益取向。那么评估如何系统性地完成自身的范式转换以更好地回应现实设定？

（一）重思评估的现实世界：利益与模糊性的建构

实证主义评估范式狭义地定义自身的评估对象，并在一种假设的封闭任务环境中追寻客观、中立地认识和评价项目绩效。但是，项目嵌入"社会—政治—文化"系统中，同样也嵌入"购买方—服务提供方—服务受益方"主体间关系中，这构成了评估不可忽视的现实世界，它们提供评估基础性的结构条件并影响着具体评估实践。

首先，社会服务绩效并不具有绝对的客观真实性，其本身是建构的产物。服务绩效从本初而言具有模糊性，评估者借助评估工具与方法来还原和建构项目绩效，更换评估工具和评估对象可能会带来不同的评估结果（罗伊斯，2007：284~295）。模糊性为利益相关者提供了机会空间，他们各自基于自身利益解读项目执行绩效（朱健刚、陈安娜，2013），如若缺乏明确的评估基准或标的，实证主义评估范式出具的结果难以获得利益相关者的认同。

其次，评估所涉及的主体是利益相关者关系（Torres et al.，2000），评估是具有"外溢性"的实践活动，评估结果的出具和运用会使诸多主体的利益卷入其中。行动者出自各自利益开展互动，并不会因为所谓"客观真实"的评估结果而真正达成共识（Albæk，1998），进而有效率地分工与合作。因此，如果评估组织在过程中忽视协调利益相关者的主张、焦虑和争议，而只是追求"客观真实"的评估结果，评估结果就往往难以被理解和运用，最终导致"无用的评估结果"（Liket，Bey-Garcia and Maas，2014）。

（二）面向利益与模糊性："响应—建构"评估范式的评估角色、构成要素与实践方法

1. "响应—建构"评估范式的评估角色：协同性、包容性与批判性

那么如何评估充斥模糊性与利益性的社会服务项目？"响应—建构"评估范式有望解决这个难题，"响应"指代的是评估所需要的态度和实践逻辑，即重视利益相关者所提出的观点，借助协商谈判过程反思重构评估信息搜集、汇总和判断工作。而"建构"指代的是评估方法论，其并非诉诸运用普遍性的知识体系套裁所面临的真实评估情境，相反，试图发现评估情境真实的局部意义及其针对性的解决方案（古贝、林肯，2008：1~21）。

因此，"响应—建构"评估范式并不追求独立性、专业性和权威性的评估角色设定，相反力图让自身具有协同性、包容性和批判性。在"响应—建构"评估范式指引下，首先，评估组织力图将自身主体化，

并不满足针对服务项目绩效出具评估结果，相反试图积极嵌入政社关系中并成为二者的协调者，协同政社双方克服"行话障碍"，得以顺利交流互动（协同性）（Keatinge et al.，2002）。其次，这便要求评估组织应当祛除"专业性"的魅惑外衣（Brooks，Davies and Twigg，2013），不能将自身视为行业专家并独立地依据专业知识设计评估方案，相反应当仔细了解利益相关者的想法，以便开发更符合情境的评估方案（包容性）。最后，评估组织应当在整体评估过程中保持批判性，需要批判反思的内容包括评估者既有的知识储备和评估经验，社会服务项目绩效水平的生成性原因，政社合作的"社会—政治—文化"的各项条件，其核心目标在于推进政社双方能够更好地基于共识展开信任性合作（Trochim，2009）。

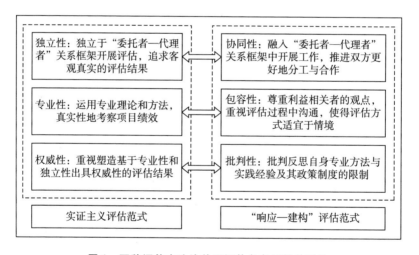

图 1 两种评估方法论关于评估角色属性的对比

2. "响应—建构"评估范式的构成要素与实践方法

在社会治理创新背景下，第三方评估组织介入评估社会服务项目往往在基层社会治理场域展开，即评估在街镇或村社所开展的社会服务项目及社会组织。在基层社会治理的场域，社会组织通常被视为临时性工作力量或社会治理创新成果（黄晓春、周黎安，2017），基层政府较少重视提供社会组织稳定的发展环境，帮助其更好地实现专业优势。

而社会组织又欠缺多元的资源来源渠道，只能秉持"寄居蟹艺术"的实践策略，听从政府意志开展服务，以争取组织生存与发展的空间（邓宁华，2011）。社会组织所面临的生存和发展危机，使其在设计和执行项目服务方案时难以具有自主性，如何推进社会组织表达自身主张、焦虑和意见，成为当前国内评估组织应用"响应—建构"评估范式的首要考虑的问题。

首先，"响应—建构"评估范式的评估目标不再是追求衡量和评价项目绩效，而是试图帮助政社双方表达各自主张、焦虑和争议，借助协商平台帮助双方达成合作共识并找寻合作办法，实现双方达成明确且结构化的合作意向。

其次，这便要求评估组织不能简单运用"定量数据"信息形式，原因是在现实中运用指标进行评估难以获得真实的数据，最终导致定量数据悬浮在真实社会生活上（王雨磊，2016）。新评估范式强调运用多重类型的定性数据，如由文档记录、观察、专业文献、利益相关者的认识和评价、评估者自身的批判认识五部分构成（古贝、林肯，2008：151~154），这些评估数据实际上代表真实性评估过程中的多元社会现实。评估者应当在掌握丰富信息的基础上，借助"三角互证"的方式建构出相对真实的状况，并且在定性数据的帮助下完成深度个案研究，最终得出的结果不仅有助于评价真实的项目绩效，而且有助于帮助政社双方反思影响该项目绩效的变量及其影响机制。

再次，为了获得多元的项目信息，评估者需要秉持一系列程序实现此目标。第一，在订立评估协议时，评估者需要告知委托方评估的本质目标不在于审核项目绩效，而是需要借助评估帮助被评估方更好地发挥优势和资源（Hancock et al.，2007）。第二，界定利益相关者，分别倾听每个利益相关者团体代言人关于项目及其评估意向的认识，并且建立协商平台，推动各个利益相关者团体表达自身主张、焦虑和争议，最终建立具有较高共识性的评估方案和评估结果运用方式，并帮助利益相关者了解彼此的观点（Gonzalez-Urango and García-Melón，2018）。

第三，评估结果出具后，如若政社双方后续仍有意愿继续合作，评估组织则可帮助二者修订或完善服务项目合同，并帮助二者反思既有的合作方式与环境约束，实现后续更好的合作。

最后，评估结果最好采用案例报告形式的评估报告（古贝、林肯，2008：162～163），原因在于案例研究兼具探索性和证实性。案例研究强调将案例嵌入"社会—政治—文化"系统中进行分析，同时重视案例中多元利益行动者的不同声音。其重点回答如下问题，项目是否履约执行及其达标程度？哪些因素促进或阻碍实施？项目相关的利益行动者团体是否具有协作关系？哪些因素阻碍或促进了组织间协作（Spath and Pine，2004）？

评估结果的运用目标也由此改变，不再仅将其作为问责或奖励的工具，而是注重帮助政社双方更好地达成分工与合作（Balthasar and Rieder，2000；Borrás and Højlund，2015）。具体而言，第一，学习如何制定服务项目合同，从而使得合同更具操作性和可行性。第二，帮助政社双方了解彼此焦虑及其原因，并探索如何互惠式合作满足彼此的利益取向。其三，帮助政社双方了解对方的专业优势及其实践所需环境，从而打破二者的知识区隔，建立协商沟通的共同知识库存。其四，帮助政社双方了解合作面对的环境束缚，探索如何更好地协同面对外在压力和不合理指令（Leeuw and Furubo，2008；郭伟和，2016）

就此而言，"响应—建构"的评估范式追寻的是结果真正被理解和运用，而非隐匿于专业黑箱内无反思的运用。如此评估结果运用方式改变了评估"工具"取向，力图把评估塑造成为主体，帮助诸多社会治理创新时代中的基层政社关系达成"政社分工与合作"的状态。

五　结论与反思

当前中国社会治理创新逐步向纵深方向发展，运用政府购买服务制度手段或以临时性手续引入大量社会组织开展服务，实现了服务数量和内容的增长，但也导致监管工作的困难和挑战（Cortis，Fang and Dou，2018）。第三方评估作为政府购买服务制度的配套制度，逐步被各级政府重视和引入。然而在管理主义实践框架和实证主义评估范式夹逼下，评估组织逐步放弃发声，仅追寻出具虚幻的"客观真实"评估结果，导致结果利用率低、存在正当性弱化和制度承认度差等系列问题。借助"响应—建构"评估范式，评估有望从"工具"设定转化为"主体"设定，采用专业知识推进整体性的社会治理创新和社会体制改革，提升自身所处结构性位置的合法性。更关键的是，评估组织能够运用此范式帮助各级政府、社会服务组织乃至居民，能够发声、识别和认识当前充斥模糊性的社会治理领域中的制度和规则，在学习中真正做到意识觉醒，从而更好地表达自身的利益诉求并争取建构基于组织利益基础上的合作共识，实现本真意义上的政社分工与合作。

获益于个案研究方法论，本研究能够全面深入地分析使用实证主义评估范式的案例，以明确在当前社会治理创新时代中评估组织如何更好地发挥其主体作用。然而，本研究也受限于个案研究方法论，因此具有一定缺憾，"响应—建构"评估范式是否有助于达成良好的实践结果？在本项目评估结束后，桥街道更换了服务承担方，评估组织 D 则开始依据"响应—建构"评估范式全流程介入开展评估工作，目前取得良好的阶段性成果。但由于项目尚在进行中而无法衡量总体效益，旨在后续进行深入研究。后期可以系统对比两种评估范式的成效、过程事件与面临的问题，以期能够更深刻地理解社会服务领域中第三方评估的实践目标和实践方法，助力社会治理创新迈向更高水平。

【参考文献】

彼得·罗希、马克·李普希、霍华德·弗里曼，2007，《评估：方法与技术》，
邱泽奇、王旭辉、刘月等译，重庆大学出版社。
陈家建、赵阳，2019，《"低治理权"与基层购买公共服务困境研究》，《社会学

研究》第 1 期，第 132 ~ 155 页。

戴维·罗伊斯，2007，《公共项目评估导论》（第 3 版），王军霞、涂晓芳译，中国人民大学出版社。

邓宁华，2011，《"寄居蟹的艺术"：体制内社会组织的环境适应策略——对天津市两个省级组织的个案研究》，《公共管理学报》第 3 期，第 91 ~ 101 页。

方巍、祝建华、何铨，2012，《社会项目评估》，格致出版社。

高丽、徐选国，2019，《第三方评估组织发展的结构性困境及其生成机制——基于对 S 市的经验观察》，《中国第三部门研究》第 2 期，第 92 ~ 118 页。

古贝、林肯，2008，《第四代评估》，秦霖译，中国人民大学出版社。

郭伟和，2016，《地方性实践知识：城市社区工作者反建制力量的隐蔽领域——基于 B 市莲花社区的个案研究》，《学海》第 2 期，第 143 ~ 152 页。

韩江风，2019，《政府购买服务中第三方评估的内卷化及其优化——以 Z 市 S 区社会工作服务评估项目为例》，《四川理工学院学报》（社会科学版）第 2 期，第 20 ~ 37 页。

黄晓春、周黎安，2017，《政府治理机制转型与社会组织发展》，《中国社会科学》第 11 期，第 118 ~ 138 页。

金斯伯格，2013，《社会工作评估——原理与方法》，黄晨熹译，华东理工大学出版社。

莱斯特·M. 萨拉蒙，2008，《公共服务中的伙伴——现代福利国家中政府与非营利组织的关系》，田凯译，商务印书馆。

李新春、胡晓红，2012，《科学管理原理：理论反思与现实批判》，《管理学报》第 9 期，第 658 ~ 670 页。

潘旦、向德彩，2013，《社会组织第三方评估机制建设研究》，《华东理工大学学报》（社会科学版）第 1 期，第 22 ~ 43 页。

彭亚平，2018，《技术治理的悖论：一项民意调查的政治过程及其结果》，《社会》第 3 期，第 46 ~ 78 页。

石国亮，2012，《慈善组织公信力重塑过程中第三方评估机制研究》，《中国行政管理》第 9 期，第 64 ~ 70 页。

万仞雪、林顺利，2014，《社会工作评估活动理论取向之反思》，《黑龙江社会科学》第 2 期，第 95 ~ 98 页。

王诗宗、宋程成，2013，《独立抑或自主：中国社会组织特征问题重思》，《中国社会科学》第 5 期，第 50 ~ 66 页。

王雨磊，2016，《数字下乡：农村精准扶贫中的技术治理》，《社会学研究》第 6 期，第 119 ~ 142 页。

西蒙，2017，《管理行为》，詹正茂译，机械工业出版社。

徐家良，2016，《政府购买社会组织公共服务制度化建设若干问题研究》，《国家行政学院学报》第 1 期，第 68 ~ 72 页。

徐双敏，2011，《政府绩效管理中的"第三方评估"模式及其完善》，《中国行政管理》第 1 期，第 28 ~ 32 页。

徐双敏、崔丹丹，2016，《完善社会组织第三方评估工作机制研究——基于 5 市调查数据的分析》，《中南财经政法大学学报》第 6 期，第 52 ~ 57 页。

徐选国，2017，《社区公益服务项目第三方评估的"内卷化"困境及其治理》，《中国社会工作》第 4 期，第 26 ~ 28 页。

徐永祥，2006，《政社分工与合作：社区建设体制改革与创新研究》，《东南学术》第 6 期，第 51 ~ 57 页。

尹阿雳、赵环，2018，《审核与增能：社会工作服务机构评估模式的整合升级——基于深圳市社工服务机构评估（2009—2016 年）的经验反思》，《社会工作与管理》第 1 期，第 11 ~ 16 页。

赵环、徐选国、杨君，2015，《政府购买社会服务的第三方评估：社会动因、经验反思与路径选择》，《福建论坛》第 10 期，第 147 ~ 154 页。

赵环、严骏夫、徐选国，2014，《政府购买社会服务的逻辑起点与第三方评估机制创新》，《华东理工大学学报》（社会科学版）第 3 期，第 6 ~ 12 页。

周俊，2010，《政府购买公共服务的风险及其防范》，《中国行政管理》第 6 期，第 13 ~ 18 页。

朱健刚、陈安娜，2013，《嵌入中的专业社会工作与街区权力关系——对一个政府购买服务项目的个案分析》，《社会学研究》第 1 期，第 43 ~ 64 页。

Albæk, E. 1998. "Knowledge, Interests and the Many Meanings of Evaluation: A

Developmental Perspective. " *Scandinavian Journal of Social Welfare* 7 （2）: 94 – 98.

Balthasar, A. & Rieder, S. 2000. "Learning from Evaluations: Effects of the Evaluation of the Swiss Energy 2000 Programme. " *Evaluation* 6 （3）: 245 – 260.

Borrás, S. , Højlund, S. 2015. "Evaluation and policy Learning: The Learners' Perspective. " *European Journal of Political Research* 54 （1）: 99 – 120.

Brooks, M. , Davies, S. and Twigg, E. 2013. "A Measure for Feelings-Using Inclusive Research to Develop a Tool for Evaluating Psychological Therapy. " *British Journal of Learning Disability* 41 （4）: 320 – 329.

Cortis, N. , Fang, Q. , Dou, Z. 2018. "Social Service Purchasing in China: Rationale, Features, and Risks. " *Asian Social Work & Policy Review* 12 （3）: 200 – 208.

Gonzalez-Urango, H. , García-Melón, M. 2018. "Stakeholder Engagement to Evaluate Tourist Development Plans with a sustainable Approach. " *Sustainable Development* 26 （2）: 800 – 811.

Hancock, H. , Lloyd, H. , Campbell, S. , Turnock, C. and Craig, S. 2007. "Exploring the Challenges and Successes of the Lecturer Practitioner Role Using a Stakeholder Evaluation Approach. " *Journal of Evaluation in Clinical Practice* 13 （5）: 758 – 764.

Keatinge, D. , Bellchambers, H. , Bujack, E. , Cholowski, K. , Conway, J. and Neal, P. 2002. "Communication: Principal Barrier to Nurse-Consumer Partnerships. " *International Journal of Nursing Practice* 8 （1）: 16 – 22.

Leeuw, F. L. , Furubo, J. – E. 2008. "Evaluation Systems: What Are They and Why Study Them?" *Evaluation* 14 （2）: 157 – 169.

Liket, K. C. , Rey-Garcia, M. , and Maas, K. E. H. 2014. "Why Aren't Evaluations Working and What to Do About It: A Framework for Negotiating Meaningful Evaluation in Nonprofits. " *American Journal of Evaluation* 35 （2）: 171 – 188.

Spath, R. and Pine, B. A. 2004. "Using the Case Study Approach for Improved Programme Evaluations. " *Child & Family Social Work* 9 （1）: 57 – 63.

Torres R. T. , Stone S. P. , Butkus D. L. , Hook B. B. , Casey J. and Arens S. A. 2000. "Dialogue and Reflection in a Collaborative Evaluation: Stakeholder and evaluator voices. " *New Directions for Evaluation* (85): 27 – 38.

Trochim, W. M. K. 2009. "Evaluation Policy and Evaluation Practice: Where Do We Go From Here?. " *New Directions for Evaluation* (123): 103 – 109.

Öztürk, Veysi. 2009. "Hybrid expert-Fuzzy Approach for Evaluation of Complex Systems. " *Expert Systems* 26 (3): 274 – 290.

中国第三部门研究　第 21 卷
第 166～187 页
© SSAP，2021

基于区块链技术的公益慈善发展研究[*]

许　源^{**}

摘　要：区块链技术作为一项颠覆性新技术，其分布式记账、去中心化、信息不可窜改、智能合约等特征，将赋能公益慈善实现新的发展。基于区块链技术构建公益慈善信息基础设施，打造多利益相关方、多运营维度的公益慈善平台，将解决公益行业信息不透明、运作效率低、社会参与不足等痛点问题，改善公益慈善运作机制。区块链技术赋能公益慈善的具体路径包括：推动公益行业信息公开、重建公益行业信任机制，提升公益行业运作效率、促进公益行业协同治理，实现公益行业多方参与、完善公益行业激励机制。区块链技术将带来公益慈善格局变化，推动政府部门、公益组织、捐赠者等利益相关方采取适应性行为。

* 基金项目：教育部人文社会科学研究青年基金项目"政府购买服务有效促进社会组织发展研究"（项目编号：19YJC810012）；湖南省哲学社会科学基金项目"湖南省政府购买服务有效促进社会组织发展研究"（项目编号：18YBQ028）；中央高校基本科研业务费专项资金资助项目"政府购买服务的组织环境与社会组织行为研究"（项目编号：531118010020）。
** 许源，湖南大学公共管理学院助理教授，上海交通大学公共管理博士，主要从事政府购买公共服务、非营利组织管理、社会治理等方面的研究，E-mail：jsxy1221@126.com。

关键词：区块链技术；公益慈善发展；技术赋能；区块链公益慈善平台

一　引言

自《中华人民共和国慈善法》颁布以来，我国公益慈善事业发展具有了基础性、综合性制度框架，保证和促进公益慈善事业发展。但近年来公益慈善领域发生的诸多争议性事件不断影响公众对公益慈善组织的信任，甚至销蚀着公众对公益慈善事业的信心。我国公益慈善的公信力如何建立，公益事业如何获得公众的支持与参与、实现进一步的发展？区块链技术的引入会给我国公益慈善事业的发展开拓新的思路。

区块链技术是近年来的热门话题。该技术应用已延伸到数字金融、物联网、智能制造、供应链管理、数字资产交易等多个领域。习近平总书记在主持中共中央政治局第十八次集体学习时强调，探索"区块链＋"在民生领域的运用，积极推动区块链技术在教育、就业、养老、精准脱贫、医疗健康、商品防伪、食品安全、公益、社会救助等领域的应用，为人民群众提供更加智能、更加便捷、更加优质的公共服务（杨东，2019）。公益慈善事业是区块链技术应用的天然场景。2018 年，民政部提出，探索区块链技术在公益捐赠、善款追踪、透明管理等方面的运用。[①] 目前，国内已有企业初步尝试将区块链技术应用于公益慈善项目。蚂蚁区块链技术于 2016 年在支付宝公益平台上正式发布。截至 2019 年 6 月底，已有超过 700 家公益机构近 3600 个公益项目的捐赠数据接入蚂蚁区块链，捐赠总人次达 11 亿，捐赠总金额超过 15.1 亿元（陈鹿，2019）。2019 年，阿里巴巴在 95 公益周论坛上正式发布"链上公益计划"。此计划以区块链技术为底层打造开放平台，能够为公益组

---

① 中华人民共和国民政部于 2018 年 9 月发布《"互联网＋社会组织（社会工作、志愿服务）"行动方案（2018～2020 年）》。

织和公益项目提供公开透明的系统化解决方案①。

区块链技术应用于公益慈善事业的前景值得期待，新技术有利于增强公益慈善行业与组织的社会公信力。本文想探讨的问题是：区块链技术如何赋能公益慈善发展？基于区块链技术的公益慈善平台如何设计？随着未来区块链慈善的到来，政府、公益组织、捐赠者等利益相关方又该采取哪些适应性策略？在介绍区块链技术及其在公益慈善应用研究基础上，本文对区块链技术赋能公益慈善发展的具体路径、区块链公益慈善平台的构建、公益慈善主体应对区块链技术的适应性策略进行了研究。

二 区块链技术与公益慈善应用研究

区块链技术以分布式账本、链式结构和时间戳、共识机制、智能合约等相关技术为基础，产生广泛的应用价值。在对区块链技术进行介绍后，本文梳理了学界对区块链技术应用于公益慈善领域的研究成果。

（一）区块链技术

2008 年，中本聪发表经典论文《比特币：一种点对点的电子现金系统》，把区块链技术作为比特币的基础技术。自 2009 年运行至今的比特币已经证明区块链技术的可实施性。区块链技术是一种按照时间顺序将数据区块以链表的方式组合成特定数据结构，并以密码学方式保证的不可篡改和不可伪造的去中心化共享总账，能够安全存储简单的、有先后关系的、能在系统内验证的数据（姚前，2019）。区块链技术具有以下核心技术及特征。

第一，区块链本质上是一个多方参与的加密分布式账本（斯万，

---

① 《阿里发布"链上公益计划"，打造透明公益基础设施》，2019 年 9 月 6 日，http://info.hhczy.com/article/20190906/36668.shtml，最后访问日期：2021 年 5 月 10 日。

2018），具有去中心化特征。分布式账本是可以在多个站点、不同地理位置或者多个机构组成的网络里实现共同治理及分享的资产数据库（中国电子技术标准化研究院，2017）。传统数据库由单个机构管理和维护，而区块链是去中心化的，不存在任何中心节点，由多方参与者共同管理和维护。相较于传统数据库的集中管理模式，区块链的优势在于可以避免集中管理主体的安全风险、信用风险、权力滥用风险（贾开，2020）。根据区块链账本记录权利的归属，区块链系统分为公有链、联盟链和私有链。公有链是目前应用最广泛的区块链，任何节点都共用一条区块链，都可以在该链上发送交易、参与记录维护，具有完全去中心化特征（何蒲等，2017）。私有链由单一节点参与记录维护，仅仅使用区块链技术进行记账操作，一般不对外部用户开放，具有较强中心化特征。联盟链介于公有链与私有链之间，兼具公有链的开放性和私有链的集中性，经由选择、有限的节点为记账人，参与维护记录，具有部分去中心化特征（蔡晓晴等，2019）。

第二，区块链的链式结构和时间戳等技术，确保区块链信息不可篡改、信息可回溯。区块是以电子记录形式存储数据的文件，是区块链的基本单位。区块由块头和块身两部分组成。每个块头包含前一个块头的哈希计算值，各个区块之间通过哈希指针与先前的区块依次相连，形成一根环环相扣的链条；块身中则包含经过验证的、块创建过程中发生的价值交换的交易信息（何飞、傅继晗，2019）。每个区块头会被加盖时间戳，以证明区块数据产生的准确时间，确保数据存储时的连续性、完整性和不可修改（巴曙松等，2019）。区块、上一个区块的哈希值、时间戳这三种信息一并储存、构成不可逆向修改的数据链。如果有节点试图修改某个区块，在这之后的所有区块都要重新计算，除非能控制系统中超过51%的节点，否则单个节点对数据库的修改是无效的（谭文安、王慧，2020）。此外，区块链通过合法的数字签名记录每条数据从产生到消亡的每一次变更（韩璇、刘亚敏，2017）。区块链本身的数据结构、时间戳等技术保证了区块链是不可篡改、不可伪造的去中心化公共账本，具备信息的可追溯性。

第三，区块链的共识机制决定节点记账方式，确保区块链交易完成。区块链技术的核心是如何实现共识。共识，是指在 P2P 网络中互相不信任的节点，通过遵循预设机制最终达到数据的一致性（韩璇、刘亚敏，2017）。共识机制则是区块链网络中各节点对在区块链系统中进行事务或状态的验证、记录、修改等行为达成一致确认的方法（中国电子技术标准化研究院，2017）。目前，区块链技术的共识机制主要有：工作量证明机制、股权证明机制、授权股权证明机制、验证池机制等（梁斌，2016）。以比特币为代表的虚拟货币，就是采用工作量证明机制，即获得货币量多少取决于挖矿工作的成效，用户使用的计算机性能越好，挖矿获得的货币就越多。按照工作量分配货币，能鼓励用户挖矿，保障网络的稳定性。在区块链系统中，根据不同的业务需求、区块链的网络组织形式选择不同的适用共识算法来实现共识机制。

第四，区块链集成智能合约技术，提升区块链交易的效率。美国计算机科学家、加密大师尼克·萨博最早提出"智能合约"一词，他认为智能合约本质上是在人、机器和财产之间形成关系的一种公认工具，是一种形成关系和达成共识的协定（长铗、韩锋，2016）。基于区块链技术的智能合约机制设置有预先编好的条件。当事件信息传入智能合约、符合智能合约预设条件时，该条件就会被触发，智能合约便执行相应的合同条款（长铗、韩锋，2016），工作原理类似于其他计算机程序的 if-then 语句。智能合约由代码来定义，也由代码来执行，完全自动而无法干预（龚鸣，2019）。区块链去中心化、不可篡改的技术特点很好地满足了智能合约所需的运行环境。预先定义的业务逻辑使节点可以基于高可信的账本数据实现自治，在人—人、人—机、机—机交互间自动化执行业务（曾诗钦等，2020），而智能合约自治化的特性能够拓展区块链技术的应用范围，提高区块链技术的交易效率。

（二）区块链 + 公益慈善

目前，国内关于区块链技术应用于公益慈善的实践和研究都处于初步阶段。现有少数的研究成果主要是基于区块链技术设计公益善款捐赠系统。在系统设计中，多数研究将用户类型定义为捐赠人与被捐赠人，有部分研究增加慈善运营组织、善款使用机构、独立调查机构等（李琪等，2017；李贺，2019）。已有研究成果也初步阐述系统或平台的模式、运作原理、架构设计、运作流程（李琪等，2017），并在设计中提出以下思路：提出慈善代币作为慈善系统中的流通货币进行发行、购买、消费、支付（李贺，2019）；在系统中引入智能合约技术（何飞、傅继晗，2019）；加入全网共识和保证金罚没制度、利用智能合约，防止欺诈的善款行为、免除善款久未到账等问题（谭文安、王慧，2020）。有少数论文以蚂蚁区块链的实例，介绍蚂蚁区块链平台技术架构，举例基于区块链的支付宝公益平台如何进行善款管理（李奕、胡丹青，2017）。以上研究成果将区块链技术视为一项技术与工具，主要讨论区块链技术在公益慈善领域的技术性应用。关于区块链技术对我国公益慈善的制度变化、组织变革、文化发展等层次的影响讨论不多。张楠、王名（2018）认为，区块链技术将推动我国公益慈善进入新时代、带来公益模式的创新，向区块链慈善的公益 4.0 阶段发展；区块链技术将改变慈善领域的信息披露机制、善款追踪机制、政府的信息监管机制和对慈善机构的审计机制，促进慈善组织在组织定位、业务重点、运营模式等方面的变革。

已有关于区块链技术与公益慈善发展的讨论，较多研究聚焦于如何设计区块链公益慈善平台、将区块链技术应用于公益慈善场景。该类研究有待完善之处包括：第一，对公益慈善领域的痛点问题认识较为单一，认为区块链技术对于公益慈善的意义仅仅在于善款流动和管理，窄化区块链技术对公益慈善发展的作用；第二，对公益慈善领域的主体认识简单，认为公益慈善领域主要涉及捐赠者、受助人、公益组织，而忽略公益慈善行业多个利益相关方参与的价值；第三，对区块链技术影响公益慈善发展的具体机制未作解释。张楠、王名跳脱出区块链的技术范畴，讨论区块链技术对我国公益慈善发展的制度性影响，扩展区块链技术与公益慈善场景结合起来讨论的维度。本文将在以往研究的基础上，将区块链技术作为公益慈善行业的基础设施，探讨区块链技术针对公益慈善发展的痛点问题，通过改变公益慈善哪些机制从而影响公益慈善发展；基于多元利益相关方，扩展用户类型与信息内容，完善区块链慈善平台框架，并讨论核心利益相关方如何适应区块链慈善的到来。

三 区块链技术赋能公益慈善的具体路径

区块链技术对于人类社会的影响将是基础、全面而深远的，作为新技术可以赋能公益慈善实现新的发展。技术赋能是通过应用新兴信息技术，形成一种新的方法、路径或可能性，来激发和强化行动主体自身的能力实现既定目标（关婷、薛澜、赵静，2019）。区块链技术有潜力成为能重塑社会各个方面以及运作方式的颠覆性创新技术（斯万，2018）。通过成为公益慈善行业的基础设施，解决公益行业痛点问题，区块链技术能推动公益慈善行业信任机制、运作机制、参与机制等变革。

（一）推动公益行业信息公开，重建公益行业信任机制

公众信任是公益慈善行业发展的基石。公益慈善行业的信息不透明，成为公众不信任公益组织、不愿向公益行业捐赠、诟病最集中的方面。我国公益慈善法律法规对公益组织信息公开的强制性规定不足，无法对公益组织公开项目运作信息、资金使用情况等信息形成外部约束。而委托代理下的公益组织缺乏自我约束动力，出现违背捐赠者意愿、瞒报信息、运作不规范、贪污腐败等志愿失灵甚至违法行为。内外因素作用下的公益慈善行业存在信息黑箱，引发公众对公益慈善行业的信任

危机。

区块链技术赋能公益慈善发展最重要的意义在于实现公益慈善信息透明、重建公益慈善行业信任。基于区块链分布式记账和去中心化的特征，公益慈善行业的所有利益相关方都能拥有具体可行的技术渠道作为网络节点，参与到社会捐赠、公益项目执行等公益慈善"交易"的具体场景中。区块链技术改变公益信息记账主体、记账内容和记账监督。记账主体从以往的中心化组织（即公益组织）单一节点记账，变为捐赠者、受益方、监管方、公益组织等利益相关方多节点记账，而多节点具有平等的记账权，中心化组织单一记账权被削弱。记账内容更加丰富透明，公益慈善发展中有价值的信息都可记录在区块链公益慈善平台上。以慈善捐赠为例，捐赠项目、项目资金流向、物资投入与流动、受益方反馈等信息都能在区块链平台上留下交易痕迹。记账监督则表现为各个节点的记录都公开公示、接受政府行政监管和社会监督，而评估机构、审计公司等专业机构可作为节点之一进行专业信息审核。通过区块链技术，公益慈善信息被各节点多方记账，每笔记账都有迹可循，多个记账者之间信息相互印证，最大限度保证信息的真实性和透明性，也破解委托代理关系中信息不对称的难题。区块链技术实现公益慈善信息公开透明。

区块链信息不可篡改的特征确保了信息安全，构建了公众对公益行业的技术信任。每个公益项目、每笔社会捐赠存储于区块链上，每个利益相关方都可以查看到完整、透明、不可篡改的公益慈善信息。并且，从每个项目、每笔捐赠自开始在区块链上传递到直接受益方，整个过程被一直追踪，信息透明、不可篡改。基于区块链技术的公益慈善中，社会公众等捐赠者决定支持公益慈善时，不再是基于对某些中心化公益组织的信任，而是基于对区块链技术的信任。正如《经济学人》刊文所言，区块链是创造信任的机器（Froystad，2015）。通过构建点对点的自组织网络、时间有序且不可篡改的密码学账本建立分布式共识机制，区块链技术实现去中心化信任（徐明星等，2019）。区块链"分布式"和"不可窜改"性质打破了信息黑箱，保证区块链的诚信和透明，奠定了区块链创造技术信任的基础。区块链技术将诚信价值观编码到流程的每个环节（塔普斯科特、塔普斯科特，2019），颠覆人们对中心和权威的依赖。在没有中心化组织的情况下，基于技术信任，人们形成相互信任和协作。区块链技术应用于公益慈善行业，成为行业的基础设施，将打破公益慈善行业信息黑箱，构建基于技术的社会信任结构。

（二）提升公益行业运作效率，促进公益行业协同治理

公益组织作为公益慈善行业的中心化组织，在捐赠者与受助者之间起到中介作用，但有时存在公益供给与需求情况不全面、不准确，无法有效对接的情况。同时，公益慈善项目运作环节较多，项目合同签署、项目启动、项目执行、资金拨付、评估监督等诸多环节往往涉及公益组织、政府部门或购买方、受益方、当地合作部门等多个部门，项目执行和资金拨付历经多部门审批，耗费时间长，导致公益项目运作效率降低。此外，公益慈善行业存在信息孤岛，公益组织间集体协作缺乏平台。公益慈善信息分散在不同平台上和组织中，信息重复收集或没有统计，信息口径不一、标准化程度低，缺乏信息流通与共享。公益慈善信息孤岛已经阻碍公益慈善行业向新阶段、新高度发展。

区块链技术作为建立可信连接、提高组织间协作效率的手段（尹浩，2018），大大提升了公益慈善具体领域运作的效率，增强了公益慈善集体行动的协同性。实现机制主要有两点。

一是通过区块链的智能合约机制减少项目资金管理、项目审批等人为操作，提升项目管理效率、透明度与安全性。区块链技术将提升慈善资金拨付效率，再造慈善资金管理从捐赠、管理、拨付、审计等全流程。分布式的网络节点提交相应代码，不需要依赖相关政府部门、公益组织等中心化组织的审核与干预，只要符合预先编号的计算机代码，相应的资金即可拨付到相应节点。整个项目与资金管理的自动化程度大大提升。区块链技术提升公益慈善项目效率已被实例证实。2019 年 12

月 17 日，阿里巴巴链上公益计划的第一笔自动拨付在新未来高中生项目中获得成功。原来项目善款拨付需要经过基金会财务、地方教育部门、对应项目学校、项目负责老师、受益学生等多个环节，整个流程至少需要 1 个月时间。而运用区块链智能合约拨付善款，从公益机构发起付款、财务审核到学生领用完成，整个流程只花了不到 1 天时间①。区块链技术削弱了政府、学校、公益组织等中心化组织的权力，弱化、中心化组织的作用，实现捐赠者与受助者的直线连接。

二是建立公益慈善公有链和联盟链，运用区块链公益慈善平台进行信息管理，打破公益慈善信息孤岛，构建公益慈善协同治理平台。把区块链技术作为公益慈善行业基础加以建设，利用区块链技术让全社会、各领域的公益慈善信息更公开化、标准化，有利于高效处理公益慈善事务，打通各部门和组织间的信息流程、打破信息孤岛，建立协作治理的信息基础。民政部作为我国公益慈善发展的主管部门，可在"慈善中国"平台基础上，运用区块链技术加以完善，打造全国性、整体性的公益慈善公有链平台。各级民政管理部门、行业联合会、公益组织等公益慈善相关部门，可基于服务领域、组织类型、组织功能等打造领域性、局部化的联盟链平台。通过构建公有链或联盟链，有效收集和分析某一领域或行业的公益需求和发展信息，通过公益慈善信息标准化、供需对接、公开透明、交换共享，实现跨部门、跨领域、跨组织协作，有效配置公益慈善资源。

（三）实现公益行业多方参与，完善公益行业激励机制

公益慈善利益相关方参与不足，一直是公益慈善行业的突出问题，并体现在公益慈善行业发展的诸多方面。一是公益慈善捐赠方面。公益慈善资金透明度不足、出现违背捐赠意图使用资金等问题，导致捐赠者

---

① 《阿里巴巴链上公益计划首例区块链自动拨付成功!》，2019 年 12 月 25 日，https://pcedu.pc-online.com.cn/1310/13106509.html，最后访问日期：2021 年 5 月 10 日。

对公益组织的信任不足。且公益慈善捐赠的参与感不足、获得感缺乏，缺乏激励机制促使捐赠者持续支持公益慈善发展。二是组织治理方面。我国公益组织治理存在理事会虚设与组织决策权力由少数人控制、监事会对理事会和管理层缺乏有效监督、理事会与执行层权责关系不明晰等问题（田凯，2009），利益相关方对公益组织的监督作用未能有效发挥。三是行业格局方面。在公益慈善行业格局中，公益组织占据中心地位，某些组织的问题会影响行业公信力，且没有充分纳入捐赠者、受益者、媒体、公众等利益相关方参与行业发展。

区块链技术作为公益慈善信息基础设施，能实现公益慈善利益相关方的有效参与，推动公益慈善行业中慈善捐赠、组织治理、行业格局等新模式发展。（1）慈善捐赠方面：捐赠者、公益组织、支付机构、受益者等利益相关方作为节点，全程参与信息公开、相互印证和补充信息，实现公益项目和慈善捐赠款项的全过程透明。区块链记账过程中，各个利益相关方的记账权是平等的、分权的、相互制衡的。（2）组织治理方面：通过区块链技术，公益组织内外部监管部门有效获取组织全面信息，破解信息不对称难题，实现对公益组织的实质性监管。理事会通过区块链对组织事务进行民主投票，让更大范围的利益相关方在涉及自己问题上拥有最大的权力（Young and Steve，2018）。（3）行业格局方面：区块链技术以分布式记账为基础，构建去中心化的物理平台，形成利益相关方充分参与公益慈善的载体。公益慈善利益相关方可与受助者建立直接联系、全过程查阅捐赠资金的走向，获得直接的参与感。公益组织的中心地位将受到挑战，而其在甄别受助需求、设计公益项目、提供公益服务等方面的作用会更加突出。

区块链技术将对公益慈善行业中利益相关方持续参与产生激励作用。区块链技术通过事先设定好的规则，对参与到整个协作系统中的人、机构甚至是设备进行奖励，来促进资源更加合理地分配，并且吸引更多的资源参与到这个系统中（龚鸣，2019）。区块链的激励机制是对记账人诚实劳动的补偿方式，一般采用区块链本身提供的服务或资源作为计价单位（王博，2019）。基于区块链技术的公益慈善平台，可使用系统代币来奖励公益慈善信息记账者。当然，公益慈善行业利他主义特征影响激励效果，奖励系统代币可以作为一种表面的外在激励。基于区块链慈善分布式参与、信息不可窜改、智能合约等特征，利益相关方对公益慈善行业的信任与参与，特别是通过深度参与公益慈善行业产生认同感、成就感才是深层次的内在激励。充分发挥区块链技术的激励机制，鼓励公有链、联盟链的各个节点参与和维护数据，创建慈善利益相关方参与的可行性平台，真正实现公益的多元参与和持续发展。

四　区块链公益慈善平台的构建思路

区块链的基础架构分为六个层面：数据层、网络层、共识层、激励层、合约层、应用层。每层完成一个核心功能，各层之间相互配合支撑，实现去中心的信任机制。其中，应用层是探讨区块链具体的应用场景。本文就应用层公益慈善场景的用户、平台内容和流程进行构建。相较于以往基于区块链慈善平台的设计，本文试图扩展区块链公益慈善平台使用的主体范畴和内容范围，充分发挥和调动公益慈善多个利益相关方的参与，以区块链技术记录公益慈善信息，承载公益项目管理、资金管理、物资调配等实践运作内容。通过区块链分布式记账、智能合约、信息不可窜改等技术优势，进一步完善区块链公益慈善平台。

（一）区块链公益慈善平台的用户类型

区块链技术是分布式记账，运用到公益慈善领域，首先需要对公益慈善格局中的主体类型做分析。按照功能划分，公益慈善主体可分为五类。（1）资源支持者，公益慈善资源主要来自公众、企业、政府等捐赠者或支持者。（2）服务提供者，公益慈善服务由大量公益组织提供。（3）服务受益者，公益慈善服务直接受益者往往是弱势群体、社区居民等，间接受益者包括社区、学校、当地政府等利益相关方。（4）监督管理者，公益慈善事业和公益组织监管分为内外部监管，外部监管主体为政府、捐赠者、受益者、公众等，内部监管主体为组织内部设立的监事会、审计委员会等。（5）服务支持者，公益组织、企业等开展财务审计、项目评估、咨询、中介对接等能力建设与行业促进活动。每类公益慈善利益相关方都是区块链上的节点。区块链公益慈善平台的用户不仅包括捐赠者和受益者，还包括公益行业发展的其他功能主体。区块链公益慈善平台的五类公益慈善主体每一类又可划分为更具体的用户类别。

（二）区块链公益慈善平台的内容与流程

区块链技术以信息记录为重点。根据信息内容不同，可形成不同的区块链平台。基于区块链技术的公益慈善平台可分为三个子平台：项目管理平台、资金管理平台、实物调配平台。

构建区块链公益慈善项目管理平台。2018 年，民政部明确提出"运用先进技术记录慈善项目全程信息"，"基本实现全国慈善组织的项目进展情况、公开募捐金额等数据互联互通、智能统计和透明监管，增强慈善组织、慈善项目的社会公信力"①。项目是为创造独特的产品、服务或成果而进行的临时性工作，项目管理分为项目启动、项目规划、项目执行、项目监控、项目收尾五大过程组。对应流程（见图 1）包括：（1）公益组织项目团队识别需求与问题，提出项目可行性方案；（2）项目团队、项目资助方明确项目实施方案、签署合同；（3）项目团队、项目资助方、项目监管方、项目受益方，按照项目目标，开展项目活动，达到预期产出和效果，完成项目指标；（4）项目团队、项目评估机构、审计机构，监测项目目标达成和活动开展、审计项目财务状

---

① 中华人民共和国民政部于 2018 年 9 月发布了《"互联网 + 社会组织（社会工作、志愿服务）"行动方案（2018—2020 年）》。

况；（5）项目团队与项目受益方，结束项目、整理项目文档。在区块链公益慈善平台上，项目目标、活动、产出、效果、指标等重要信息都公开透明呈现出来。打造区块链公益慈善项目管理平台，由公益组织或项目实施方公布项目要素，由项目实施方、合作方、受益方、监管方等多个节点记录项目进展和数据信息。

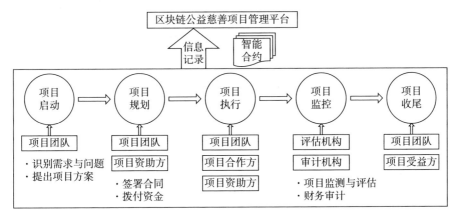

图1 区块链公益慈善项目管理流程

构建区块链公益慈善资金管理平台。近年来，政府日益强调运用新技术提升慈善捐赠公开透明。民政部提出，探索区块链技术在公益捐赠、善款追踪、透明管理等方面的运用。① 本文将公益慈善资金管理分为以下关键环节：资金计划与申请、资金筹集、信息审核、资金支付、资金审计。对应流程（见图2）包括：（1）公益组织或受助者提出资金申请的需求；（2）社会公众、政府部门、基金会进行慈善捐赠或资助；（3）公益组织或第三方调研监管机构审核受助者信息；（4）慈善捐赠资金拨付给受助者，公益组织支出资金用于项目运作；（5）审计机构或监管部门审核资金收支情况。通过区块链公益慈善资金管理平台，将公益捐赠的收支情况、善款的流动等信息及时公开，并通过智能

---

① 中华人民共和国民政部于2018年9月发布了《"互联网＋社会组织（社会工作、志愿服务）"行动方案（2018—2020年）》。

合约机制，提升资金拨付效率。

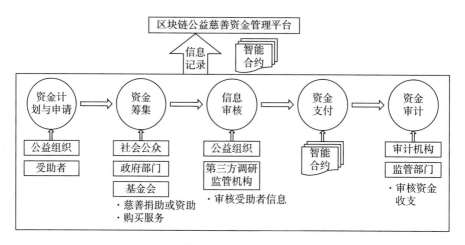

图 2 区块链公益慈善资金管理流程

构建区块链公益慈善实物调配平台。社会公众、企业捐赠物品于灾害救助的规模不断扩大，对于公益组织救灾物资等实物的调配管理要求越来越高。基于区块链技术，构建高效、透明的物资需求与供给平台、物资运输与发放平台成为日益迫切的需要。公益慈善物资调配有五个关键环节：慈善实物计划与申请、实物筹集、实物运输、实物分发、实物审计。对应流程（见图 3）包括：（1）受助者或公益组织提出慈善实物需求；（2）企业、公众、政府等进行慈善捐赠或资助，或者公益组织采购相应组织的实物；（3）实物由物流公司、公益组织等转运至受助点；（4）受助者收到实物；（5）监管部门、审计机构等审核实物供需情况。通过区块链公益慈善实物调配平台，利用智能合约机制，实物需求与供给能有效及时对接，实物运输、分发等环节均能提升效率，实现资源有效配置。

基于区块链技术的公益慈善平台，通过细分构建项目管理、资金管理、实物调配等子平台，实现公益慈善关键要素上链、为利益相关方实现"链上治理"创造信息基础设施，推动公益慈善行业的多元参与。

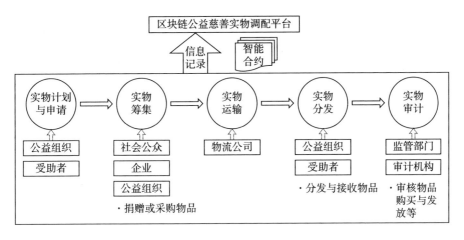

图3　区块链公益慈善实物调配流程

五　公益慈善主体对区块链公益慈善的适应策略

区块链技术作为公益慈善行业的基础性设施，将改变公益慈善格局和运作模式。当然，基于区块链技术的公益慈善发展的到来还有较多困难。一是区块链技术的完善问题。目前，区块链技术处于初级阶段，技术发展还不够成熟。区块链技术涉及的分布式系统、密码学、智能合约等技术还需进一步完善，算法安全性、系统安全性、交易内容隐私保护等问题还有待进一步解决（尹浩，2018）。二是区块链公益慈善平台的运行成本问题。基于区块链技术构建公益慈善平台需要大量的资源投入，相关利益方投入资源的动力不足，将影响区块链技术在公益慈善行业的大范围运用。三是区块链公益慈善平台的维护问题。区块链公益慈善平台的运转需要多个利益相关方持续投入时间、精力、资源，即矿工不断挖矿，才能促使区块链持续运作。在公益慈善行业缺乏有效激励的环境下，如何有效维持相关利益方耗费资源持续参与，是影响区块链公益慈善平台运作的重要因素。即使有以上诸多困难，区块链公益慈善时代的到来仍然值得期待。对于政府、公益组织、捐赠方等公益慈善主体，区块链公益慈善时代的到来既是挑战也是机遇，相关主体亟须采取相应的行为和策略以适应新的公益慈善环境。

一是政府部门应推动区块链慈善的发展，加强区块链慈善的监管。政府在推动公益慈善事业发展中的角色是基础性的（徐家良、王昱晨，2019），为公益慈善发展营造良好的行业生态，制定行业性规则，并对违法违规行为进行惩处。公益慈善作为区块链技术的适用场景，政府应引入新技术力量破解公益慈善难题，引导公益慈善事业深化发展。具体策略有两个。第一，构建公益慈善行业的基础设施，营造区块链慈善的行业生态。区块链技术带来公益慈善行业信任机制的变革，而公信力是公益慈善发展的基石。政府部门发展区块链慈善，是以新技术革命来驱动公益慈善行业整体发展和变革。构建公益慈善行业基础设施，需要在政府权力推动下得以整体性实现。政府部门可探索出台相关政策，特别是针对平台企业的税收优惠、政府购买服务、政府财政补贴、PPP 共建等，支持企业加强区块链技术的开发和应用、共同搭建区块链公益慈善运作平台。目前，阿里巴巴、阳光筹等企业已经在尝试将区块链技术应用于公益慈善领域。政府可与企业合作开发区块链公益慈善平台。此外，相关政府部门可牵头搭建中央级、省级政府的区块链公益慈善平台，形成全国性或省级公益组织的信息公开平台，打破信息孤岛，形成信息共享机制。例如，民政部慈善中国平台可先行尝试基于区块链技术的信息公开，逐步规范公益组织运用区块链技术。第二，出台区块链慈善的规则框架，加强区块链慈善的协同监管。区块链技术应用于公益慈善领域，相关政府部门需要出台区块链慈善制度文件，规范区块链技术运用于公益慈善的技术，设置区块链投资者准入、运作方准入、用户准入等准入门槛，并由政府确认授权区块链公益慈善平台企业，颁布区块链慈善内容、运作标准、使用范围、风险管理、安全保护等行业规范，降低区块链技术应用公益慈善的风险。此外，公益慈善涉及民政、财务、税务、司法等多个政府部门，亟须加强政府部门间的协同监管。基于区块链技术的公益慈善平台，多个政府部门作为分布节点履行各自的监管职责，打通事先预防、事中监管、事后处置的监管全流程。通过区块链慈善信息的全过程公开透明，打破慈善信息孤岛，实现慈善信息在政府部门间的联通、分享、协同治理。

二是公益组织应加强服务专业性、调动利益相关方参与，运用区块链技术拓展组织资源。以往公益组织在慈善捐赠者和受助者之间担当着中介的角色，搭建慈善"供需"对接的桥梁，是公益慈善格局中的中心化组织。随着分布式记账、智能合约机制等区块链技术运用于公益慈善事业，公益组织作为公益慈善格局中心化组织地位将发生改变。慈善捐赠者和受助者可以建立直接的联系，在区块链上完成捐赠与受助的功能，完成慈善市场中信息匹配和供需对接。但这并不意味着公益组织的中介者角色消失，而是对公益组织提出更高的要求。公益组织将从中介者角色向更专业服务角色转变，迎接区块链带来的挑战和机遇。具体适应策略有两个。第一，提升专业服务的核心竞争力。公益组织的核心竞争力在于其专业服务，而不在于其资金中介者的角色。基于区块链的多中心参与公益慈善格局，公益组织专业服务的内容亟须提升，其内涵远远超过简单、直接的捐赠与受益关系。公益组织通过精准分析社会痛点问题、社会弱势群体需求等，设计公益服务项目，投入专业人才和干预技术，达到预期项目目标，以最有效的方式实现捐赠者的捐赠意愿。公益组织通过学习运用区块链技术，可大大提升项目管理、资金审批、财务审计等项目运作效率。通过有效实现捐赠意愿、提升项目运作效率、准确对接公益需求与供给，公益组织在区块链慈善时代将更好地回应捐赠者、监管者等利益相关方的诉求。第二，充分调动利益相关方的参与。在公益慈善资源有限的约束下，公益组织充分运用区块链技术调动利益相关方参与，为组织发展获取关键资源（徐家良、张其伟，2019）。基于区块链公益慈善平台，由理事会成员、监事会成员充分了解和参与组织项目、资金、评估等事项，为组织连接资源、与外部利益相关方维持良好关系、发挥内部监管功能，以建立组织良好的公信力；由捐赠者和受助者作为分布式节点参与项目区块链信息记录，建立捐赠与受助的可视化、明晰的链条，提升捐赠者的获得感、受助者的效能感；由政府、媒体、公众等利益相关方参与，构建组织宣传渠道，发掘潜在的捐赠者，为组织发展带来新资源。通过充分运用区块链公益慈善平台的优势，调动利益相关方的参与，公益组织可以拓展组织资源，使更多利益相关方成为助力组织发展的支持力量。

三是捐赠者等利益相关方积极参与公益慈善，形成多中心慈善监管格局。公益慈善是多中心参与的事业。区块链技术奠定公益慈善格局多中心参与的行业基础，为利益相关方支持和监督公益组织发展提供有利条件。在区块链公益慈善场域下，利益相关方适应策略有两个。第一，成为更积极主动的公益支持者。区块链技术为捐赠者、监管者、支持者、受助者等慈善利益相关方实质性参与公益项目运作过程、监督和促进公益组织发展提供渠道。利益相关方作为分布式记账节点，通过赋予记账权而形成对公益组织治理产生投票和干预权力，成为"被赋权者"。在区块链技术的分布式、信息不可窜改和透明等特征下，捐赠者能有效评估所投入组织资源的实际绩效，监管者能破解委托代理难题而监督组织治理，受助者能主动反馈项目干预的影响。利益相关方有具体机制和渠道成为更积极和更主动的公益支持者。基于区块链技术形成公益组织、捐赠者、受助者、监管者等多元共治的慈善模式。第二，成为多中心慈善监管格局的重要力量。多中心监管源自多中心治理理论，打破单一中心体制下权力高度集中的格局，采用分级别、分层次、分阶段的多样性制度设计，通过社群组织自发秩序形成的多中心自主治理结构、以多中心为基础的新的"多层级政府安排"，最大限度遏制集体行动中的机会主义，实现公共利益的持续发展（李平原，2014）。多中心治理理论引入区块链技术下的慈善监管，能够激发多个利益相关方对组织监督的激励动机，在利益相关方之间形成监管力量的相互协作与制衡。通过区块链公益慈善平台，多个利益相关方打破信息黑箱和信息孤岛，充分了解、参与、决定公益项目或慈善捐赠的开展，对公益组织及慈善主体等代理人的行为进行监督，并通过"以脚投票"的方式选择捐赠的公益组织，也可以直接向政府部门反映情况，与政府部门形成监管合力。多中心慈善监管避免由政府单一监管慈善的弊端，减轻政府监管的压力，发挥不同主体的监管优势，提升慈善监管的有效性。

【参考文献】

巴曙松、朱元倩、乔若羽、王珂，2019，《区块链新时代：赋能金融场景》，科学出版社。

蔡晓晴、邓尧、张亮、史久琛、陈全、郑文立、刘志强、龙宇、王堃、李超、过敏意，2019，《区块链原理及其核心技术》，《计算机学报》第1期，第84~131页。

长铗、韩锋，2016，《区块链：从数字货币到信用社会》，中信出版集团。

陈鹿，2019，《阿里巴巴发布链上公益计划　科技破解公益信任难题》，财经网，https://news.caijingmobile.com/article/detail/403589? source_id = 40，最后访问日期：2021年5月8日。

韩璇、刘亚敏，2017，《区块链技术中的共识机制研究》，《信息网络安全》第9期，第147~152页。

梅兰妮·斯万，2018，《区块链：新经济蓝图及导读》，韩峰主编，新星出版社。

龚鸣，2019，《区块链社会：解码区块链全球应用与投资案例》，中信出版集团。

关婷、薛澜、赵静，2019，《技术赋能的治理创新：基于中国环境领域的实践案例》，《中国行政管理》第4期，第58~65页。

唐·塔普斯科特、亚历克斯·塔普斯科特，2019，《区块链革命：比特币底层技术如何改变货币、商业和世界》，凯尔、孙铭、周沁园译，中信出版集团。

何飞、傅继晗，2019，《基于区块链技术的慈善捐助系统设计》，《信息系统工程》第3期，第44~46页。

何蒲、于戈、张岩峰、鲍玉斌，2017，《区块链技术与应用前瞻综述》，《计算机科学》第4期，第1~7页。

贾开，2020，《区块链的三重变革研究：技术、组织与制度》，《中国行政管理》第1期，第63~68页。

李贺，2019，《基于区块链技术的慈善系统模式研究》，《电脑与信息技术》第 4 期，第 40～44 页。

李平原，2014，《浅析奥斯特罗姆多中心治理理论的适用性及其局限性——基于政府、市场与社会多元共治的视角》，《学习论坛》第 5 期，第 50～53 页。

李琪、李勋、朱建明、关晓瑶、王慧、郗晨梓，2017，《基于区块链技术的慈善应用模式与平台》，《计算机应用》第 37 期，第 287～292 页。

李奕、胡丹青，2017，《区块链在社会公益领域的应用实践》，《信息技术与标准化》第 3 期，第 25～27 页。

梁斌，2016，《从"比特币挖矿"看区块链技术的共识机制》，《中国金融电脑》第 9 期，第 45～46 页。

谭文安、王慧，2020，《基于智能合约的可信筹款捐助方案与平台》，《计算机应用》第 5 期，第 1483～1487 页。

田凯，2009，《中国非营利组织理事会制度的发展与运作》，《经济社会体制比较》第 2 期，第 139～144 页。

王博，2019，《企业区块链平台中的治理机制与激励机制设计》，《信息通信技术与政策》第 1 期，第 51～55 页。

徐家良、王昱晨，2019，《中国慈善面向何处：双重嵌入合作与多维发展趋势》，《华南师范大学学报》（社会科学版）第 6 期，第 125～133 页。

徐家良、张其伟，2019，《地方治理结构下民间志愿组织自主性生成机制——基于 D 县 C 义工协会的个案分析》，《管理世界》第 8 期，第 110～120 页。

徐明星、刘勇、段新星、郭大治，2019，《区块链：重塑经济与世界》，中信出版集团。

杨东，2019，《推动区块链技术和产业创新发展》，人民网，http://opinion. people. com. cn/n1/2019/1126/c1003－31473924. html，最后访问日期：2021 年 5 月 7 日。

姚前，2019，《中国区块链发展报告（2019）》，社会科学文献出版社。

尹浩，2018，《区块链技术的发展机遇与治理思路》，《人民论坛·学术前沿》第 12 期，第 6～10 页。

曾诗钦、霍如、黄韬、刘江、汪硕、冯伟，2020，《区块链技术研究综述：原理、进展与应用》,《通信学报》第 1 期,第 134 ~ 151 页。

张楠、王名,2018,《公益 4.0:中国公益慈善的区块链时代》,《中国非营利评论》第 2 期,第 79 ~ 94 页。

中国电子技术标准化研究院,2017,《区块链参考框架》,http://www. cesi. cn/201705/2478. html,最后访问日期:2021 年 5 月 7 日。

Froystad, P. 2015. "The Trust Machine: The Technology behind Bitcoin Could Transform How the Economy Works." *The Economist* 44.

Young, Steve. 2018. "Changing Governance Models by Applying Blockchain Computing." *Catholic University Journal of Law and Technology* 26 (2).

书 评

BOOK REVIEW

中国第三部门研究　第 21 卷
第 191～201 页
© SSAP，2021

混合与同构：社会企业响应制度复杂性的策略[*]

——评《社会企业的岔路选择：市场、公共政策与市民社会》

武　静[**]

　　摘　要：社会企业需要有效应对制度环境的挑战以获得合法性并实现可持续发展。《社会企业的岔路选择：市场、公共政策与市民社会》一书，系统分析了欧洲社会企业响应制度复杂性的行动策略。突破以往研究将社会企业视为"剩余部门"的补充角色，该书得出了社会企业应是政府、市场与社会之外的"独立部门"的结论。通过采用混合研究方法，考察了欧洲社会企业响应制度复杂性的现状，沿着"多元目标—多元利益相关者""多元目标—多元资源""公共政策与社会企业互动"三条理论主线，呈现了社会企业融合不同逻辑的行动过程。借鉴欧洲经验，我国政府需要搭建营造稳定的

---

　　[*]　基金项目：山东省社科规划研究项目"'放管服'改革中山东社会组织的合规性监管研究"（项目编号：21DSHJ08）；山东省高等学校"青创科技计划"资助项目"乡村振兴'齐鲁样板'打造中组织嵌入与协同治理研究"（项目编号：2019RWG023）。

　　[**]　武静，山东农业大学公共管理学院讲师，上海交通大学管理学博士，主要从事政社关系、社会组织、社会治理等方面的研究，E-mail：sun_wujing2011@163.com。

政策环境，社会企业需要明确多重目标，保持混合特性，积极提升混合治理能力。

关键词：社会企业；公共政策；市场；社会

20 世纪 70 年代末期，欧洲主要国家遭遇经济发展速度减缓、失业率不断上升、政府预算约束限制等福利危机。为应对政府在解决长期失业领域的政策失败，社会企业开始兴起，并在欧洲迅速发展。作为社会企业研究领域的理论学派之一，欧洲社会企业研究网络（EMES）自1996 年起就开始关注处于市场、市民社会与公共政策交叉地带的社会企业（田蓉，2016）。2001～2004 年，EMES 在 11 个欧盟国家展开了"工作整合型社会企业的社会经济绩效"研究（PERSE），样本涵盖了162 家工作整合型社会企业、1000 余名社会企业从业人员等。比利时著名经济学家马尔特·尼森（Marthe Nyssens）教授于 2006 年主编的《社会企业的岔路选择：市场、公共政策与市民社会》一书就是对该研究项目的详细叙述与系统总结。

该书首先提出了社会企业的定义与 PERSE 研究的核心假设，进而基于 162 家社会企业的调查数据，从"治理""资源整合""生产活动本质""与公共政策互动"四个方面发展了社会企业理论（尼森，2014：10～18）。作者特别强调社会企业处于市场、公共政策与非营利组织之间的交叉点，试图向读者展示面对制度复杂性，社会企业融合不同制度逻辑的过程，以及社会企业与公共政策之间的相互作用（尼森，2014：13，311）。本文首先基于《社会企业的岔路选择：市场、公共政策与市民社会》一书介绍了社会企业面临的制度复杂性挑战；其次提炼欧洲社会企业响应制度复杂性的行动策略；最后借鉴欧洲经验，提出促进我国社会企业高质量发展的建议。

一 社会企业面临的制度复杂性挑战

制度复杂性，一般是指秉持不同制度逻辑的机构对组织提出的制度要求出现不相容等复杂关系的一种状态（Greenwood et al.，2011）。EMES 从两个维度对"理想型"社会企业进行了界定：一是测量社会企业的经济学标准，包括持续生产销售商品或提供服务的行为、高度自治性、高经济风险以及少量有偿工作等；二是测量社会企业的社会学标准，包括有明确的造福社会的目标、由公民发起形成、民主化治理、有限的利润分配等（尼森，2014：5～7）。上述定义表明，社会企业处于市场、公共政策与市民社会的交叉地带，作为连接不同要素的工具，社会企业常常会处于两类组织的冲突与博弈中，这是因为：第一，组织目标迥异，即关注经济性目标的传统合作社与聚焦非经济性目标的非营利组织（NPO）；第二，受益群体不同，即关注公益性目标、服务于更广泛群体的组织，与关注互益性目标、仅服务于会员的组织（见图 1）。

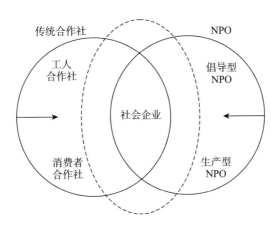

图 1　社会企业：传统合作社与 NPO 的交叉点

资料来源：尼森，2014：9。

传统第三部门理论将社会企业视为解决市场失灵、政府失灵或志愿失灵的"剩余部门"。尼森等指出，这种明显基于"国家—市场—社会"三分框架下的认知，显然是忽视了社会企业所处制度的复杂性。发展中的社会企业融合了不同的逻辑：虽然进行市场交易，但是其目标并非为了股东利益最大化；虽然需要公共政策支持但同时会塑造公共政策；围绕公共目标，通过自发的集体行动融入市民社会（尼森，2014：14）。这表明，社会企业不仅受经济价值和社会价值的影响，还受公共政策引导和更为强大的社会共同体的深刻影响。

社会企业的制度复杂性与我国当前社会企业的现实挑战相吻合：一方面，与纯粹的商业机构或非营利组织相比，双重属性及价值追求使我国社会企业面临更大的生存风险（崔月琴、母艳春，2019）；另一方面，党的十九届四中全会以来，虽然加强和创新社会治理、建设社会治理共同体的政策语境为社会企业参与社会治理让渡了功能空间，但是其合法性身份的空缺使其在政策补贴、互惠资源、营利收入等方面常常处于劣势（刘蕾、吴欣同，2020）。面对制度复杂性，静态的、单一的视角往往难以对社会企业发展做出全面解释，亟须理论创新。

二　社会企业响应制度复杂性的欧洲经验

社会企业如何响应制度复杂性？为了回答这一问题，《社会企业的岔路选择：市场、公共政策与市民社会》一书突破了第三部门理论的单一视角，引入三条理论主线，意图呈现社会企业融合不同逻辑的过程：一是提出"多元目标－多元利益相关者"假设探讨社会企业治理策略；二是构建"多元目标－多元资源"框架分析社会企业的资源整合策略；三是通过公共政策与社会企业的互动，讨论社会企业的同构化趋势与制度化挑战。本文将其概括为混合战略与同构战略，以解释在复杂的环境中，社会企业响应多重制度压力的行动过程。

（一） 社会企业的混合战略

制度复杂性既包括制度逻辑的数量（Greenwood et al.，2011），也包括多重制度逻辑之间复杂而多样的互动关系（邓少军、芮明杰、赵付春，2018）。混合战略强调将不同的制度逻辑包容在同一组织结构中，主要依靠组织成员以及组织内部机制来进行平衡（Smets，Morris and Greenwood，2012）。社会企业孕育于复杂制度环境与个体创新实践，为应对挑战，社会企业进行了多种要素的混合，持续的、多样的混合为社会企业提供了潜在的发展机会。

作为典型的混合组织，社会企业至少追求三个目标：与造福社会相关的社会目标、与企业性质相关的经济目标、与倡议和游说相关的社会政治目标等（尼森，2014：30）。多元目标结构广泛存在于社会企业中，158 家社会企业中有 154 家认为自己至少有 2 个目标，但是欧洲社会企业对不同目标的重视程度并不相同（见表 1）。

表 1　欧洲社会企业的目标排序

单位：%

目标	第一位	第二位	第三位	第四位	总计
工作性和整合性目标	77	18	5	0	100
生产目标	30	55	15	0	100
倡议和游说	5	19	69	7	100
其他	25	19	25	31	100

资料来源：尼森，2014：33。

社会企业存在以下多元利益相关者：政府机构、营利性企业、非营利组织、志愿者、员工、参与者、消费者等。多元参与结构之所以成为社会企业的普遍特征，是因为它能够维持组织自身的稳定性、保障资源获取的有效性、化解多元目标的冲突性以及降低交易成本等（尼森，2014：41~45）。

数据显示，在多元目标、多元参与之外，多元资源也是欧洲社会企业的典型特征（见表2）。在资源来源上，社会企业资源通常来自私人顾客、私营企业、政府机构、非营利组织等；在资源目的上，社会企业资源常被用于提供服务、完成组织使命、实现社会政治目标。不同国家社会企业的资源来源存在显著差异，如德国、爱尔兰、葡萄牙、瑞典、丹麦、法国、比利时等7个国家的社会企业资源超过一半来自公共部门，其中德国这一比例更是高达76%；英国、意大利、西班牙、芬兰等4个国家的社会企业资源来源则更加均衡，芬兰来自个人和私营企业的资源都超过公共部门，均为30%，意大利的社会企业资源来自第三部门的占比最高，为17%。

表2 欧洲社会企业的资源组合

单位：%

资源类型	资源来源	具体内容	比例
货币型资源	销售商品和服务	销售至个人、家庭、私营企业、政府机构等	53.0
	公共补贴	固定合同雇佣、创造固定岗位、安置就业、咨询与支持等	32.0
	赠予和捐献	—	2.0
非货币型资源	间接补贴	社会保障金豁免、减税、设备贷款、人员借调等	6.5
	互惠资源	基于互助团结、慈善活动、政治选择等的志愿活动	5.5

资料来源：尼森，2014：114～120。

若一个组织系统要有效发挥功能作用，就必须拥有与其环境相同的复杂性（刘洪，2011：11）。为了在多元目标、多元参与和多元资源中维持平衡，社会企业必须采取混合战略，通过价值、主体、体制、资源、手段等多个维度的融合来应对制度复杂性。首先，最基础的是在多元利益相关者之间建立共享、团结、融合的共同价值观。同时，社会企业应通过内部程序与外部模式实现可持续发展，如招聘那些更认同社会企业价值观的员工、鼓励利益相关者的民主参与、建立不同层级（地方、区级及国家层面）的关系网等。更重要的是，社会企业与政府建立合作关系，不仅可以避免组织合法性危机，而且可以扩大投资组合、建立非正式关系网以实现对社会资本的整合。

（二）社会企业的同构战略

所谓同构，就是"驱使一个组织与面临同样环境条件的其他组织相像的过程"（DiMaggio and Powell, 1983），这是组织在制度环境约束下出现的趋同倾向，因为组织只有服从制度要求才能获得合法性和生存发展所需的关键资源。同构战略既强调社会企业能够通过吸纳复杂制度环境中的元素，对多种环境等进行同构，又指出社会企业能够突破制度压力，在组织稳定性、制度灵活性、组织变化性、体制同构性四个方面实现组织目标与持续发展（尼森，2014：240～241）。欧洲社会企业的发展和演变反映了社会企业制度压力的表现形式以及克服路径。

首先，欧洲工作整合型社会企业从兴起到获得法律身份的发展轨迹，与各国促进就业公共政策的实施和衍化大体一致。20 世纪 80 年代，丹麦的"社会发展计划"使工作整合型社会企业成为这一政策的"传送带"和"开拓者"。20 世纪 90 年代初，比利时的"失业率削减方案"（PFC）、法国的"就业团结契约"（CES）、德国的"工作创建措施"（ABM）以及爱尔兰的"社区项目"等，为社会企业开放了空间。90 年代末以来，德国、瑞典、丹麦等国家继续实施"激活劳动力市场政策"，这意味着政府和社会企业在促进就业方面的合作继续深化，社会企业必须和营利性企业、公共组织等共同竞争"集成合同"，准市场的逻辑开始涌入，社会企业的生存环境变得越发复杂。

其次，各国社会企业在面对不同制度压力时，采取了差异化的同构策略，由此达到的效果也大相径庭。在英国，创始于 1979 年的伊灵社区交通公司（ECT）旨在为伊灵地区的居民提供交通服务，在获得巨大商业成功的同时，ECT 尝试投入资金设立慈善基金会以防范社会目标被搁置的风险。在德国，米尔海姆基督教执事会就业与文化有限责任公司（DW）自成立以后，为契合当地社会政策框架，组织理念几经调整，从服务公众利益到为失业者提供临时工作再到新产品选择指引等，但仍在政府机构日趋严格的会计标准以及营利性企业的竞争压力下举步维艰。在意大利，源自民间的社会企业凭借其在弱势群体就业中的积极作用获得了特定的法律地位，即"B 型社会合作社"，但政府与 B 型社会合作社之间的"君子协定"式合作关系也面临招投标压力、营利企业竞争等的冲击，社会企业能否通过目标调整等应对制度风险尚不可知。

最后要指出的是，尽管社会企业面临越发严峻的生存压力，但是毫无疑问，它们在实现促进弱势群体就业、提高弱势员工能力、扩张社会资本和人力资本等方面都取得了有效进展。据统计，在接受调查的 949 名社会企业弱势员工中，55% 以上的员工接受了社会企业内部或外部的培训，工作技能、人际关系能力等得到显著提升；58.6% 的员工在调查时仍然在社会企业工作，7.7% 的员工在社会企业外找到工作。因此，未来需要持续关注的议题是，如何为社会企业降低外部环境的复杂性与不确定性，以确保其持续助力社会问题的解决。

三 欧洲社会企业发展对我国的借鉴意义

自 20 世纪 90 年代中期以来，在社会治理社会化、公共服务市场化、社会组织资金压力、商业精英进入社会创业领域、国外理念与实践示范等多重因素推动下（王名、朱晓红，2010；王世强，2012），社会企业在我国得到了快速发展。据统计，截至 2019 年 4 月，全国共有社会企业 1684 家[①]，并呈现逐年递增的趋势。虽然我国社会企业发展取得了显著成就，但仍然面临诸多问题：社会企业组织形态与组织性质判定困难（刘小霞，2012），缺乏独立法律身份；社会企业的品牌价值尚不显著，难以平衡社会效益和经济效益（陆军、李佳巍，2016）；社会企

---

① 中国慈展会：《社会企业最新数据来了：总量 1684 家，三成获融资，仅二成有盈余》，ht-tp://www.cncf.org.cn/cms/content/13060，最后访问日期：2021 年 3 月 6 日。

业融资渠道单一、融资规模较小（吴维锭，2020），面临严峻的资源困境等。这表明，中国社会企业不仅在响应制度复杂性中表现不佳，而且主动形塑公共政策的努力匮乏。

《社会企业的岔路选择：市场、公共政策与市民社会》一书所揭示的欧洲社会企业响应制度复杂性的行动策略，为我国社会企业的持续发展提供了借鉴。从总体上来看，我国社会企业发展一方面需要降低外部环境的不确定性，另一方面需要提升自身对环境的适应能力。

首先，需要明确社会企业的多重目标，即正确认识社会企业所具备的社会属性、经济属性甚至政治属性。欧洲社会企业的多元目标、多元利益相关者、多元资源等已得到充分讨论与广泛认可。相比较而言，我国关于社会企业的公益和商业之争仍在持续（时立荣、王安岩，2019）。一方面，需要在认可社会企业多重目标的基础上，探讨多重目标的边界，并在此基础上讨论社会企业与政府、市场、非营利组织的共生交往关系；另一方面，需要设计能够容纳多元利益相关者的社会企业治理结构，并建立与之匹配的社会企业内部管理机制。

其次，政府应制定符合社会企业治理与发展的政策框架。欧洲的英国、法国、意大利等国家已经确认了社会企业的法律身份，如英国的"社区利益公司"、法国的"集体利益合作社"、意大利的"社会合作社"等，而中国尽管存在大量社会企业表现形式，却缺少独立法律身份。因此，中国政府应尽快出台专门性法律法规，对社会企业的法律主体身份进行确认，并制定社会企业的分类标准与认证机制；通过税收优惠、财政扶持、购买服务等组合政策工具，加大对社会企业的资金、信息和能力等扶持；探索社会企业多重目标的分类监管模式，监督并矫正社会企业的失范行为等。总而言之，政府应降低因政策缺位或政策分歧导致的不确定性，为社会企业的发展创造稳定、宽松的规制环境。

最后，社会企业需要保持混合特性、提升混合治理能力以应对多重制度压力。一方面，社会企业在创立和发展过程中要不断创新、探索混合策略，调整、修正组织身份，以匹配可能发生的外部环境变化；另一方面，将社会企业家精神与社会企业内部管理制度进行有效对接，发挥其在拓展社会网络、整合社会资本、创新经营策略中的积极作用。

【参考文献】

崔月琴、母艳春，2019，《多重制度逻辑下社会企业治理策略研究——基于长春市"善满家园"的调研》，《贵州社会科学》第 11 期，第 44 ~ 50 页。

邓少军、芮明杰、赵付春，2018，《组织响应制度复杂性：分析框架与研究模型》，《外国经济与管理》第 8 期，第 3 ~ 16 页。

刘洪，2011，《组织复杂性管理》，商务印书馆。

刘蕾、吴欣同，2020，《"两块牌子"：社会企业的资源拼凑逻辑——对市场环境和制度环境的双重回应》，《东南学术》第 5 期，第 136 ~ 147 页。

刘小霞，2012，《社会企业：合法性困境及出路》，《学习与实践》第 10 期，第 95 ~ 103 页。

陆军、李佳巍，2016，《社会企业的财税支持政策：国际经验及启示》，《学习与探索》第 6 期，第 84 ~ 91 页。

马尔特·尼森，2014，《社会企业的岔路选择：市场、公共政策与市民社会》，伍巧芳译，法律出版社。

时立荣、王安岩，2019，《中国社会企业研究述评》，《社会科学战线》第 12 期，第 272 ~ 280 页。

田蓉，2016，《超越与共享：社会企业研究新进展及未来展望》，《南京社会科学》第 12 期，第 53 ~ 58 页。

王名、朱晓红，2010，《社会企业论纲》，《中国非营利评论》第 2 期，第 19 ~ 21 页。

王世强，2012，《社会企业在全球兴起的理论解释及比较分析》，《南京航空航天大学学报》（社会科学版）第 3 期，第 66 页。

吴维锭，2020，《我国社会企业型公司的融资困境与破解》，《金融与经济》第 5 期，第 74 ~ 80 页。

DiMaggio, P. J. and Powell, W. W. 1983. "The Iron Cage Revisited: Institutional Isomorphism and Collective Rationality in Organizational Fields. " *American Socio-logical Review* 48 （2）: 147 – 160.

Greenwood, R. , Raynard, M. , Kodeih, F. , Micelotta, E. R. and Lounsbury, M. 2011. "Institutional Complexity and Organizational Responses. " *The Academy of Management Annals* 5 （1）: 317 – 371.

Smets, M. , Morris, T. and Greenwood, R. 2012. "From Practice to Field: A Multilevel Model of Practice-Driven Institutional Change. " *The Academy of Management Journal* 55 （4）: 877 – 904.

中国第三部门研究　第 21 卷
第 202～210 页
© SSAP，2021

推动非营利研究专业化的里程碑之作

——评《非营利管理辞典：术语与概念》[*]

袁君翱　赵　挺[**]

摘　要： 非营利组织的兴起与发展激起了众多研究者的兴趣，所形成的成果可谓汗牛充栋。与此同时，学界对非营利研究领域的术语、概念和范畴仍然缺乏一定的共识，亟须进一步地规范与完善。由大卫·霍顿·史密斯等编著的《非营利管理辞典：术语与概念》试图通过对非营利领域的术语和概念做出清晰明确的定义并创新性地界定非营利研究的范畴，以推动研究的专业化发展，或可视为非营利研究专业化之路的里程碑之作。该书具有较高的开拓性，所覆盖的研究领域也较为广泛，并具有明显的学术倾向。对于中国非营利研究者来说，阅读该书有助于了解国外研究进展，在借鉴和吸

---

[*]　基金项目：国家社会科学基金青年项目"地方政府培育社会组织的运作机制及改进策略研究"（项目编号：17CZZ029）。

[**]　袁君翱，华东政法大学政治学与公共管理学院硕士研究生，主要从事社会组织管理方面研究，E-mail：yuanjunaoqd@163.com；赵挺，华东政法大学政治学与公共管理学院副教授，硕士生导师，上海交通大学管理学博士，主要从事社会组织管理、公共冲突治理等方面的研究，E-mail：zhaobdting@163.com。

收的基础上亦可寻求本土公益研究的深化。

关键词：非营利组织；专业化；第三部门

20 世纪七八十年代，受福利国家危机、环境危机和中产阶级革命等因素的影响（萨拉蒙，2008：270~275），世界各地的非政府活动急剧扩张，涌现出大量的非营利组织。非营利组织所形成的第三部门试图弥补政府和市场的失灵，对公众的复杂多样需求做出更为灵活和有效的回应。来自社会学、政治学和公共管理等相关专业领域的研究人员对志愿活动、公益捐赠、公民倡议、社区参与、社会运动、慈善信托等非营利部门现象产生了浓厚的兴趣，研究成果也呈现指数式增长的态势。据统计，全球出现了 55 个跨学科非营利研究协会，如美国的非营利组织与志愿行动研究协会（the Association for Research on Nonprofit Organizations and Voluntary Action，ARNOVA）、英国的志愿和社区研究协会（the Association for Research in the Voluntary and Community Sector，ARVCS）以及日本的非营利组织研究协会（the Japan NPO Research Association，JANPORA）等；同时，各国已经出版了 100 多种关于非营利主题的学术期刊，比如《非营利与志愿部门季刊》（*Nonprofit and Voluntary Sector Quarterly*）、《志愿》（*Voluntas*）以及《非营利组织管理和领导》（*Nonprofit Management and Leadership*）等（Smith，2013：640），可以说全世界关于非营利领域的研究正越来越趋向于专业化。大卫·霍顿·史密斯（David Horton Smith）甚至认为非营利的研究成果正衍生出一门新的独立学科即志愿学（史密斯，2019）。

然而，学界对一些术语和概念的认识仍比较模糊和混乱，总体上缺乏一种通识性的理论。大卫·霍顿·史密斯联合罗伯特·A. 斯特宾斯（Robert A. Stebbins）和迈克尔·A. 多弗（Michael A. Dover）共同编纂完成了收录 1200 多个相关术语和概念的辞典《非营利管理辞典：术语与概念》（以下简称《辞典》）。此书的问世推动了非营利研究专业化发展，是非营利研究专业化之途的里程碑之作。大卫·霍顿·史密斯系美国波士顿学院社会学系教授，1965 年博士毕业于哈佛大学，是全球具有较大影响力的非营利研究学者。史密斯于 1971 年创办了非营利组织与志愿行动研究协会，次年又创设学术期刊《非营利与志愿部门季刊》。罗伯特·A. 斯特宾斯是加拿大卡尔加里大学荣休教授，休闲社会学、非营利组织研究专家，他首创了"休闲志愿活动"这一研究领域，因此本书中收录了大量关于休闲活动的条目。迈克尔·A. 多弗是美国密歇根大学博士，克里夫兰州立大学副教授，主要从事跨学科社会理论和非营利部门研究。在三位作者的共同努力下，此书于 2006 年由印第安纳大学出版社出版。鉴于《辞典》对非营利研究专业化的推动作用，国内学者吴新叶于 2017 年将其翻译为中文并在北京大学出版社出版，吴新叶系华东政法大学政治学与公共管理学院教授，长期从事非营利管理、草根政治研究。

一 《辞典》的主要内容

《辞典》收录了 1200 多个相关术语和概念。作者将其分为十类：第一类是基本概念，包括"利他主义""非营利管理"等 34 个代表性术语；第二类概念主要与非营利政治活动有关，包括"行动主义者""公民参与"等 35 个代表性术语；第三类概念涉及社团组织，包括"社团""会员资格"等 34 个代表性术语；第四类概念涉及志愿者，包括"志愿者""志愿活动"等 27 个代表性术语；第五类概念与公益有关，包括"捐赠""基金会"等 31 个代表性术语；第六类概念涉及非营利管理，包括"非营利联盟""非营利董事会"等 23 个代表性术语；第七类概念涉及志愿者管理，包括"志愿者招募""志愿者发展"等 18 个代表性术语；第八类概念与休闲有关，包括"业余人士""正式休闲活动"等 26 个代表性术语；第九类概念涉及宗教问题，包括"教会""寺庙"等 31 个代表性术语；第十类概念与法律有关，包括"慈善募捐法规""慈善信托"等 31 个代表性术语。

在《辞典》庞大的内容体系中，有很多概念和术语值得细细思考与咀嚼，下面简单列举几处，以飨读者。

第一，关于"利他主义"。"利他主义"是指个人或非营利性团体为增进家庭成员之外他人的福利，不求回报，给予金钱、产品、时间或其他财产等的态度。作者从四个角度将利他主义分为八类。首先，作者从是否在利他活动中获得自我满足感这个角度将"利他主义"分为"纯粹利他主义"和"相对利他主义"。"纯粹利他主义"指没有在活动中获得满足感，"相对利他主义"则相反。在现实生活中，利他活动一般都是一种互惠的过程，同时能给活动双方带来满足感，所以更多的是"相对利他主义"。其次，作者从志愿者是否获得薪酬这个角度将利他主义分为"志愿者利他主义"和"准志愿者利他主义"。"志愿者利他主义"是没有薪酬的利他主义，而"准志愿者利他主义"是有一定的报酬的利他主义。再次，作者从志愿活动是自利还是他利这个角度将利他主义分为"自我服务利他主义"和"服务他人利他主义"。最后，作者从是否出于自愿而将利他主义分为"非志愿利他主义"和"志愿利他主义"，"非志愿利他主义"虽然也是利他行动，但本身是为了获利，其广泛存在于政府机构中，而"志愿利他主义"则是无功利目的的志愿活动。

第二，关于"互惠"。"互惠"是上文提及的"相对利他主义"中重要的一部分，意指接受物品时又回馈某物品。"并发互惠"、"侧面互惠"、"回馈式互惠"和"互惠预期"都是与"互惠"相关的重要术语。"并发互惠"，是指一个人参与志愿活动的原因是最近从非营利组织中获得了一些帮助。"侧面互惠"，是指由于一个人的朋友或家人从非营利组织中获得过帮助，因此激起了其也参与到志愿活动中去的积极性。"回馈式互惠"，是指志愿者从事志愿活动是因为先前也接受过非营利组织的帮助。"互惠预期"，是指志愿者参与志愿活动是希望在日后能获得某些利益。

第三，"公共利益"。以往的研究从利益目标群体这个角度将非营利团体划分为"会员利益型的非营利团体"与"公共利益定位的非营利团体"。"会员利益型的非营利团体"主要是为成员带来利益或提供服务，如一些工会。"公共利益定位的非营利团体"则是服务于普罗大众的需求。作者认为，"公共利益"这个词并不妥帖，非营利团体的利益目标群体鲜有包含所有群众的，更多是特殊的利益群体，如穷人、老人和无家可归者，因此用"非会员利益"替代"公共利益"更为准确。这一词语转换虽然看似无关紧要，但是促使我们思考一个问题：当我们在谈论"公共利益"的时候，究竟是在谈论谁的利益？

第四，"第三部门"。在过去，人们通常把社会分为商业部门和政府部门两大部门。由于这几十年来非营利部门迅猛发展，人们开始把非营利部门作为继市场和政府之后的第三部门。一般情况下，当提及第三部门时也就是指非营利部门，但是作者认为这种"社会三部门"的划分方式完全忽略了家庭/家族部门，而这恰恰是人类历史上出现的第一个部门。所以如果按照历史上正确的部门次序的话，那么非营利部门应该被称为"第四部门"。

第五，"自私"与"无私"。"自私"是指只追求自身的利益，"无私"是指对他人的利益和需求挂怀。在人们心里，"自私"和"无私"是相对的概念。但是在现实中，如果面对的是非排他性的利益，通俗地讲就是蛋糕足够大，那么分蛋糕的人既可以"自私"，也可以兼顾他人实现"无私"。所以，"自私"的真正对立面并非"无私"，而是"自我牺牲"，慷慨大方之人在面对一些排他性利益的分配时，不仅会关注他人的需求，还会选择牺牲、放弃自己的利益，这才是真正超越"自私"的行为。

第六，"社会范畴""集体""团体""组织"这四个易混淆的划分群体的概念。"社会范畴"，是指两个及两个以上的个体所组成的集合，成员可能有集体认同感，但并不会经常系统性地进行交流。"集体"，是指两个及两个以上有集体认同感且能有效互动的人所组成的群体。"团体"则在"集体"的基础上更进一步，"团体"成员不仅有集体认同感并能进行有效互动，而且共享一个或多个目标并建立起一个相对严密的组织机构。"组织"是团体中的正式团体，是拥有专有名称、明晰的会员身份以及领导结构的团体。"社会范畴""集体""团体""组织"四个概念层层递进，组织化和正式化的程度越来越高。

二 《辞典》的创新之处

《辞典》的首要创新之处就是确定了非营利研究的范畴和边界。大卫·霍顿·史密斯试图解构当前的非营利研究，他认为现有研究忽略了非营利部门中的一些主要部分，而过度强调其中的某些部分，使研究领域显得太过狭隘和片面。他幽默形象地将这种研究范式称为"扁平地球范式"，因为在历史上人们普遍认为地球是扁平的，自己所在之处就是整个世界或者说是世界的中心，对自身之外的领域一无所知，而当前的研究人员如同他们一样忽视了非营利部门的一些关键现象。为了效仿哥伦布和麦哲伦通过远洋航行证明地球不是扁的而是球状的行为，作者在《辞典》中加入了大量以往研究甚少的条目以建立新的学术范式即"椭圆地球范式"。

首先，作者认为，当前研究存在"正式化团体的扁平地球范式"和"付酬员工非营利团体的扁平地球范式"，忽视了在非营利领域中作为暗物质①一般存在的草根组织。草根组织虽然没有正式组织固定的结构和明确的使命，也不如付酬员工非营利团体那样规模庞大、表现出色，但是其数量巨大并为民众提供了大量服务，因此作者将草根组织纳入了非营利研究的范围，《辞典》中也吸纳了如"草根""草根动员""草根社团""草根社团的反权威主义"等一系列相关条目。

其次，相比于萨拉蒙强调非营利部门的组织性和正式性（Salamon

---

① 暗物质是存在于宇宙中一种不可见的物质，喻指非营利部门中的某些部门，由于当前相关研究较少，因而人们很少关注（史密斯、斯特宾斯、多弗，2018：168）。

and Anheier，1992），作者认为非组织化的个体志愿活动也应该被纳入非营利部门的讨论范围，原因在于组织活动本质上是个人志愿活动的总和，只不过要遵循组织的规则，两者并无根本差别。作者进而指出，只要是出于志愿利他的目的，无论是组织开展的正式志愿活动还是个人参与的非正式志愿活动，都可以算作非营利部门的一部分。因此《辞典》中也包括"非正式服务志愿活动""非正式经济支持活动""非正式社会创新活动""非正式社会美学活动"等一系列条目。同时，现实情况比较复杂，存在一些非正式活动既是基于志愿利他的目的，又是出于其他一些社会价值观如社会交往和个人成就感的考虑，所以《辞典》也收录了一些来自休闲研究领域的相关概念。

再次，作者认为，当前的非营利研究中存在一种"世俗主义视角的扁平地球范式"，这种范式并不重视宗教、上帝和超自然的力量，而是关注日常生活以及基于科学和理性的信仰，所以也很少关注宗教性的非营利组织。但是实践发现，在美国，教会不仅是家庭进行慈善捐助的主要场所，也是种种志愿服务项目的组织者（史密斯，2019：222）。考虑到宗教组织在非营利领域发挥的积极作用，作者在《辞典》中专门收录了宗教类型的概念与术语。

最后，学术界还盛行一种"天使型非营利团体的扁平地球范式"。这种范式认为，非营利部门仅仅由那些传统的、主流的、行为正常的组织构成。作者对这种范式表示质疑，他认为非营利部门中还存在大量异端的、越轨的组织，它们同样是出于志愿利他主义而集合在一起的，所以《辞典》中也出现了诸如"飞车党""青少年犯罪团体""阴谋集团""怨恨团体"等一些概念。

三 《辞典》的特点与启示

上文大致介绍了《辞典》的主要内容和创新之处，而当我们鸟瞰全书内容时，能很明显地发现它的三个特点。

　　一是《辞典》的开拓性。非营利研究经过这几十年的蓬勃发展越来越兴盛，学术研究汗牛充栋，专业杂志与非营利研究协会不断涌现，但是仍缺少一部厘清非营利研究术语和概念的作品，因此《辞典》具有极高的首创性和开拓性，其为后续的非营利研究奠定了坚实的基础。

　　二是《辞典》覆盖领域的广泛性。编纂者划分了非营利研究基本概念、非营利政治活动、社团组织、非营利管理、法律等十个类型共1200多个术语和概念，基本上覆盖了非营利研究的各个方面。同时，如前文所述，本辞典还突破了传统研究中的"扁平地球范式"，将草根组织、个人志愿活动、涉黑志愿组织等都包含在讨论范围中，为我们展现了一幅相对完整的非营利研究图景。

　　三是《辞典》的学术倾向明显。在学科渊源上，《辞典》收录的条目涉及历史学、社会学、政治学、经济学、管理学、法学等多门学科，并体现出学科交叉的特征。在参考文献上，《辞典》引用了超过60多页的参考文献，使每一个条目的内容都显得有理有据。在条目撰写上，列出不同学者的观点，体现学术的百家争鸣，如上文提及的"自私"与"利他主义"这两个条目都将不同看法纳入其中。

　　站在中国非营利研究的立场，《辞典》无疑是具有较高的参考价值的。改革开放以来，中国政府开始接纳非营利部门的存在，承认其在经济和社会发展中的重要作用。政府不仅向非营利组织购买公共服务助推非营利组织的发展，同时也简化登记管理流程和开启去行政化改革来提高非营利组织的自主性（Smith and Zhao，2016：34～38）。这使非营利组织的活动空间得到前所未有的扩展，在日后焕发出强大的生机与活力。现实的演变也激起了研究人员的学术兴趣。目前，许多大学专门设立了非营利研究机构和学术刊物，还有大量相关论文和著作不断问世，可以看出中国非营利研究领域的发展也是蒸蒸日上。本辞典作为非营利研究专业化的里程碑之作将帮助中国学界了解国外的研究成就，赶上国际前行的步伐，实现与世界接轨。在吸收和借鉴的基础上，研究人员也可以基于中国场景寻求本土公益研究的进一步深化，努力为世界讲好中国故事。

总而言之,《辞典》的诞生意味着非营利研究又往专业化发展方向迈进了一大步,其作为非营利研究和从业人员必备的工具书不断推动理论创新和实践改进,回顾过去十几年非营利研究领域的学术研究成果,《辞典》是其中不可多得的上乘之作!

【参考文献】

大卫·霍顿·史密斯、罗伯特·A. 斯特宾斯、迈克尔·A. 多弗,2018,《非营利管理辞典:术语与概念》(英汉对照),吴新叶译,北京大学出版社。

大卫·霍顿·史密斯,2019,《草根组织》,中山大学中国公益慈善研究院翻译组译,商务印书馆。

莱斯特·M. 萨拉蒙,2008,《公共服务中的伙伴——现代福利国家中政府与非营利组织的关系》,田凯译,商务印书馆。

路占胜、吴新叶、大卫·霍顿·史密斯,2019,《志愿学:非营利研究的学科可能——以全球为视野》,《中国非营利评论》第 2 期,第 311~319 页。

David Horton Smith and Ting Zhao. 2016. "Review and Assessment of China's Nonprofit Sector after Mao: Emerging Civil Society?" *Voluntaristics Review: Brill Research Perspectives* 1 (5): 1 – 67.

David Horton Smith. 2013. " Growth of Research Associations and Journals in the Emerging Discipline of Altruistics. " *Nonprofit and Voluntary Sector Quarterly* 42 (4): 638 – 656.

Lester M. Salamon and Helmut K. Anheier. 1992. "In Search of the Non-Profit Sector. I: The Question of Definitions. " *Voluntas: International Journal of Voluntary and Nonprofit Organizations* 3 (2): 125 – 151.

访谈录

INTERVIEWS

中国第三部门研究　第 21 卷
第 213~222 页
© SSAP，2021

资源整合＋本土化创新：社会企业助推青年社会参与

——访深圳市见新文化传播有限公司创始人赵培烜

成丽姣

访谈时间： 2021 年 2 月 24 日 20：00~22：00

访谈方式： 电话访谈

受访者： 赵培烜（深圳市见新文化传播有限公司创始人）

访谈人： 成丽姣（上海交通大学国际与公共事务学院博士研究生）

【深圳市见新文化传播有限公司简介】

深圳市见新文化传播有限公司，又称 RE‐LOOK，成立于 2019 年，香港中文大学社企计划，是立足大湾区以体验的方式协助个体成长的社会企业，以"Play Hard，know the world"为使命，以"探索世界和我，成就青年力量"为愿景，以"开放、发现、探索和责任"为价值观，通过多元链接，创造有意义的社会创新体验和教育内容，推动青年人更好地认识自我、建立关系、提升社会参与。RE‐LOOK 原创设计基于优势视角的青年参与社会公益的探索工具包，通过机构合作推广到广州、武汉等多个城市。截至

2020年12月，RE-LOOK已举办近140场线上、线下体验活动，超过9200人次参与活动，形成覆盖广深港青年的合作网络，触达数万名深圳青年。业务范围包括但不限于承接政府购买服务项目、企业公益营销咨询、社会创业团队赋能、青年公益社群运营等。2019年，RE-LOOK获得香港中文大学社会企业挑战赛优秀奖、粤港澳大湾区大学生公益创新创业项目大赛铜奖、深圳龙华区青年创新公益服务项目大赛一等奖；2020年，RE-LOOK策划城市共生青年项目官培养计划获得深圳（龙华）创新实践大赛冠军及最佳创意、策划寻光之旅深港青年城市融入项目获得益苗计划广东志愿服务组织成长扶持行动暨粤港澳大湾区专项赛优秀项目等荣誉。

【人物简介】

赵培烜，女，深圳市见新文化传播有限公司（RE-LOOK）创始人，2016年硕士毕业于香港中文大学社会服务管理专业，2020年又于香港中文大学获得社会工作硕士学位。于2016年担任香港理工大学青年和家庭创新中心研究员，主要研究方向是青少年心理和培育发展。在香港学习工作的同时，于2018年加入ABC美好社会资讯社深圳分社，配合业务拓展部门开展机构传播工作。丰富的社会专业领域知识积累以及深港两地公益组织的实践经历，香港中文大学社会企业孵化计划提供的资源，为她创办RE-LOOK社会企业奠定了坚实的基础。

成丽姣：赵小姐，您好！特别感谢您接受《中国第三部门研究》集刊的访谈，为我们介绍RE-LOOK这家社会企业的相关情况。我们期待从您这里了解更多机构的故事，您能介绍一下RE-LOOK成立的缘起吗？

赵培烜：我之前在读社会工作专业的过程中，发现针对社会议题这一块儿是没有学习经验的。这一部分经验相当于社会性学习，就是一种去学习和认识不同社会，提升自己社会认知这样一个基础能力。从成长的过程，我们已有的教育内容上来讲，它都是缺失的。所以最开始做这个呢，其实是想把一些已有的、好的体验方式带给更多人，让青年可以通过体验去了解社会，而不是说读一个文章看一个新闻，这些社会议题好像离我很远，但其实并没有这么遥远，只不过是解读的方式有差异。

成丽姣： RE－LOOK 这个名字是有什么含义吗？当时为什么想取这个名字？"见新"两字是否也有特定的意义呢？

赵培炬： 名字我们当时想了很久，RE－LOOK 其实是重新看世界的意思，重新看，希望大家可以用新的视角去看待自己生活的圈子。我们会觉得很多时候大家都是一个平行世界的感觉，可能你的关注点永远在自己身上，而忽略了社会上的很多议题，这是名字的一个来源。"见新"其实是因为我们最开始只有英文名，到了深圳有一些场合需要有中文名，所以我们配合 RE－LOOK，跟英文名是一样的，意思是发现世界的新角度，青年能够有全新视角，能够在社会创新领域有更多的发现，而不是仅仅停留在目前的个人生活当中。

成丽姣： 您是如何将社工的专业知识和实践经验融合到 RE－LOOK 的创新和发展中来的呢？

赵培炬： 这个东西是有点潜移默化的。最开始的时候，我们团队三个人，一个学妹也是有社工背景的；另一个伙伴是商业背景，他可能很多时候不能理解我们思考的一些内容或者点，因为我们在做活动设计或做项目设计时，常常会更强调背景和根源，到底用什么样的方式去应对，带来什么样的效果。但从一个没有这种专业背景的人的角度来看，青年活动更多的是一个产出上的衡量，在效果衡量和目标设定这两块儿就会弱一点。另外，不管在内地的社工机构，还是香港社工机构，所有项目书和活动书的表格，都会让你写明项目关注的需求点是什么，目标是什么。对于很多不是社工或者没有经过这么长期的训练的人来说，就会觉得这只是一个形式，他可能不会反复在服务或活动的过程中思考目的是什么。

成丽姣：社工知识背景和学术结构能否带来项目设计内容上的专业性呢？

赵培烜：可能这些还是思维上的吧，不管是不是社工背景，朝着一个设计方向去做的话，还是很需要相配套的一些培训，基础知识的支撑，解决的问题是什么？怎么去定义这个问题？香港中文大学社会企业挑战赛包括我参加的香港中大的社企孵化计划，都是去给你注入这样一种思维，这种思维其实跟我们做社工要去找到服务使用者，受助对象的一个需求，然后再去看需求怎么能更好地解决，是一样的逻辑。

成丽姣：香港中文大学社会企业挑战赛是 RE - LOOK 受到的比较重要的支持，当时是在什么情况下参加了这个孵化计划呢？获得了什么样的资源呢？能简单介绍一下吗？

赵培烜：这件事还挺好玩儿的，刚启动这个计划之前确实没有有内地背景的同学参与，我的情况又特殊在哪儿呢？因为我本身也不是广东人，不会说粤语，我是后面去读了社工专业，必须实习，迫于实习的压力，后面我才慢慢学会了用粤语进行流畅的日常沟通。在参加这个孵化计划的时候，我还是不太会讲粤语，这里面我们就碰到了比较好的老师，也给我们提供了蛮多的支持，这个孵化计划其实就是给你一系列基于设计的思维步骤（的训练），每一步下面去思考和设计，中间会有几场工作坊推动，最后会有一个统一的比赛。在这个过程中配备了导师，给我们配的导师是在内地有过一段工作经历、年纪大、有商界背景的人。

社会企业孵化计划最重要的还是导师的支持，这些导师本身已经退休了，但他们很有心推动青年人去做一些有益于社会的事情，我们跟他们也有比较密切的接触吧，因为一些机缘巧合就认识了，我对这些导师其实比较熟，有一个香港中文大学的校友一起推动这个社企的小圈子。然后，我们就成了中大校友慈善基金下面一个支持合作的伙伴。这里包括导师，也包括其他老师，我们都保持着一定频次的交流。直到现在，有一些问题，也会定期跟老师们去做电话沟通，聊聊最近的情况。

这个支持不是在金钱上直接帮你解决问题，而是碰到阻碍和比较困惑的地方，可以去帮你做梳理，还可以给予你陪伴和鼓励吧，让你看到自己做的事情是持续的、有价值的，在这个圈子里其他人也在不断地做同样的尝试，整个就会有正向的土壤，让你可以把自己想做的一些事情充分地表达和传递出来。

成丽姣：RE‒LOOK 业务范围从香港到深圳发生了转变，在这个过程中，RE‒LOOK 有没有遇到一些现实层面的障碍，比如，公司注册的问题？

赵培烜：这个问题是这样解决的，我们最开始是在香港，没有注册身份，属性一直都是依托高校的创新青年团体。在深圳的项目开展过程中，迫于财务处理申请一些压力，我们才去注册了公司。整个业务范围没有做特别大的转变，基本上还是最开始的动机，推动青年去更多地认识和了解社会议题，提升自己的社会认知。可能是在人群上，现在更多是关注"深漂""港漂"，包括深港两地青年的交流领域，有这么一个扩展。我们怎么到了深圳呢？主要是我们有一个想法是在深圳把香港一些比较好的体验内容和设计思路，在内地做本地化的尝试。在香港有很多这种成熟的体验，但是在深圳基本上就是空白。我们自己去推动，让青年人通过我们看到更多的组织。对于这些组织来说，被青年人看到并不是它们要解决的问题，或者说它们关注的一个重点，而是需要有人或者有机构去帮助它们，把这些内容更好地传递给青年人。

成丽姣：在这个过程中有什么困难呢？

赵培烜：最大的困难是我在香港一直工作。在深圳，除了在 ABC 认识的公益组织的伙伴，并没有相应的资源和渠道。我们首先做了福田团委支持的一个项目，最大的阻碍就是，你要去评估好在这件事情上是不是能投入自己无限的时间和精力，把项目做好，以证明你有运行的能力。有了这些打底，才能更好地扩展其他方向的资源。2019 年我还在工作，我的伙伴也是兼职的状态，项目也没有那么多，全心全意地做好 1~2 个项目。比如，香港的设计，拿到内地去做一些发展，也可能比较困难。

成丽姣：这中间有比较好的契机吗？

赵培烜：比较好的契机是深港两地的交流，现在也有了 2020 ~ 2025 年的青年发展规划。在深圳甚至全国范围内，我们都在做青年发展的相关工作，但要做相应的服务创新，这是个机会。与各个区团委保持密切的联系，是我们的一个重要支持。我们做的内容，在深圳会有更大的发展和创造空间，所以我们把重心放在了深圳。香港相当于创意资源库，深圳是我们重点突破和发展的试验基地，慢慢地通过深广协作再去辐射到其他范围。我们目前给自己的定位还是一个 5 年的规划，5 年之后成长为大湾区创新青年服务的标杆组织。

成丽姣：RE - LOOK 发展到现在，有多少工作人员？他们的构成是怎样的？

赵培烜：我们组织比较特殊，现在算上我，是 5 个人的团队。我们 5 个人里面有 3 个人是社工背景的，1 个人是公共服务管理，还有 1 个人是广告学。2020 年我们招募了 26 名志愿者，与 64 个合作方深度共创，和 64 个合作方共同影响了 47220 名青年。

成丽姣：志愿者情况是怎样的呢？招募的流程是什么样的？

赵培烜：之前我们的志愿者都是公开招募，但审核流程还是很严格的，我们会把志愿者匹配到不同的岗位，比如，新媒体岗位、项目管理岗位和公益合作岗位。我们志愿者招募的流程是，在发布了招募和岗位之后，他们就填了报名表，我们会给他们发一份作业，写一份作业给我看一下作业里体现的匹配岗位的能力是怎样的，看完了之后还会有一轮电话的沟通。线下志愿者，广深范围两类人比较多，一类是大学生，另一类是已经出来在公益组织和社工机构工作的青年。他们为什么会感兴趣呢？因为他们在自己的工作环境里太缺少一些新的东西了，他们也想有一些可以去突破尝试的机会，但是在自己的工作环境里，这种机会是比较少的，所以他们会比较想加入我们做一些尝试。所以之前我们核心的志愿者除了公开招募，很多时候是通过活动来转化的。还有一类志愿者，一部分是做了 2 ~ 3 年的长期志愿者，从刚刚起步就做；另一部分是从一次次的活动里转化的，愿意在这里做一些感兴趣的事情，但这部分志愿者的流动性也较大。除了志愿者，常规运营里面还有一些琐碎的、行政类的工作，我们是通过招募实习生的方式来解决的。

成丽姣：RE－LOOK 作为社会企业获得可持续发展，主要的资金来源是什么呢？资金是否充足？

赵培烜：我们主要的资金来源分为两部分。一部分是做青年服务，主要有政府项目和基金会项目两块。政府项目围绕青年服务的，像是深圳市甚至全国，都有围绕青年服务的青春学堂、青年之家、青年驿站。例如，刚到达深圳没有地方住，可以去申请青年驿站做赞助，青年驿站也会提供青年的服务。另外，深圳在推动深港两地青年交流，项目主要围绕创新青年社会创新参与服务，满足青年求职等各类需求。深港交流这块儿，我们的方式是依托各个区团委负责，基于之前项目开展的经验，会有一些定向项目活动邀请你。或者走常规的申请，等有项目机会放出来，大家首先统一去投项目书，其次答辩，再次去做考核，最后拿到项目。另一部分是我们做的课程。首先课程这块儿我们会做课程自主开发和设计，然后去招募学员，学员来付费。课程的话，我们基本上保持一个月一期，一期课程大概教授 100 个学员。如果是假期，比如寒假，我们就上了三期课，这也是我们长期规划和推进的一个部分。我们希望后续能在服务板块有更深入的设计，与我们课程板块的内容做联动，最终希望的是为青年提供支持，给其信心，让其有去做一些尝试的信心。有了这个支持后，他可以自己去做一些尝试，有这么一个循环的平台。

成丽姣：目前 RE－LOOK 的品牌项目有哪些？品牌项目里面比较有创新点的是哪些地方？

赵培烜：目前做的项目比较有特色的，一个是团委支持的深港两地文化交流项目，另一个是南头古城的项目。我们的创新体现在设计方式上，我们会采用青年人和我们共创的项目推进方式。比如南头古城项目，我们的目标是设计出南头古城的探索打卡路线，可能就不会用常规的方式，我们可能是自己开发一系列引导工具和建立配套的工作坊，招募青年人和我们一起做设计。做完设计之后，还会有开放的测试，再去招募青年人来一起优化，最后才形成这么一个产出。产出形成之后，会让最开始参与活动的青年人，在工作坊中就变成活动设计者。成为活动设计者之后，青年又变成了活动的主理人，最后产出一个打卡游戏。之前参与我们活动的这些志愿者，便完成了角色的转换，成为活动的主理人。在这个过程中，他们更加深入地了解了南头古城这个社区，提升了自己在活动中的设计、策划以及团队协作能力。他们成了活动的主理人后，社会价值反馈到事情上，去影响更多的青年人，也释放了自己的可能。这是项目设计理念上的创新，我们所有内容都是推动服务青年。目前，在社区生活和社会议题的范畴下，青年是缺位的。希望通过我们做的事情，让他们有更好的有想法和动力，以服务更多的人，这是我们项目设计方式上的创新。

内容创新上，我们所有的项目都是用三种方式。第一种方式是刚刚说的青年角色的转换，我们项目开发的方式都是共创，我们也有工具包，会引入比如香港、台湾甚至国外一些比较有意思的工具包，做本土化的设计。工作坊其实起源于德国，我们是作为国内的落地方，把工具包基于深圳的实际情况和政策，做一些设计把它落地。第二种方式就是我们不断地培养共创者。在培养创业者的过程中，我们所有的内容都是青年自己去做开发，这是我们协作方式上的创新。第三种方式是我们针对的人群和弱势群体是有差异的，是"港漂"和"深漂"高知青年这群人，他面临着难以融入城市、个人认同和社会价值不能得到体现等困境，本身可能有一定的经济基础，这是我们服务对象上的创新点。

成丽姣：您包括您的团队在借鉴域外的工作坊或者工具包，再进行本土化设计的过程中，有没有遇到什么问题？又是怎么解决的呢？

赵培烜：其实在这个过程中，所有内容我们都是重新调整和重新优化过的，可能更多是借鉴了工具包的思路和逻辑框架，更多的是引进一种思路，让你知道这个还可以这么设计，然后再和本地的资源相关方去做联动，包括本地的社工机构。这也是我们比较特别的一点，我们其实是开放式的共创，基于一个议题，与相关方去做一个充分的联结。再把大家的经验和优势做结合，社工的经验更多是来自服务对象，他们可能更擅长这种沉浸式的体验设计。

成丽姣：RE－LOOK 在 2018 年拿到香港中文大学资源支持，2019年成立公司，从初创到规模化发展的过程中，您遇到的最大挑战是什么？现在有考虑如何解决吗？

赵培烜：现在最大的挑战其实还是人力吧。以前做服务也好，活动也好，课程也好，你有多少人力就可以支撑到你做什么样的服务以及服务的细致程度。其实我们现在的解决方向是找理念相投的伙伴，这是比较困难的，也是需要慢慢发展的。我们也希望不是纯粹招一个人来做执行，而是具有能动性的，他的一些想法和能量都可以在我们这里得到释放。

我们目前设想的一个方向是通过深圳的公益组织和社工机构，慢慢转化其中感兴趣、有能量的志愿者。全职也好，兼职也好，都可以参与进来，帮助我们解决潜在的人力问题。

成丽姣：未来有没有打算针对全职员工有一个扩展？

赵培烜：目前是有 5 个人。我们现在的考量还是根据项目情况，再增加两个伙伴是比较理想的，但我们还是希望这两个伙伴是基于理念发展而来，而不是纯粹的招募。我们现在也希望注册社会组织，未来可能是双轨运行的方式，这个里面希望发展的是一个更有能力的长期的合作伙伴。

成丽姣：目前社会企业做了认证了吗？社会组织这块儿有打算在民政部门注册登记吗？

赵培烜：社会企业注册我们一直都准备做，但因为它有一个很明确的限制，必须有两个以上的工作人员交社保满半年，去年我们没有符合这个基础条件，今年我们已经在准备注册了。社会组织注册这部分我们也在同步推进，但因为涉及挂靠业务主管单位，手续会相对烦琐一些，注册周期也相对更长，所以目前还在推进中。我们希望有两个相配合的组织形态，这样你就会有更多选择的机会，可以更加的灵活。

成丽姣：RE - LOOK 所做的社区营造、教育公平、环境保护、长者服务等社会议题都具有创新特点，您觉得 RE - LOOK 所做的工作有哪些积极影响？

赵培烜：影响有两块儿，一块儿是青年本身上。因为我们的很多内容实际上都是落到社区的，所以另一块儿是对社区的影响。可能还有一部分是对这些组织的影响，我们广泛地联结了深港两地和广州乃至其他不同区域的社会组织，很多活动是大家共创的，把他们在做的事情传播倡导出去。

中国第三部门研究　第 21 卷
第 223～234 页
© SSAP，2021

以社会公益推动贫困治理

——访上海星舍公益基金会理事长吴智亮

冷　玉　杜耐可

访谈时间： 2020 年 11 月 12 日 15：00～16：30

访谈地点： 上海市静安寺区巨鹿路 758 号花马天堂二楼

被访者： 吴智亮（上海星舍公益基金会理事长）

访谈人： 冷玉　杜耐可（上海工程技术大学研究生）

【上海星舍公益基金会简介】

上海星舍公益基金会（以下简称"星舍公益"），经上海市社团管理会批准于 2017 年 4 月正式成立，属于非营利性社会组织。星舍公益以弘扬慈善美德、践行公益为己任，致力于扶贫济困、资助公益慈善项目、资助公益组织的培养和发展，专注于汇聚社会中坚力量，共同呵护病残儿童、赋能青年学生、尊爱老年生活，打造"花舍""青舍""家舍"，力争成为公益的"精舍"。在实际运作过程中，星舍公益已建立规范的管理制度与运作平台，根据不同群体的实际需求，以公益项目为载体进行策划与执行，3 年累计 85 个公益项目，譬如关爱儿童健康的"鲁冰花舍"，关注贫困地区教育设施改建、贫困生助学的"书香中梁"等公益项目。星舍公益始终坚持用行动践行使命，真情实景打动捐赠人并做好内部沟通，实现内外行动一致，保证社会资源向需要扶持的低谷流动。

【人物简介】

吴智亮，男，星舍公益理事长。1995 年上海师范大学政法系本科毕业后，被选拔进入中共上海市委统战部，先后从事理论研究、党团、海外联络工作；2003～2008 年调入中共中央统战部工作；2009 年任上海市国际贸易促进委员会（CPIT Shanghai）副秘书长、会务部部长，上海国际商会（COIC Shanghai）秘书长，上海世界贸易中心协会（WTCA Shanghai）秘书长；2013 年任复星集团党委副书记兼总裁办副总经理、公共事务部副总经理、复星公益基金会秘书长、复星集团江西省首席代表；2015 年任上海相宜本草化妆品股份有限公司董事长高级助理，创设上海相宜公益基金会并任常务副理事长兼秘书长；2017 年创设星舍公益，任理事长。①

冷玉：吴总，您好！非常感谢您能接受上海交通大学公益发展研究院院长徐家良教授主编的《中国第三部门研究》集刊对您进行的访谈。在此次访谈中，我们期望聚焦于您个人的公益历程以及星舍公益的发展过程。吴总，您能和我们分享一下进入公益领域的心路历程吗？

吴智亮：我原先于体制内工作，在上师大毕业后进入统战部工作，2003 年去了中央统战部，于 2009 年进入上海市贸促会，2013 年进入复星集团工作，后来创建了星舍公益。

冷玉：那是什么契机促使您由政府部门转向社会公益呢？

吴智亮：因为 2012 年是复星集团成立二十周年，当时复星集团希望成立一个公益基金会，询问我是否愿意去做基金会的一些工作，我对

---

① 人物简介均由上海星舍公益基金会理事长吴智亮提供。

此很感兴趣，所以是从那个时候基本上离开体制的，在复星集团主要负责基金会的工作，并且被任命为复星公益基金会的秘书长，兼任集团党委副书记，总裁办、公共事务部副总经理等职务。2015 年，相宜本草的董事长与我探讨如何与政府搭建伙伴关系，怎么做好公益，想叫我帮她把公益运作起来，这个项目结束后我就萌发了自己做公益、创建基金会的想法。于是 2016 年底我正式离开了相宜本草，运作了现在这家基金会。从整个注册过程来说是 2017 年 1 月交进去的材料，4 月就拿到批复。我们的业务范围主要是扶贫帮困，其次是资助公益慈善项目以及资助公益慈善组织的发展。这里面我们可以涵盖公益行业的大部分领域。现在你们是社会服务这个专业吗？

冷玉：对的，社会组织，社会服务这块儿。

吴智亮：最近两年在注册成立基金会的审批中，范围限定相对来说较窄，只有助学助困这几条。我们成立之初就是以扶贫帮困为主，重点做好务实的公益资助。

冷玉：您当时注册资金是多少钱呢？

吴智亮：都一样，200 万元。

冷玉：200 万元就是从基金会那边注册的是吗？

吴智亮：当时叫市社团管理局，现在叫市民政局，注册是有注册处，等注册成功后归到基金会管理处开展日常管理。星舍公益基金会成立的时候是由我个人出资了 200 万元，先注入我们之前成立的一家文化传播公司，让公司作为这个基金会的发起人。

冷玉：那等于是企业出资了？

吴智亮：对，因为企业注册后续发展会比起个人发起相对便捷，所以我是这样运作的。第一年我们做了简单的募资宣传，收到捐资 60 多万元。从 2017 年 4 月开始运作，到 2017 年底的时候，我建立了第一个专项基金。

冷玉：专项基金？是这 60 多万元就从 200 万元注册资金里面出资吗，还是有募捐的钱？

吴智亮：不是，60 多万元是外部的社会捐赠，200 万元是我们发起人捐资的起始资金。

冷玉：也有募捐的是吗？

吴智亮：因为我们基金会管理有一条要求是年底的总资产不能低于上一年。

冷玉：有的，所以是 8% 吗？

吴智亮：那是第二条，我们叫非公募资金，非公募资金会是年底余额的 8% 必须用于第二年的公益项目。如果公募的话，就是当年收入的 70% 做第二年的公益支出。所以我还是决定做非公募，虽然从 2018 年开始，我们的项目支出基本都占上年余额的 260%，远远超出了要求。我们的主要路线是跟企业做紧密的结合，所以从 2017 年开始我们建立了企业的专项基金。目前已经设立了三个。第一家是中梁地产，温州的小中梁。

冷玉：那您如何与中梁建立合作的呢？

吴智亮：小中梁因为在过去两年准备在香港上市，所以社会责任报告就变成它很重要的一个篇幅，我们协助其完成了 66 个"书香中梁"的项目，它们在我这里大概做了 1500 万元。"书香中梁"一开始只是资助贫困学生完成学业，后来做图书室的改建，还有教学设备和硬件设施的一些完善，给老师发放补贴，之后还发现有些基层老师得大病、重病较多，我们便和当地教育局达成一致，不管是什么病，只要是患有重大病症的教师，每人获得资助 1 万元。

冷玉：中梁就属于 CSR，社会责任里边做的这个事情是吗？每年有专项的一笔钱。

吴智亮：企业考虑社会责任这块儿的投入可以倒过来算。

冷玉："倒过来算"是什么意思呢？

吴智亮：比方说中梁，它不考虑我今年要完成多少金额的对外资助，这笔钱就划定了，比如今年公益投入 700 万元，管理层的期望或者他们公司的核心业务偏向于哪个方向，我尽量策划与其同向同步的一些项目匹配给他们。我这里有个项目库，提供给企业看这个项目怎么样，可以做了，或者说你们还有什么选项，再一起办，那么就可以完成了。在做这个项目的初期，我们会和政府资源进行绑定，因为企业也注重社会荣誉方面，我因为有在中央统战部工作的经验，所以由我跟全国工商联去谈一下，做些联手项目，譬如全国工商联就有一个项目叫"光彩书屋"。

冷玉：对，有一个光彩基金会也是。

吴智亮：对，就这个项目，等于"书香中梁"项目同时有"光彩书屋"的牌子。

冷玉：那您的这个项目一直持续到现在，每年都做的是吗？

吴智亮：现在还在做，中梁这个项目因为还有些余下的资金在我这里慢慢花完，他们上年年底成立了中梁公益基金会，后面的项目可以自己操作了。我把节余项目做完了，这笔钱基本就没有了，如果明年一年没有"书香中梁"这些项目跟我这里合作，那么这笔专项资金我就可以结束了。我们后来又跟第二家企业，是永达理保险经纪公司，他们的特点又跟中梁不一样了，捐赠人都是员工和客户，他们有这份爱心，捐赠的往往是业务的提成和个人资金。

杜耐可：这种情况好像也不多了，是吗？

吴智亮：对，他们就做客户维护方面。他们每年搞一次公益仪式，在公司内部的职场里面，像一个大卖场一样，卖各种东西，摊位费 200 元，然后给销售的提成应该是 10% 左右。一天的活动结束以后，还有个拍卖，所有这些收入完成了，就汇聚到他们的专项基金里。所以我昨天晚上给他们开发票，资金大概有 17 万元，这是我们今年做的第二个项目，前面一个是 30 多万元吧。

冷玉：那这个资金是否要求您要捐到哪个地方？

吴智亮：我们会一起商量。在专项基金成立之初，我们会为专项基金制定一个协议，关于资金额度、使用方向、管理模式以及最后终止办法，都要有约定。专项资金对基金会本身发展也是有好处的，就是可以收管理费，我们一般上限是 10%，中梁地产就是 10%。

冷玉：是的，那么您选择的第三个专项基金项目是基于哪方面呢？

吴智亮：第三个专项基金项目就是"花马天堂"。

冷玉：这个是云南的对吗？您对这种企业公益运营侧重于哪些方面？

吴智亮：对的，其实老板是个台商，他喜欢去云南和西北旅游，对当地的多民族文化交融特别有兴趣。其实对这种场馆空间的运营，我个人认为首先是要打好文化牌，其次是打好公益牌，最后是打好内需牌。所以我们就跟他建立了公益合作，其实也是为企业的文化空间再推广带来帮助。因为老板的身份和爱好，我邀请他今年一起做云南的扶贫项目，为有先心病的孩子提供帮助。

冷玉：最初您是怎么想到做先心病的扶贫项目呢？

吴智亮：因为我们的基金会从"书香中梁"开始就做学校的资助，上年我们本身也做了一些对病残儿的资助，包括每年为一个先心病小孩资助手术费用。上年我们和中梁合作，对口西藏日喀则市，这也是上海的对口支援，做了 20 个孩子的手术。这 20 个孩子是我们和中梁及上海市儿童医院一起去的，我们上年五一到当地做筛查确诊，当地人民医院有这个病例的项目，我们把孩子从病例里面筛出，然后约好时间，在日喀则人民医院专门做了一个专家门诊，上海的医生上门，从这些病例里面筛选 20 个孩子，告诉他们，我们可以把他们接到上海去做手术，所有来回费用、家长陪护费用、住院费用、手术费用都不用出，全部由我们承担。

冷玉：从专项基金里面？

吴智亮：对，我们是全包的。我们 11 月去做的筛查，同样去寻求一些企业一起来支持。"花马天堂"他们资助的就是个类似项目。

冷玉：您在做这个项目时有什么发现吗？

吴智亮：这个项目一开始我们发现有几个问题：第一，当地没有新生儿检查，像唐氏筛查之类的项目；第二，以上海为例，如果对一个年轻的孕妇进行孕检，发现孩子有 90% 的可能性生病了，那么医院肯定会开始早期干预，这个项目当地医院也没有；第三，确诊；第四，治疗，当地都有所欠缺。我们发现从早筛查、早干预、早确诊、早治疗这四个角度来看，要做很多更新补足工作。

冷玉：那您为此做了许多努力吧？

吴智亮：是的。今年我们跟上海儿童医院再联合了一家企业，他们专门做互联网医疗机器人，我们与他们合作把两台互联网医疗机器人捐赠给了云南会泽县和曲靖市两个地方的妇幼保健院，这个机器有三个好处。一是可以带着这套设备到农村，因为云南的交通不方便，直接到村间田头就能给他们去做检查。

冷玉：这个是可以远程观测的吗？

吴智亮：对的，一是解决基层看病难问题；二是解决当地医护能力问题；三是直接远程医疗，比如说我们和上海儿童医院建立定期远程问诊机制，这也是疫情后第一家拿到互联网医疗牌照的公办医院，也是一个新的尝试。

冷玉：那您是如何对当地需求进行排摸的呢？

吴智亮：依托我们上海对口的援藏干部，再配上专业的渠道，我们部分上海的医生驻扎在云南的医院，就可以和当地的藏民、医院行业内部有很好的沟通，协助我们做许多前期的事情。

冷玉：您建立的基金会现在有多少成员呢？

吴智亮：我们就三五个人做，社会组织内部成员的工资不高。

冷玉：那三五个人这些项目能做得过来吗？

吴智亮：没问题，我们三五个人有分工，我本人理事长，第二个秘书长要求是专职，我们会有行政助理或配合的人员，还有项目主管，有些专项基金，也是由项目主管去联系的。

冷玉：您投入的项目主要是围绕着扶贫吗？是否还有其他的项目？

吴智亮：从上年开始我们也做了一些转型尝试。两年前我们基金会成立的时候，普陀区党群中心就来找我们做一些协作配合工作，应该说我们今天看到的无论是项目操作还是基金会的运行，都受到了我们的党和政府的大力支持。

冷玉：是的，主要跟您这个经历有关系。

吴智亮：我们的办公经费、办公场地，当时都是由政府单位支持的。

冷玉：那您的项目有没有和当地的企业合作呢？

吴智亮：是这样的，基金会的钱一般都不能给到企业，除非采购服务这块儿。包括像产业扶贫，产业扶贫是我们现在对口援建里面倡导的，但是对于基金会这块儿来说，我是不能做的。因为如果是做产业扶贫，我把钱发出去，这个茶叶是我买回来的，那么产业受益人是我。所以我们基金会基本是以资助型的项目为主。上年我们有一个项目，在云南怒江州，是三区三州之一，与该州的农村合作社合作，他们做茶品，我们做的就是帮他们打开市场，从产品设计上，这款茶叶的包装我们来帮他们出钱，策划费用和包装费用由我们资助。

冷玉：那您在扶贫过程中当地民众参与性如何呢？

吴智亮：比较典型的就是先心病项目，今年我们也做了一个回访，了解上年做完手术的那 20 个孩子现在的身体状况，我们会有些物质上的东西给他们，慢慢就和他们熟悉了。藏民都很传统，包括我们上年送他们走的时候，他们就是依依不舍，我们也很受感动。

冷玉：对，那我们在做公益项目的时候有没有遇到什么困难？

吴智亮：扶贫这块儿因为我们的执行路线还是比较清楚的，所以通过当地一些援藏干部的帮助，这方面没有什么困难。但我要是反过来，譬如做社会组织评估的时候，会要求当地政府有没有给发锦旗啊，荣誉之类的宣传报道啊，这对我们来说就要做提升了，你要说有什么问题呢，就是对我们管理上束缚比较多。

冷玉：对，它是一个标准化的操作，太细了。

吴智亮：是的，有些在民政局看来确实是一种常规管理。另外，从今年的整个情况来说，募资要比往年困难。

冷玉：今年对我们的影响大不大呢？

吴智亮：应该是很大的，我们往年可以募集到七八百万元的资金，今年我们大概只有往年的一半。

冷玉：一半？那它受到的影响还是蛮大的。您主要是从哪些方面募集资金呢？

吴智亮：都有。所以我也考虑明年逐步进行一些转型，然后承接一些政府外围的工作，政府也有资金给你，有些资源我们自己能发挥作用，做一些这方面的工作。

杜耐可：前面听到您说现在就是 3～5 个人，但是人手足够，您是否招募志愿者呢？

吴智亮：志愿者也有，比方说我们这个星期六要去火车站接需要做手术的先心病孩子了，我就发一个征集，一家企业说我们的员工可以，也不要多，八九个就够了。

杜耐可：从企业里面找的吗？

吴智亮：有些企业，等于说作为自己企业内部的志愿服务活动。因为外企很重视员工志愿者，他们很愿意，所以我会建议，你需要这块儿，我可以为你提供这样的路径。拜耳中国在我们这里已经搞了四五场志愿服务活动，针对社区居民也好，对小朋友科普的也好，搞这种活动就是从他们公司的产品体系里出来的知识。

杜耐可：类似于科普医药？

吴智亮：是，我们最近一次项目叫"饮料王国"，是他们研发的一个课程。比如一杯可乐，教会小朋友自己动手，对照分析，里面糖分多少，相当于几颗糖，然后还有像做小实验，什么柠檬酸调出来的味道，就是这些东西组成的，对鸡蛋壳的腐蚀软化作用。做完之后问小朋友，你的牙齿会和鸡蛋壳一样，你们做完这个实验还喝不喝啊，就这样。

冷玉：等于普及一种健康的理念。

吴智亮：还比方说拜耳中国做的那场手工皂活动。当时联动了全国三十几个城市产品线的一起来做这个项目。然后我们征集各地小朋友一起来做手工皂。手工皂有一个盒子，小朋友可以在这个盒子上画好画，写上自己的名字之类的，将带有这种寄语的手工皂，送给云南地区的小朋友。我们基金会的任务是协助大家一起来完成这些配合，让所有的参与者都能受益。

杜耐可：就是我们基金会实际上是帮企业寻找哪个地方需要这些？

吴智亮：我们的基金会是做公益的搬运工，我不要做引领者，我有一堆项目库，然后也有一堆捐赠人数据库，帮他们来搭建，来配置对接，那么我库里面的捐赠人有个人，也有企业，还有社会组织，项目库里面有做扶贫的，还有做养老的，外地的、本地的都会有。

杜耐可：公益组织更多的是一种情怀，如果没有情怀的话，那么慢慢就有可能往商业偏了。

吴智亮：要么就往商业偏，要么就自生自灭，是这样的。所以做自己的基金会困难在于要找资金。

杜耐可：吴总，之前在网上有看到关于云南怒江的项目，那现在是您在那边搭建个工厂吗？

吴智亮：这个项目一开始就是为了做"书香中梁"去的。当时是我一个人去做的调研，就问当地人有些什么土特产，他们就带我去看了山上的一个农村合作社，其实是一个比较简单粗糙的地方，村子里有一百多户农民，山坡上都种茶树，他们就把种的茶叶集中，采摘下来汇集，然后做加工，但是在后期市场这方面他们没有做好。我们就可以来支持这方面，帮他们打开一个市场销路，带来一些收益。其实是产业扶贫的理念，但是因为基金会的身份，我不能按照产业扶贫来做，有点差别。

冷玉：这种行为我觉得也蛮好的，你等于给他提供销售的渠道，或者是销售的理念，把它包装一下？

吴智亮：是这样的。

杜耐可：那他们现在实现了一种自转体系吗？也不用再去管理了？

吴智亮：应该说不能这么讲，我们也不是很有信心能达到这样一个效果。我们只是在这个节点做了这么一件事情，并不敢保证以后中梁一直来买，但这批茶叶我记得中梁是连续两年在采购。

杜耐可：现在中梁是在做这个扶贫项目吗？所以说他们也会一直从这边购买，那如果说后面中梁的资金用完的话怎么办呢？

吴智亮：他们可以用自己的基金会去做，当时这个项目也是第一次，就我自己去做的前期调研和后期运作，然后我把茶叶带给中梁看一下茶品，作为商务礼品怎么样，大概定价多少，最后我们就定在188元的价位。

杜耐可：上面也会写着这样的一个标志是吧？

吴智亮：中梁公司可以自己日常办来用，作为商务礼品送也可以，作为一种配套设施，然后公司做成了一个公益兼具标志性的东西。

杜耐可：生成一个品牌了。

吴智亮：对，我们基金会的作用就是帮企业去发掘，因为像企业刚入这行，可能不理解里面取得资源的转换运作。

杜耐可：那吴总去做扶贫的时候，会向政府请求帮助，给我们一些配合吗？

吴智亮：会给配合。比方说，最简单的，我们去西藏旅行上的一些配合，政府可以提供。如差旅费，用车、订酒店、氧气瓶，有些我们自己付钱也买不到的东西可以由政府提供，这样我们在成本管控上方便很多。比如，有家基金会找过我，他们说要去给云南某个学校捐书，但是政府不同意。我借助一些政府的帮助使他们顺利进行捐献。所以有时候在对外做培训的时候我说公益基金会的切入点在哪几个点上？第一个是我们发现的，但政府没有发现的；第二个是政府发现了，但不好解决的；第三个是政府有解决方案，但决策流程还没有完善；第四个是政府这些都具备了，但是执行效果不佳。

冷玉：吴总这个思路是非常正确的，就从这四大类找需求，其实往往能够做好。

吴智亮：这四类归结到一点，比如，我跟企业合作，要跟企业的发展阶段，包括它的规模、体量、税收、产业的方向都要匹配，使所有参与人受益。

杜耐可：吴总，因为您的工作背景，所以有较多渠道去获取资源，在遇到相似难题时，您能否给其他公益组织做项目提供一些宝贵的经验？

吴智亮：我觉得这个难题还是跟其他机构一样，投资是个难题。当然希望钱越多越好，这样我做的事情就会越多。还有是对潜在客户沟通层面，比方说这个项目你捐我 100 万元，其中 10 万元要作为管理费的。那有的人可能就不理解，为什么你们公益组织还要抽成？他们不理解这笔成本是为了让这个事业做得更好，这个你要沟通好。另外，头脑要清醒，规避一些很明显的商业利益捆绑，项目一定要做得很干净，我们要从商业领域主要是客户教育培养这块儿入手。譬如像这次疫情当中类似于韩红爱心慈善基金会啊，这些都不应该成为问题的。

杜耐可：因为她做的已经非常规范了，就不存在像其他基金会这种资源匮乏的问题。

吴智亮：还有就是管理部门的理念与配合程度了。因为我们基金会如果跟党群中心合作，肯定要做公益基地，我们从上年就开始申请公益基地这个事情，到今年 6 月才批下来。

冷玉：谢谢吴总，我们今天学到了很多，因为您的公益项目是我们看到的很多案例里边做得非常好的，很感谢您能接受此次访谈，希望星舍公益基金会能越做越好，为更多有需要的人送去温暖与帮助。

杜耐可：谢谢吴总！

吴智亮：不客气！

域外见闻

INTRDUCTION OF RESEARCH

INSTITUTION OVERSEAS

中国第三部门研究　第 21 卷
第 237～249 页
© SSAP, 2021

新加坡社会组织实践与发展

王　蕾　朱　蕾*

摘　要： 自 1965 年独立以来，新加坡保持了强有力的"一党执政"，经过几十年的发展，已成为继英国伦敦、美国纽约、中国香港之后的第四大国际金融中心。与此同时，新加坡的社会治理也迈向了现代化，实现了"强国家、强社会"的现代化治理格局。社会组织作为多中心治理的重要组成部分，在新加坡现代化治理格局中发挥着重要作用。本文从历史发展，组织类型、特点与功能，治理方式几个方面描述与分析新加坡的社会组织发展，为借鉴该国的实践经验提供了全面的信息和参考。

关键词： 发展与治理；社会组织；新加坡

---

* 王蕾（Echo Wang），新加坡国立大学亚洲研究所博士后，新加坡国立大学－伦敦国王学院联合博士（政治学），主要从事政社关系，第三部门治理与社会企业发展等方面的研究，E-mail：ariwl@ nus. edu. sg；朱蕾（通讯作者），南京师范大学公共管理学院政治学硕士研究生，主要从事社会治理等方面的研究，E-mail：zhuulleii@ 163. com。

一　新加坡社会组织的历史发展

自 1965 年独立以来，新加坡保持了强有力的"一党执政"，经过几十年的发展，已成为继英国伦敦、美国纽约、中国香港之后的第四大国际金融中心。与此同时，新加坡的社会治理也迈向了现代化，实现了"强国家、强社会"的现代化治理格局。社会组织作为多中心治理的重要组成部分，在新加坡现代化治理格局中发挥着重要作用。

（一）殖民时期新加坡社会组织的发展

自 19 世纪初期，新加坡的社会组织就开始兴起，当时其处于英国殖民统治时期，在 1819 年至 1867 年维持着自由港的地位。随着新加坡作为内地贸易中心而繁荣（Koh and Soon，2015），不同种族的移民漂洋过海来新加坡，希望找到一条通往成功的通道，为新的繁荣生活打下基础（Warren，1985）。移民不受殖民地政府的保护，抵达新加坡后面临着语言不通以及生计上的困难，宗乡团体就是在这种情况下建立起来的，最初是为了维护各团体的商业利益（Koh and Soon，2015）。外来移民根据地域、种族、语言成立团体，互帮互助。宗乡团体大多由富裕同乡捐助，他们是团体里个人关系网的纽带，具有巨大的影响力和权威（Ng，1992）。当时民间组织的功能概括起来有如下几点：为新抵达的移民提供简单的安置和最初的就业；团结在新加坡的同乡移民，相互扶持，联络感情；促进同一种族内移民教育事业、文化事业、慈善事业的发展等（傅琼花，2016）。

殖民时期，新加坡各类民间组织逐步建立和发展。殖民地政府的资源有限，鼓励居民进行自治促进了当时民间组织的发展，其创造的有利条件也使得民间团体蓬勃兴旺。但是，此时社会中缺乏统一的制度来规制社会组织的行为，也缺乏凝聚和管理社会组织的机构。新加坡的移民有华人、欧亚人、马来人、印度人等，不同的种族中又分不同的地缘和血缘宗族，因此大家各自为政，由不同的组织管理，很难形成正常的合作和从属关系。除此之外，不同种族的人建立了各自的组织和协会来维护自身的利益和文化，几乎都只顾自己族群的切身利益，这使当时的新加坡人民缺乏国家认同感和归属感，各自为政，无法统一和融合（傅琼花，2016）。

（二）独立后新加坡社会组织的发展

1965 年 8 月 9 日，新加坡宣布独立。独立后李光耀积极推动经济发展与改革，采取一系列措施加强内政，满足强大的发展需求（Koh and Soon，2011）。为了吸引投资和贸易，人民行动党重新建立权力基础，努力给新加坡营造一个稳定的政治环境。政府对社会资源进行全面掌控，社会置于政府的统一管理下，国家权力大于社会权力，国家意识高于公民意识，社会领域几乎被国家领域覆盖。此时，社会组织包括公民个人都是按照国家的路径行进（高奇琦、李路曲，2004），其活动范围处于政府的严格监管下，担负着一定意义上的政治功能。社会组织不是对其成员以及受众负责，而是要对政府负责。政府还推出"人民协会"为社区提供服务，取代旧时社会组织的职能，以种族为基础的公民社会团体要么被吸纳，要么被边缘化（Koh and Soon，2015）。人民协会实质上是政府功能在公民社会中的延伸，它不分种族、宗教网罗人才，满足政府和民众双方的需求，有意识地培育不同宗族和地缘的公民具备统一的国家观念和共同的价值观。在推行现代化的过程中，新加坡长期的"一党执政"给国家的发展营造了稳定的社会环境，政府和国家树立起了强大的公共权威，社会组织的发展逐步系统和规范，但社会组织自主活动的领域、空间和范围受到限制（高奇琦、李路曲，2004）。由于当时政府统一的权威管理，人民协会将许多民间组织收揽旗下，也弱化了社会组织本身的功能，新独立的公民社会被压制（Koh and Soon，2015）。

随着国家和社会力量的迅速变革，经历由威权体制向民主体制演

变的新加坡的国家意识和政治文化也发生着变化。1997 年，人民行动
党政府成立了"新加坡 21 远景计划委员会"，提出考虑国家与社会的
关系，强调合作方式的重要性。① 新加坡副总理李显龙在 2004 年接任领
导职务的几个月前在哈佛俱乐部的演讲中谈道，新加坡政府将为"进
一步的公民参与"开辟空间（Lee，2004a）。同年 8 月，李显龙就任新
加坡总理，在就职演说中他承诺将有一个"开放和包容的新加坡"
（Lee，2004b）。之后，随着国家政策制度的完善、经济的发展以及政
治秩序的稳定，新加坡国家或政府的角色逐步从社会中退让，放宽对社
会的管制，新兴的社会组织大量涌现，并且积极地参与到社会治理中
（高奇琦、李路曲，2004）。新加坡公民社会组织开始焕发新活力。

二　新加坡社会组织的类型、特点与功能

（一）新加坡社会组织的类型

公民社会的实际定义是介于国家和家庭之间并独立于国家和家庭
之外的所有形式的自愿组织，由共同的价值观、利益和目标团结在一起
的，并寻求调动资源和人员来实现这些。在新加坡，这个词会被扩大到
包括志愿福利组织、慈善机构和其他为社会上有需要和弱势群体提供
社会服务的团体的工作（Koh and Soon，2015）。目前，新加坡的社会
组织分为官方社会组织和民间社会组织两种，官方社会组织由政府负
责组织和管理，资金、项目、规则制度都由政府来规定和监督。官方社
会组织依赖政府的扶植、被纳入政府的政治管理框架，承担政府的部分
职能，事实上成为政府在社会中的延伸。民间社会组织是公民为了促进
共同的事业而组织起来，依照法律设立，提供服务并由民众自行管理。
新加坡的民间社会组织主要是各种志愿性组织、公益机构、慈善团体、

---

① 参考"新加坡 21"官方网站，http://www.singapore21.org.sg。

宗教团体等，服务的领域较为广泛，具有较强的独立性和灵活性。目前已注册有 6000 多个社会组织（马玉丽、李坤轩，2020），既包含一般性的社会服务，又包含特殊群体所需的帮扶救济服务，民办社会组织较少参与政治活动。

（二）新加坡社会组织的特点

新加坡社会组织不再是政府管理的辅助，而是多中心社会治理的重要组成部分。社会组织中，法定机构数量众多，组织体系成熟完整有序。社会组织大量承担公共性事务、向公民提供公共服务、反映公民诉求，上传下达，在社会中发挥着独特的作用。以下对新加坡社会组织运营的特点进行简要介绍。

1. 强制注册与简便登记

新加坡对于民间社会组织实施普遍注册，严密监管。新加坡内务部下属的法定机构——社团注册局负责对社团进行注册。在新加坡，不同社会组织注册依据其自身类型选择所依据的法律。其中，《社团法令和条令》是社团注册的最主要依据，该法令和条令第 14 条明确规定"未经登记的任何社团都被认定为非法社团"（马玉丽、李坤轩，2020）。新加坡政府对于社团的监管有着严格的规范，即使是学校内学生组织的社团也必须到政府进行注册登记（马玉丽、李坤轩，2020）。民间社团具有严格的活动规范，不得以社团名义进行任何政治活动，否则政府必然出面干涉，政府还会定期进行检查和监督，可随时要求社团提供其活动章程。民间社会组织注册的方式相对灵活，分为两种：一种是对于不涉及法律法规、敏感问题的社团，采用简易的自动注册方式，在提交相关资料和费用之后即可注册；另一种是普通的注册方式，主要为宗教、政治、人权等社团所采用（马玉丽、李坤轩，2020），所有社团都需要通过新加坡社团注册局进行注册。尽管表面上新加坡政府实行强制注册制度，但实际上注册与审核较为宽松、适度（马玉丽、李坤轩，2020），一般符合规定的团体都可以成为合法的社会组织，因此严格的注册制度并未阻碍新加坡民办社会组织的发展。

2. 机制建设与社会价值观培育相结合

独立后，新加坡政府将强化国家认同作为首要目标和任务，成立人民协会作为法定机构，吸纳诸多民间社会组织，将其打造成与民众进行交流的桥梁，并聚合社会各界力量。新加坡的基层社会组织在人民协会的统筹下，将自身利益整合为国家利益的一部分，一方面促进了社会组织与政府的合作与自治，社会组织蓬勃发展，社会日益富有活力；另一方面社会组织有序发展，制度逐渐完善，也有利于新加坡国家机制建设与社会共同价值观的培育（马玉丽、李坤轩，2020）。与此同时，各种新兴组织在国家政策的支持和广阔的发展空间下拥有更多的自主性与创造性，有利于完善自身机制建设，承担更多的公共服务职能，凝聚社会协调关系，培育社会共同价值观，并使新加坡公民社会焕发新活力（高奇琦、李路曲，2004）。

（三）新加坡社会组织的功能

1. 公共服务精准化和专业化

社会组织是以促进共同事业或利益为目标，向民众提供专业化的公共服务，改进公共政策、行政法规和法律，以促进某一事业或领域的发展（Koh and Soon，2015）。作为多中心社会治理的重要组成部分，新加坡社会组织在某些领域处理问题更合适和更专业，它们与政府部门联结起来，形成合作网络，提高政策执行的效率和有效性。政府通过宏观政策来培育社会组织，社会组织通过政府购买、承包等手段承担政府功能，以降低政府的管理成本。

2. 公民与政府沟通的桥梁

民间社会在自由主义意义上被理解为国家和家庭之间的一个独立领域，享有相当大的社会支持，能够表达民众的意愿，成为公民与政府沟通的中介（Ortmann，2015）。现代国家治理理念将国家与社会全部纳入协作共治的网络，在这个网络中，更需要加入双方的谈判、说服和协作行为来进行治理（Salamon，2002）。对于现代社会的公民来说，社会组织作为其特定的利益代表者，代表民众与政府就某一事业进行谈判、说服与协作，影响政府的政策（Francesch-Huidobro，2007）。因此，社会组织一定程度上是公民对政府公共政策的抵抗力，表现出公民对政府政策的响应程度，并代表公民与政府进行协商。政府在一定程度上允许社会组织享有更多的自由，参与决策过程（Ortmann，2015），以便政策纳入其他利益。除此之外，社会组织还能优化公民与政府的合作关系，提升信任度。社会组织对于公民来说没有政治利害关系，代表政府回应社会减轻政策的社会排斥程度。

3. 社会资本以及共同价值观的培育

"社会资本是社会组织的某种特征，主要包含社会网络、互惠性规范和信任三个部分，他们可以通过促进合作行动而提高社会效率。"（帕特南，2001：35）社会组织将不同种族、不同地域的公民组织在一起，形成网络，共同参与公共事务。在这个网络里，法律、社会价值以及社会组织本身的制度形成了人们的行动规范，现代社会生活是一个重复博弈的过程，规范逐步发展成为互惠互利的规则。长期的重复博弈，培育出公民社会的信任。因此，社会组织对社会资本的培育和发展具有重要影响。在政府宏观统筹下，社会组织、企业和个人多元参与社会治理，凝聚共同意识、提高公共参与。在社会各方力量共同参与的治理下，有利于新加坡政府积极塑造社会共同价值观，构建国家认同感。

三 新加坡社会组织的治理方式

（一）社会组织与政府的合作

日益复杂的社会使单一国家在没有社会组织帮助的情况下更难实施政策，因此国家有理由给予非政府团体更大的行动空间（Frolic，1997）。在推进现代化的过程中，新加坡政府树立了强大的公共权威，

但有时过度强调经济因素，可能会导致社会组织和国家关系的紧张
（Pey et al.，2017）。政府逐渐开始放权，重新培育国家与社会之间复
杂、动态的关系。

政府不再直接提供社会服务，而是制定议程，社会组织帮助执行方
案（Ortmann，2015），政府对其服务进行监督和评估。例如，"非典"
期间，新加坡国家福利理事会、卫生部等政府部门与民间志愿团体进行
合作（高奇琦、李路曲，2004），为民众提供看护、咨询、心理辅导等
服务。作为服务的承包人，政府采取多方帮助的办法（Koh and Soon，
2015），积极引导各类社会组织和志愿者参与到社区治理和服务中，如
为特殊需要的人开辟教育途径和促进社会事业，确保穷人和弱势群体
的教育和就业能力，通过减免税收的方式鼓励民众和企业向这些机构
捐款。社会组织的功能相较于政府来说，能够渗透到社会各个领域，调
动各方资源。政府部门将民间组织中不同的派系聚集在一起（Ortmann，
2015），置于一个多样化的空间中，提供不同团体之间联系与协作的平
台。在这种合作中，政府主要负责筹款和宏观管理，具体实施由社会组
织负责，能够有效地实现政府政策目标，广泛动员社会资源。新加坡的
民间组织往往规模很小，成员很少（Ortmann，2015），合作可以提升它
们在某些领域的行动能力。对于政府来说，合作有许多好处，资源的集
中使它们能够整合人力资源，降低管理成本，从而提高效率。政府与社
会组织合作，一方面，使政府决策更体现人文关怀，兼顾小群体的需
求；另一方面，经过长期的重复、良性互动，政府与社会组织的合作也
走向长期化、制度化，相互建立信任，为今后的合作提供基础。

现代国家运行真正的进步是指国家和非国家行为体参与有意义的
网络（Wettenhall，2003），新加坡社会组织不仅是政府政策的执行者，
有时还参与或改变政府的政策进程。2011 年，新加坡的民间组织就围
绕布吉布朗公墓的保护，与政府展开博弈与谈判。布吉布朗公墓由 10
万座坟墓组成，其中包括许多新加坡华人先驱者的坟墓，对新加坡的自
然和遗产爱好者来说，这个墓地是新加坡社会记忆以及活动植物的家

园。自政府城市重建局 1991 年提出概念计划以来，该公墓已被指定拆除（Francesch-Huidobro，2007）。民间团体围绕着自然和遗产保护进行合作，阻止政府对该地区进行开发，它们定期组织步行游览，提高公众对该地区的兴趣。最终的结果是政府调整了计划，减少了将要牺牲的坟墓数量，并引入了一座"生态桥"，旨在减少对动植物的影响。在参与过程中，尽管最终的结果与人们的期望并不匹配，但对于政府具有对抗性的策略，社会组织能够代表公众制造游说压力，影响公共政策的进程，影响社会排斥的程度（Francesch-Huidobro，2007）。在这个案例里，政府既为社会组织提供了表达、合作的平台，也促进了公共价值的表达和社会资本的建立。

（二）社区基层网络

新加坡政府通过人民协会构筑政府与公众之间的桥梁，协调国家与社会的关系，建立国家与社会的合作机制（Lim，2012）。人民协会集结多元群体，将社会组织及民众的利益与国家联系起来，增强了国家认同感和公民意识，促进了社会和谐发展。而新加坡的基层社会组织在人民协会的统筹下，将自身发展与国家结合，将自身利益整合为国家利益的一部分，一方面，促进了社会组织与政府的合作与自治；另一方面，社会组织有序发展，制度逐渐完善，也有利于新加坡社会共同价值观的培育，维护种族和谐（马玉丽、李坤轩，2020）。

人民协会依据《人民协会法》成立，是人民行动党组成的准政治机构（Koh and Soon，2015）。人民协会是一个不分宗教、宗教和语言的全民性机构，宗旨是促进种族和谐，把加强国家认同感和社会团结作为首要任务，吸纳传统民间组织的功能并发展成为新加坡半官方的非政府组织。① 人民协会有 1800 个基层组织（黄伶俐，2018），覆盖新加坡大大小小的社区基层"建立一个以选区为界的、具有全国覆盖面的、

---

① 参考人民协会官网，http://www.pa.gov.sg/。

提倡凝聚力的行政化社区组织网络来取代宗乡团体的功能"（傅琼花，
2016：41）。在人民协会下属的基层组织网络中，有三个重要的基层社
会组织——民众联络所、公民咨询委员会、居民委员会（马玉丽、李
坤轩，2020），为不同宗族、宗教的民众提供公共服务和文体活动，促
进不同种族背景普通民众的文化、娱乐、体育事业的繁荣。这三者的职
责存在一定的交叉和重合，但都有共同的目标，即聚合社会力量，促进
社会和谐。

新加坡政府在推行现代化社会治理的过程中，树立了强大的公共
权威，而人民协会则是协调国家与社会关系的桥梁机构（Lim，
2012）。人民协会在治理过程中所发挥的功能有四个。一是人民协会
通过办对话的形式，解释政府政策，听取民众对政策的意见，提高公
民对公共事务的参与，回应民众诉求（汪文来，2011）。二是人民协
会是政府与民众沟通互动的桥梁机构（马玉丽、李坤轩，2020），能
有效将民情反馈给政府，增加政府决策的科学性、民主性，提升政府
工作效率。三是协调国家与社会关系。作为政府政策的代言人，人民
协会有效地将政府的决策意图传递给社会，以获取更多的支持，维护
社会稳定，建立国家与社会的合作机制。四是人民协会为不同种族的民
众提供各种文化、娱乐活动，当人们成为活动的参与者时会产生更多的
互动和更深的参与，以及对群体的归属感，从而聚合多元群体，有助于
建立社会资本（Lim，2012）。另外，社会组织有序发展，制度逐渐完
善，有利于新加坡社会共同价值观的培育，维护种族和谐，促进社会凝
聚力（Lim，2012）。

四　结　语

现代社会的治理就是各取所长，新加坡的社会治理是在政府主导
下，非政府部门与政府部门在互动中形成长期有效的合作网络，互利共
赢，共同参与社会治理。政府统筹社会组织和民众，搭建治理网络和平

台，整合资源，社会组织进行实施，在一定程度上也影响政策进程，促进公共价值的表达。新加坡通过宏观政策引导社会组织的发展，提高公共服务的效率和有效性，影响公共政策的质量，促进公共价值的表达和社会资本的建立，公民致力于集体利益，国家与公民发展新的关系，社会也更具包容性。中国与新加坡同为亚洲国家，同为一党执政，社会关系和文化背景复杂、多样，因此对于新加坡的治理经验，在符合我国国情的基础上应当适当借鉴，灵活运用。

【参考文献】

傅琼花，2016，《国家与社会关系视野下的新加坡民间组织的变迁》，《中共浙江省委党校学报》第 3 期，第 35 ~ 44 页。

高奇琦、李路曲，2004，《新加坡公民社会组织的兴起与治理中的合作网络》，《东南亚研究》第 5 期，第 32 ~ 36 页。

黄伶俐，2018，《新加坡社区社会组织：政府主导与社区自治》，《中国民政》第 24 期，第 16 ~ 18 页。

罗伯特·帕特南，2001，《使民主运转起来》，王列、赖海榕译，江西人民出版社。

马玉丽、李坤轩，2020，《强政府、强社会：新加坡社会组织参与社会治理的经验与启示》，《中国第三部门研究》第 2 期，第 31 ~ 51 页、第 198 ~ 199 页。

汪文来，2011，《新加坡、香港培育发展社会组织的启示》，《特区实践与理论》第 6 期，第 75 ~ 78 页。

Francesch-Huidobro，M.，2007. "Impact of Government-NGO Relations on Sustainable Air Quality in Singapore and Hong Kong Compared." *Journal of Comparative Policy Analysis*：*Research and Practice*（4）：383 – 404.

Frolic，B. M.，1997，"State-Led Civil Society." in T. Brook and B. M. Frolic（eds.），*Civil Society in China.* Armonk，NY：M. E. Sharpe，pp. 46 – 67.

Koh，G. & Soon，D. 2011. "Civil Society in Singapore." in T. Chong & S. Elies（eds.），*An ASEAN Community for All*：*Exploring the Scope for Civil Society En-*

gagement （pp. 111 – 137）. Singapore: Friedrich Ebert Stiftung.

Koh, G. and Soon, D., 2015. "Developing Civil Society in Singapore. " in Chan, David; Shanmugaratnam, Tharman （eds. ）, *50 Years of Social Issues in Singapore* （pp. 205 – 228）. Singapore: World Scientific.

Lee, H. L. , 2004a. Speech by Deputy Prime Minister Lee Hsien Loong at the Harvard Club of Singapore's 35th Anniversary Dinner—Building a Civic Society. *50 Years of Social Issues in Singapore*. Downloaded from www. worldscientific. com by Johann Wolfgang Goethe University on 06/10/15. For personal use only. Retrieved 31 October 2014, from http://unpan1. un. org/intradoc/groups/public/documents/APCITY/UNPAN015426. pdf.

Lee, H. L. , 2004b. Swearing in Speech by Prime Minister Lee HsienLoong. Retrieved 1 November 2014, from http://www. mfa. gov. sg/content/mfa/overseasmission/tokyo/press statements speeches/2004/200408/press 200408 5. html. c

Lee, Terence. 2002. "The Politics of Civil Society in Singapore. " *Asian Studies Review* 26 （1）: 97 – 117.

Lim, B. H. , 2012. "People's Association: Co-Creating a Great Home and Caring Community. " *Singapore Perspectives* 2011: *Our Inclusive Society: Going Forward*: 113 – 117.

Ng, W. C. , 1992. "Urban Chinese Social Organization: Some Unexplored Aspects in Huiguan Development in Singapore, 1900 – 1941. " *Modern Asian Studies* 26 （3）: 469 – 494.

Ortmann, S. , 2015. "Political Change and Civil Society Coalitions in Singapore," *Government and Opposition* 50 （1）: 119 – 139.

Pey, Peili and Islam, Md Saidul, 2017. "Eco-Governmentality: A Discursive Analysis of State-NGOs-Youth Relations in Singapore. " *Social Sciences* 6 （4）: 133.

Salamon, L. , 2002. "The New Governance and the Tools of Public Action: an Introduction. " in: Lester M. Salamon （eds. ）, *The Tools of Government: A Guide to the New Governance*. Oxford and New York: Oxford University Press.

Warren, J. , 1985. "The Singapore Rickshaw Pullers: The Social Organization of a

Coolie Occupation, 1880 – 1940. " *Journal of Southeast Asian Studies* 16 （1）: 1 – 15.

Wettenhall, R. , 2003. "Exploring Types of Public Sector Organizations: Past Exercises and Current Issues. " *Public Organization Review* 3 （3）: 219 – 245.

稿约及体例

《中国第三部门研究》（China Third Sector Research）由上海交通大学国际与公共事务学院、上海交通大学中国公益发展研究院、上海交通大学第三部门研究中心主办，上海交通大学中国公益发展研究院院长、上海交通大学第三部门研究中心主任徐家良教授担任主编，是社会科学文献出版社出版的 CSSCI 来源集刊，每年出版 2 卷，第 1 卷（2011年 6 月）、第 2 卷（2011 年 11 月）、第 3 卷（2012 年 6 月）、第 4 卷（2012 年 12 月）、第 5 卷（2013 年 8 月）、第 6 卷（2013 年 12 月）、第7 卷（2014 年 6 月）、第 8 卷（2014 年 12 月）由上海交通大学出版社公开出版。从第 9 卷开始由社会科学文献出版社出版，现已经出版到20 卷（2020 年 12 月）。

本刊的研究对象为第三部门，以建构中国第三部门发展的理论和关注现实问题为己任，着力打造第三部门研究交流平台。本刊主张学术自由，坚持学术规范，突出原创精神，注重定量和定性的实证研究方法，提倡建设性的学术对话，致力于提升第三部门研究的质量。现诚邀社会各界不吝赐稿，共同推动中国第三部门研究的发展。

《中国第三部门研究》设立四个栏目："主题论文""书评""访谈录""域外见闻"。"主题论文"栏目发表原创性的理论和实证研究文章；"书评"栏目发表有关第三部门重要学术专著评述的文章；"访谈录"栏目介绍资深学者或实务工作者的人生经历，记录学者或实务工作者体验第三部门研究和实践活动的感悟。"域外见闻"栏目介绍境外第三部门研究机构和研究成果。

《中国第三部门研究》采用匿名审稿制度，以质取文，只刊登尚未公开发表的文章。

来稿请注意以下格式要求：

一、学术规范

来稿必须遵循国际公认的学术规范，类目完整，按顺序包括：中英文标题、作者姓名、工作单位和联系方式、中英文摘要及关键词、正文、引注和参考文献。

（一）标题不超过 20 字，必要时可增加副标题。

（二）作者：多位作者用空格分隔，在篇首页用脚注注明作者简介，包括工作单位、职称、博士学位授予学校、博士学位专业、研究领域、电子邮箱。

（三）摘要：简明扼要提出论文的研究方法、研究发现和主要创新点，一般不超过 300 字。

（四）关键词：3~5 个，关键词用分号隔开。

（五）正文：论文在 8000~15000 字，书评、访谈录、域外见闻 2000~8000 字。

（六）作者的说明和注释采用脚注的方式，序号一律采用"①、②、③……"，每页重新编号。引用采用文内注，在引文后加括号注明作者、出版年份，如原文直接引用则必须注明页码，详细文献出处作为参考文献列于文后，以作者、书（或文章）名、出版单位（或期刊名）、出版年份（期刊的卷期）、页码排序。文献按作者姓氏的第一个字母依 A-Z 顺序分中、英文两部分排列，中文文献在前，英文文献在后。作者自己的说明放在当页脚注。

（七）数字：公历纪元、年代、年月日、时间用阿拉伯数字；统计表、统计图或其他示意图等，也用阿拉伯数字连续编号，并注明图、表名称；表号及表题须标注于表的上方，图号及图题须标注于图的下方，例："表 1 ……""图 1 ……"等；"注"须标注于图表下方，以句号结尾；"资料来源"须标注于"注"的下方。

（八）来稿中出现外国人名时，一律按商务印书馆出版的《英文姓名译名手册》翻译，并在第一次出现时用圆括号附原文，以后出现时不再附原文。

二、资助来源

稿件如获基金、项目资助，请在首页脚注注明项目名称、来源与编号。

三、权利与责任

（一）请勿一稿数投。投稿在 2 个月之内会收到审稿意见。

（二）文章一经发表，版权即归本刊所有。凡涉及国内外版权问题，均遵照《中华人民共和国著作权法》及有关国际法规执行。

（三）本刊刊登的所有文章，如果要转载、摘发、翻译、拍照、复印等，请与本刊联系，并须得到书面许可。本刊保留法律追究的一切权利。

四、投稿

《中国第三部门研究》随时接受投稿，来稿请自备副本，一经录用，概不退稿。正式出版后，即送作者当辑集刊 2 册。期刊已采用线上投稿系统，具体可以登录 dsbm. cbpt. cnki. net 进行投稿操作（如有问题，请联系邮箱 cts@ sjtu. edu. cn）。

五、文献征引规范

为保护著作权、版权，投稿文章如有征引他人文献，必须注明出处。凡投稿者因违反法律法规规定或其他原因导致的知识产权、其他纠纷等问题，本刊保留法律追究和起诉的权利。本书遵循如下文中夹注和参考文献格式规范。

（一）文中夹注格式示例

（周雪光，2005）；（科尔曼，1990：52 ~ 58）；（Sugden，1986）；（Barzel，1997：3 - 6）。

（二）中文参考文献格式示例

曹正汉，2008，《产权的社会建构逻辑——从博弈论的观点评中国社会学家的产权研究》，《社会学研究》第 1 期，第 200～216 页。

朱晓阳，2008，《面向"法律的语言混乱"》，中央民族大学出版社。

詹姆斯·科尔曼，1990，《社会理论的基础》，邓方译，社会科学文献出版社。

阿尔多·贝特鲁奇，2001，《罗马自起源到共和末期的土地法制概览》，载徐国栋主编《罗马法与现代民法》（第 2 卷），中国法制出版社。

（三）英文参考文献格式示例

North，D. and Robert Thomas. 1971. "The Rise and Fall of the Manorial System：A Theoretical Model." *The Journal of Economic History*，31（4），777 – 803.

Coase，R. 1988. *The Firm，the Market，and the Law*. Chicago：Chicago University Press.

Nee，V. and Sijin Su. 1996. "Institutions，Social Ties，and Commitment in China's Corporatist Transformation." In McMillan J. and B. Naughton（eds.），*Reforming Asian Socialism：The Growth of Market Institutions*. Ann Arbor：The University of Michigan Press.

六、《中国第三部门研究》联系地址方式

上海市徐汇区华山路 1954 号

上海交通大学徐汇校区新建楼 123 室

上海交通大学中国公益发展研究院

上海交通大学第三部门研究中心

邮　编：200030　　　电　话：021 – 62932258

联系人：季　曦　　　手　机：15371996385

致 谢

李健（中央民族大学）、施从美（苏州大学）、王蕾（新加坡国立大学）、王文娟（中央财经大学）、叶托（华南理工大学）为《中国第三部门研究》第 20 卷进行匿名评审，对他（她）们辛勤、负责的工作表示衷心的感谢！

CHINA THIRD SECTOR RESEARCH

Vol. 21 （2021）

Table of Contents & Abstracts

ARTICLES

Analysis and Evaluation on NGO Policies Based on Policy Tools theory—Text Analysis of Policies from 2008 to 2019

Shao Renwei   Li Mingzhu   Xu Wenwen / 3

Abstract: Based on the NGO policies texts in 2008 – 2019, this paper discovers the characteristics and problems of NGO policies structure in China, and considers its formulation's features and laws. Using the three-type-of-policy-tool theory of Rothwell and Zegveld, and combining the NGO's development rule, a two-dimensional X-Y analysis framework was built. It is found that the institutional level of NGO policies needs to be strengthened, and has significant central leading characteristics. The emphasis is on the use of "environment-oriented" policy tools, and the proportion of the types of policy tools is unbalanced. Policy tools are focused on resource acquisition, evaluation and supervision. The supply on establishment, withdrawal, and service provision is insufficient. It is suggested that the institutional level of NGO policies should be raised and formulated in combination with the local reality. To further optimize the structure of policy instruments, and increase the supply of supply-based and demand-based policy instruments. Balance the policy layout of each link that NGO policies take effect, and optimize the choice of policy tools.

Keywords: policy tool; NGO; analysis and evaluation of policy; policy text

An Evolutionary Game Analysis of Stakeholders in Outsourcing of Public Service

Xie Qiqin   Peng Junhua / 30

Abstract: With the evolution of the practice of public service outsourcing, while improving the quality and efficiency of public service, public service outsourcing has also been exposed to many problems, such as private monopoly, skimming behavior, "public deconstruction," "involution," and "reverse outsourcing." By establishing the stakeholder evolution game model, this paper attempts to analyze the key factors that affect the stakeholder strategy selection and evolution, and determine the conditions for the parties' behavioral strategies to tend to a stable state. It is found that stakeholder's choice of action strategy is often related to the cost, benefit, and probability of behavior choice. When the level of public participation is high, government departments tend to be unregulated, contractors tend to be competitive and honest, and evaluation agencies tend to perform evaluation duties and vice versa. The study suggests that local governments should create a competitive environment and master the intensity of supervision as regulators. As the contractor, the contractor shall adopt advanced technology to cultivate and absorb professional talents. As the evaluation party, the evaluation institution should uphold an independent and fair position, rational and professional evaluation; As consumers, the demanders should take the initiative to participate, express service demand orientation, and pay attention to the supervision of service quality.

Keywords: outsourcing of public service; stakeholders; evolutionary game

A Study on Cooperative Governance of Government and Society under the Crisis of Modern Epidemic Disasters—Focusing on the Cholera-Epidemic Disaster in Port Cities of the Yangtze River Delta in 1932

Dong Qiang   Wu Lei / 51

Abstract: Social governance under public health emergencies is the concentrated manifestation of national governance capability. The cholera epidemic broke out in 1932 was not only a major public health emergency in modern China, which caused great disasters to the country and society, but also posed a severe test of the government's governance capability. The cholera epidemic has a widespread, long-lasting period, comprehensiveness, and cross-border characteristic. In addition, the extreme shortage of social emergency security resources and the unfavorable internal and external political situation make the government's anti-epidemic capability significantly insufficient. In view of this, the quick response, extensive mobility, and deep participation in crisis management by social organizations, thus building a multi-subject cooperative response mechanism between government and society. The historical logic and evolution mechanism of this coping mechanism fully reveal the discourse field of the "state-society" dual governance structure. Based on this, this paper analyzes the cooperative governance mode and its mechanism under the cholera epidemic crisis in port cities of the Yangtze River Delta in 1932, and in order to provide historical reference for the construction of grass-roots social governance system in the new era.

Keywords: Cholera Epidemic Disaster; Cooperative Governance between Government and Society; Yangtze River Delta Port Cities

Harmony in Diversity: the Social Adaptation Strategies of Organized High-skilled Immigrants—A Case Study of Japanese and Korean Immigrants in Shanghai *Lv Hongyan   Guo Shengli* / 76

Abstract: Most of the studies on social adaptation and social integration of immigrants are based on the individual-driven and settled immigrants in western traditional immigrant countries. However, almost all of them are based on issues not related to the corporate-driven, no intention for long-term settlement and high-skilled migrants under the background of transnationalism, and they are also easy to ignore some new phenomena in new migration destination countries. In this paper, we take Japanese and Korean immigrants in Shanghai as an example to investigate the social adaptation strategies of organized high-skilled immigrants. We find that the strategies of Japanese and Korean immigrants' adaptation in Shanghai is "harmony in diversity," which is mainly affected by the factors of their particular migration mechanism, settlement goal, and ethnicity. Alone with China's incomplete migration system and governance mechanism, especially in the interactive process between the construction of their ethnic network and the governance practice by the local government. The adaptive governance practice has limited effects on the social integration of these immigrants.

Keywords: high-skilled immigrants; corporate-driven; Japanese and Korean immigrants; social adaptation strategies; governance practice

Research on the Construction of University Alumni Service System Based on Synergy Theory

Mao Weiwei   Xing Bo   Chen Fangxi / 105

Abstract: With the development of Internet technology, the era of big data has brought new opportunities and challenges for alumni service. This paper focuses on how to optimize and improve the alumni service system. Based on literature research, field research and in-depth interviews, the paper compares the alumni service projects of domestic "double first-class" universities and top international universities, and analyzes the shortcomings of domestic university alumni service system. This paper proposes that the alumni service system is essentially a complex, open and dynamic system based on the synergy theory. There are close connections and interactions among its subsystems, but the goals of synergetic effects and self-organization could only be achieved when the subsystems are coordinated. This paper constructs a conceptual model of the alumni service system, incorporating alumni work department in universities, alumni association, alumni organizations, alumni enterprises, and other multiple subjects. It proposes that the alumni association should play a central role in the system, and that subject coordination, information coordination, and process coordination should be paid special attention to in future work.

Keywords: big data; alumni service; synergy theory; system constru-ction

Research on the Mechanism of Social Organizations Participating in the Construction of Resilient Communities from the Perspective of Holistic Governance   *ZouXinyan   Shi Yungui* / 126

Abstract: Building resilient communities was an important way to enhance the ability of cities to deal with security risks. Social organizations were the bridge and link between the government, enterprises, and society, which had the characteristics of professional, flexible, and rapid services. The introduction of social organizations to participate in the construction of resilient communities could effectively make up for the problem that the government's inability to care about and do more. In some areas, multiple center collaboration, classification and commissioning, normalized evaluation and other working mechanisms had been established. Social organizations had been introduced to participate in the construction of resilient communities and achieved certain results, but it was difficult for social organizations to really access the emergency linkage and cooperation network. Taking the practice of H community social organizations participating in the construction of resilient communities in C City as the research object. The "three in one" integrated working mechanism based on information technology and formed by integration mechanism, coordination mechanism and trust mechanism proposed according to the theory of holistic governance could adapt to the new requirements of the new stage and effectively improved the effectiveness of social organizations participating in the construction of resilient communities. Based on the result, this paper puts forward new strategies for social organizations to participate in the construction of resilient communities: strengthen the incubation and cultivation of community social organizations, speed up the promotion and application of information technology, increase the support of streets and communities for social organizations, as to improve the social organizations' ability to link and leverage resources, and improve the community risk response ability and governance level, by integrate multiple subjects to participate in the construction of resilient communities.

Keywords: holistic governance; social organization; resilient community

Positivism Crisis and Paradigm Shift of Social Service Evaluation— Practical Research on the Evaluation Structure and Process of X Project　　　　　　　　*Yang Weiwei　Ji Shuaishuai　Yan Junfu* / 144

Abstract: The third-party evaluation gradually appears as an institutional element of social governance innovation, which helps to solve the problem of government and NPO cooperation in the specific situation of social service project operation. At present, the third-party evaluation mainly adopts the positivist evaluation paradigm to carry out the practice, emphasizing its own independence, professionalism, and authority. However, based on the research on the structure and process of X project evaluation practice, it is found that the positivist evaluation paradigm is subject to the following paradox. That is, in order to pursue independence, professionalism and authority, evaluation is regarded as a tool to describe and evaluate project performance. However, it is difficult to achieve its instrumental goal because of the fuzziness of social service performance and inter-organizational interests, which leads to the misunderstanding of evaluation organization position and function. The follow-up evaluation should turn to the "response construction" paradigm, emphasize the synergy, inclusiveness and criticality of evaluation. Construct the evaluation organization as the main actor of social governance innovation, and help the government and social service organizations to shape the relationship of "political and social division and cooperation. "

Keywords: third-party evaluation; social service; organization benefit; practice research

Research on the Charity Development Based on the Block Chain Technology   *Xu Yuan* / 166

Abstract: As a new technology, blockchain technology, with its characteristics of distributed accounting, decentralization, information cannot be changed, smart contract, etc. , will enable charity to achieve a new development. Building a charity information infrastructure based on the blockchain technology, and creating a charity platform with multiple relevant groups and multiple operational dimensions, will solve the problems of information opacity, low operational efficiency, insufficient social participation, and change the operation mechanism of charity. The specific path of blockchain technology empowering charity includes: promoting information disclosure, rebuilding trust mechanism, improving operation efficiency, increasing collaborative governance, realizing multilateral participation, and improving incentive mechanism. Blockchain technology will bring about changes in the pattern of charity, and promote the core interest groups such as government departments,? Non-profit organization and donors to take coping? strategies.

Keywords: blockchain technology; charity development; technology empowerment; charity platform based on the blockchain technology

BOOK REVIEW

INTERVIEWS

INTRODUCTION OF RESEARCH INSTITUTION OVERSEAS

图书在版编目（CIP）数据

中国第三部门研究. 第 21 卷 / 徐家良主编. -- 北京：
社会科学文献出版社，2021.6
ISBN 978 - 7 - 5201 - 8348 - 2

Ⅰ. ①中⋯　Ⅱ. ①徐⋯　Ⅲ. ①社会团体 - 研究 - 中国
Ⅳ. ①C232

中国版本图书馆 CIP 数据核字（2021）第 090939 号

中国第三部门研究　第 21 卷

主　　编 / 徐家良

出 版 人 / 王利民
责任编辑 / 胡庆英

出　　版 / 社会科学文献出版社·群学出版分社（010）59366453
　　　　　　地址：北京市北三环中路甲 29 号院华龙大厦　邮编：100029
　　　　　　网址：www. ssap. com. cn
发　　行 / 市场营销中心（010）59367081　59367083
印　　装 / 三河市东方印刷有限公司

规　　格 / 开　本：787mm × 1092mm　1/16
　　　　　　印　张：17.25　字　数：243 千字
版　　次 / 2021 年 6 月第 1 版　2021 年 6 月第 1 次印刷
书　　号 / ISBN 978 - 7 - 5201 - 8348 - 2
定　　价 / 98.00 元

本书如有印装质量问题，请与读者服务中心（010 - 59367028）联系